Klaus Möller · Holger R. Rohde

Financial Wellness

Dein Trainingsplan
für stressfreie Finanzentscheidungen

Campus Verlag
Frankfurt/New York

Dieses Buch ist gewidmet den Professoren Dr. Klaus Jäger († 2018), Berlin, und Dr. Hermann Weinmann, Ludwigshafen, den geistigen Vätern der DIN 77230 »Basis-Finanzanalyse für Privathaushalte« – der ersten deutschen Norm für Finanzberatung.

ISBN 978-3-593-51761-2 Print
ISBN 978-3-593-45484-9 E-Book (PDF)
ISBN 978-3-593-45485-6 E-Book (EPUB)

Umschlaggestaltung: Guido Klütsch, Köln
Satz: Publikations Atelier, Dreieich
Gesetzt aus der Minion, Bebas Neue und League Gothic
Druck und Bindung: Beltz Grafische Betriebe GmbH, Bad Langensalza
Beltz Grafische Betriebe ist ein klimaneutrales Unternehmen (ID 15985-2104-1001).
Printed in Germany

www.campus.de

Inhalt

Einleitung 7

Teil 1
Finanzen sind Trainingssache 11
Mit Financial Wellness zur inneren Balance 12
Normen für die persönlichen Finanzen – wie geht das denn? 20
DIN-Normen – wie sie entstehen und warum sie Vertrauen stiften 24

Teil 2
Richtig trainieren – deine Schritte zum passenden Trainingsprogramm 29
Schritt 1: Dein Profil – was du hast und was du bist 30
    Liquidität und Vermögen 32
    Dein Mindset 40
Schritt 2: Deine Prioritäten – was du brauchst und was du willst 66
    Bedarfsanalyse nach DIN-Norm: Vom Minimum zum Optimum 66
    Identifiziere die für dich relevanten Finanzthemen 70
    Definiere deine ganz persönliche Prioritätenliste 83
Schritt 3: Dein Bedarf – was wichtig ist und was zu dir passt 90
    Krankheit und Pflege 92
    Haftung und Rechtsschutz 117
    Arbeitskraftverlust 135
    Partner und Kinder 151
    Liquidität und Vermögensbilanz 158
    Vorsorge für das Alter 164
    Haus und Wohnung 183
    Mobilität und Reisen 196
    Sparen und Vermögensbildung 203

Schritt 4: Dein Produktcheck – was in den wichtigsten Versicherungen unbedingt drin sein sollte   219

Stell fest, welche Produkte du schon hast und was sie taugen   219

Checklisten für die Mindestanforderungen an Produkte   222

Sparen und Vermögensbildung – Mindestanforderungen   253

Schritt 5: Dein Programm – was nun zu tun ist   254

Entscheide, welche Produkte du ersetzen und um welche Themen
du dich zusätzlich kümmern willst   254

Dein Arbeitsraum   257

Anmerkungen   263

Über die Autoren   267

Verzeichnis der Exkurse

Woran du gute Finanzberater erkennst   16

Die Vergütung von Finanzberatern   17

Die Vergütung von Ärzten, Zahnärzten und Psychotherapeuten – GOÄ, GOZ und GOP   96

Beitragsbemessungsgrenzen (BBG)   99

Festzuschuss und Bonusheft   109

Welche sind die häufigsten Streitigkeiten?   132

Arbeitslosenversicherung   141

Vorvertragliche Anzeigepflicht und Risikoprüfung   147

Nettobeitrag-Bruttobeitrag   148

Rentensysteme in aller Welt   166

Kündigung von Kfz-Versicherungen   201

Plus vier einfache Entspannungsübungen von Yogalehrerin Manuela Richter, Mannheim,
auf den Seiten 65, 89, 218 und 253.

Einleitung

Herzlich willkommen bei deinem Fitnessberater zur Erstellung deines persönlichen finanziellen Trainingsprogramms.

Dieses Buch ist nicht nur ein Lesebuch, sondern vor allem ein Werkzeug. Es wird dir in nachvollziehbaren Schritten zeigen, wie du zu mehr finanziellem Wohlbefinden und größerer, nicht nur finanzieller Freiheit kommst. Egal, ob du bereits ganz gut dastehst und nur noch Feinheiten zu optimieren sind oder ob du noch gar keinen Überblick über und keinen Plan für deine Finanzen hast – hier findest du einen verlässlichen Leitfaden für das Trainingsprogramm zu deiner »Financial Wellness«, vom Aufbauprogramm bis hin zum Trainingsplan für Fortgeschrittene und für Profis.

Zu deiner Unterstützung findest du im hinteren Teil des Buches Arbeitsblätter, die du befüllen wirst, indem du den im Buch vorgegebenen Schritten folgst. Am Ende siehst du dein Lektüre- und Arbeitsergebnis auf einen Blick vor dir. Für noch mehr Spaß kannst du auch die Software-Applikationen heranziehen, die du auf der Website financial-wellness.com/buch findest. Wir lassen dich jeweils hier im Buch wissen, wo das am besten passt.

Die Beschäftigung mit ihren Finanzen gehört für die meisten Menschen nicht zu ihren Lieblingstätigkeiten. Eine kluge Regelung der finanziellen Angelegenheiten ist nämlich ganz schön komplex und anstrengend. Dabei geht es um nicht weniger als die Erfassung und Bewältigung aller Notwendigkeiten rund ums Geld, also rund um die Themen Liquidität, Absicherung, Vorsorge und Vermögensplanung. Bei einer ausgewogenen Finanzplanung finden alle diese Bereiche Berücksichtigung, individuell gewichtet und miteinander verzahnt.

Aber finanzielle Angelegenheiten sind andererseits auch keine Raketenwissenschaft und mit gesundem Verstand, mit etwas Anstrengung und vor allem mit dem geeigneten System leicht durchschaubar und regelbar.

Ein solches System gibt es jetzt: in den DIN-Normen »Basis-Finanzanalyse für Privathaushalte« und »Risikoprofilierung für Privatanleger«. In diesen Normen steht alles drin, was du brauchst und was du tun kannst, um deine ganz persönliche finanzielle Situation zu verstehen und zu bewerten und die richtigen Schlussfolgerungen daraus zu ziehen. DIN-Normen sind allerdings nicht so geschrieben, dass man sie gerne liest, und zudem sind sie sehr technisch gefasst. Deshalb gibt es das Buch, das du in Händen hältst: Es ist eine Übersetzung der genannten Normen in ein verständliches und anwendbares finanzielles Trainingsprogramm.

Im ersten Teil »Finanzen sind Trainingssache« geben wir dir einen Überblick über die Situation der Finanzberatung in Deutschland. Da wird dir klar, warum überhaupt die genannten DIN-Normen erarbeitet wurden und worin ihr Sinn besteht.

In Teil zwei »Richtig trainieren – deine Schritte zum passenden Trainingsprogramm« stellen und beantworten wir gemeinsam mit dir die Fragen:

- Was hast du und was bist du?
- Was brauchst du und was willst du?
- Was ist gut und was passt zu dir?

Nach der Bearbeitung jeder einzelnen dieser Fragen wirst du ein ausgefülltes Arbeitsblatt in der Hand halten, das du nicht nur für deinen Überblick, sondern auch für andere unterschiedliche Zwecke gebrauchen kannst – das über »Was du hast und was du bist« etwa zur Vorlage bei deinem Bankberater, wenn du mit ihm über die geeignete Anlage für ein bestimmtes Sparziel sprechen willst.

Nach der Lektüre dieses Buches und der systematischen Beantwortung der Fragen wirst du deine eigenen Finanzen verstehen, mündig und aufgeklärt. Du wirst in finanziellen Angelegenheiten nie mehr jemandem gegenüber ausgeliefert sein. Außerdem steht er dann fest – dein persönlicher Trainingsplan, ausgehend von dem finanziellen Fitness-Level, auf dem du dich derzeit befindest.

Wir garantieren dir: Durch die Lektüre dieses Buches wirst du einen klaren Blick auf deine finanziellen Risiken und Notwendigkeiten und auf deine Ziele und Wünsche bekommen. Das Buch hilft dir zur finanziellen Selbsterkenntnis. Dieser klare Blick und diese Selbsterkenntnis werden dich vielleicht zunächst erschrecken oder zumindest überraschen, doch über kurz oder lang werden sie dich entstressen. Denn Klarheit ist immer besser, als im Nebel zu stochern.

Dieses Buch hilft dir also dabei, dich so fit zu machen, dass du selbstständig deine Entscheidungen in Sachen Liquidität, Absicherung, Vorsorge und Vermögensplanung treffen kannst. Du bist dann gut gerüstet, dich auf dem Markt eigenständig und aufgeklärt nach den passenden Produkten umzuschauen. Das Kapitel »Schritt 5: Dein Programm – was nun zu tun ist« gibt dir Orientierungshilfe bei der selbstständigen Orientierung am Markt, etwa in Vergleichsportalen.

Das ist jedoch nicht jedermanns Sache. Vielleicht gehörst du ja zu den Menschen, die erkannt haben, dass sie nicht in allen Themen des Lebens Experten* sein können – und wollen. Vielleicht weißt du, dass deine Kompetenz und dein Interesse stärker bei anderen Themen als den Finanzen liegen. Dann nimm diese Anleitung, um dich so weit schlau zu machen, dass du ein aufgeklärter Gesprächspartner für den Experten bist, den du für deine finanziellen Angelegenheiten heranziehst: deinen Finanzberater. Am besten suchst du dir einen, der die bereits genannten DIN-Normen kennt und anwendet. Da kannst du sicher sein, dass sie oder er zu den Guten gehört und dich auch versteht.

Die Herausforderungen des erarbeiteten Trainingsprogramms sind voraussichtlich nicht leicht und über Nacht zu bewältigen. Aber da du zu diesem Buch gegriffen hast, gehen wir davon aus, dass dich Anstrengung nicht abschreckt.

Wir versprechen dir nicht, dass nach dem Durcharbeiten des Buches alle deine finanziellen Herausforderungen gelöst sind. Aber wir versprechen dir, dass du einen funktionsfähigen Plan haben wirst, sie zu meistern – entweder selbstständig oder mit professioneller Hilfe und Begleitung.

Wir wünschen dir, dass dir die Arbeit an deiner finanziellen Fitness genauso viel Freude und Wohlbefinden bereiten wird wie die ebenfalls bisweilen quälende Arbeit am passenden Bodymaß-Index und die immer wieder den inneren Schweinehund herausfordernden Trainingseinheiten im Fitnessstudio. Da lässt du dich ja auch nicht aufhalten, weil du weißt, wie gut man sich danach fühlt. Lass dich also auch hier inspirieren!

---

* Wir verwenden in diesem Buch sowohl weibliche als auch männliche Personenbezeichnungen und wünschen uns, dass sich stets alle Geschlechter im Spektrum zwischen weiblich und männlich angesprochen fühlen.

Teil 1

Finanzen sind Trainingssache

Mit Financial Wellness zur inneren Balance

Financial Wellness beschreibt im angelsächsischen Sprachraum den Zustand des finanziellen »Entstresstseins«. Gemeint ist damit, dass die Menschen eine klare, unverfälschte Sicht auf ihre finanzielle Situation haben, ihre finanziellen Risiken und Notwendigkeiten kennen und einen Plan haben, um diese Risiken für sich zu bewerten und sich gegen sie mit einem passenden Konzept abzusichern und den Notwendigkeiten nachzukommen.

Risiken sind zum Beispiel, schwer zu erkranken und die Arbeitskraft zu verlieren oder in Haftung genommen zu werden, wenn man anderen unbeabsichtigt einen Schaden zugefügt hat.

Notwendigkeiten sind beispielsweise, immer eine gewisse Liquiditätsreserve für unvorhergesehene Ereignisse verfügbar zu haben, Rücklagen für eine gute Ausbildung seiner Kinder zu bilden oder für ein unbeschwertes Auskommen im Alter vorzusorgen.

Die tatsächliche Herausforderung für jeden Menschen besteht darin zu entscheiden, welche dieser und vieler weiterer Finanzthemen besonders drängend sind und welche nicht. Ganz konkret: Um welche Themen muss ich mich zuerst kümmern und welche dulden Aufschub? Schließlich kann man jeden Euro nur einmal ausgeben. Und man will ja nicht nur für die Zukunft und den unvorhergesehenen Notfall vorsorgen, sondern auch im Jetzt ein gutes, finanziell sorgenfreies Leben führen.

Was ein gutes Leben auszeichnet, beschäftigt die Menschen seit der Antike. Für den Philosophen Aristoteles etwa bedeutet ein gutes Leben ein glückliches Leben. Dazu gehört mehr als genügend Geld für Konsum und Genuss. Dazu gehört auch, wie amerikanische Studien – ganz im Sinne von Aristoteles – belegen, das Wohlgefühl, seine finanziellen Angelegenheiten gut geregelt zu haben. Das ist eine Frage der Balance; und wenn die stimmt, dann beschreibt das den Zustand der »Financial Wellness«.

Unter diesem Schlagwort geben Arbeitgeber in den USA und einigen anderen angelsächsischen Ländern ihren Arbeitnehmern im Rahmen ihrer Corporate-Benefit-Programme Instrumente an die Hand, mit deren Hilfe sie sich Klarheit über ihre finanzielle Situation verschaffen können. Dieses Buch soll auch ein Impuls an deutsche Arbeitgeber sein, sich um die Financial Wellness ihrer Mitarbeitenden zu kümmern.

Die Financial Wellness ihrer Mitarbeiter lohnt sich auch für die Arbeitgeber; denn nach amerikanischen Studien sind finanziell entstresste Mitarbeitende produktiver als solche, die am Arbeitsplatz immer mit der belastenden Frage kämpfen, ob und wie sie jetzt und in Zukunft bis zum Monatsende über die Runden kommen, weil sie keine Klarheit über ihre Finanzen haben. Deshalb sind in den USA auch Unternehmen profitabler, die ihren Mitarbeitenden Instrumente zur Erlangung von Financial Wellness anbieten, als solche, die das nicht tun.

Trotzdem sind derlei Programme in Deutschland noch rar, und man muss die bisherige Zurückhaltung der deutschen Arbeitgeber verstehen, Finanzberater zur Unterstützung ihrer Mitarbeitenden bei der Erlangung von Financial Wellness ins Haus zu lassen. Denn die Menschen in Deutschland haben zu den Institutionen und Personen, die ihnen in ihren finanziellen Angelegenheiten Rat geben sollen und wollen, grundsätzlich wenig Vertrauen. Sie mögen zwar – meistens – den einzelnen Menschen im Speziellen, aber sie misstrauen der Spezies Versicherungsvertreter oder Bankberater im Allgemeinen. Nur etwa ein Viertel der Verbraucherinnen und Verbraucher in Deutschland vertraut darauf, von Finanzberatungs-Instituten und selbstständigen Maklern und Beratern unvoreingenommen beraten zu werden. Nur ein Viertel vertraut mithin darauf, dass Banken und Versicherungen und deren Berater die Interessen ihrer Kunden hinter die eigenen Interessen stellen. Für die meisten Menschen bleibt selbst nach einer noch so qualifizierten und kompetenten Finanzberatung ein schaler Beigeschmack: »Habe ich nun wirklich diejenige Versicherung oder Anlage verkauft bekommen, die für mich am besten ist, oder diejenige, die am besten das Portemonnaie meines Beraters füllt?«. Wellness fühlt sich anders an!

Dabei ist Vertrauen für Finanzberater die wichtigste Voraussetzung für ihre Arbeit und das Asset, das sie als wichtigstes in die Waagschale zu werfen bemüht sein müssen. Es ist für sie bedeutend wichtiger als für Berater und Verkäufer in anderen Branchen. Denn im Baumarkt, beim Autohändler oder in der Gemüseabteilung des Supermarktes kannst du die Ware, die du erwerben willst, sehen und anfassen. Du kannst dir vor dem Kauf ein Bild von der Ware machen. Das ist in der Finanzberatung ganz anders. Ein Versicherungsvertrag ist nichts anderes als ein Versprechen auf die Zukunft, das Versprechen einer Versicherungsgesellschaft, irgendwann in drei Monaten, einem Jahr oder 30 Jahren eine Leistung zu erbringen. Dabei ist es bei den meisten Versicherungsverträgen gar nicht sicher, ob jemals überhaupt ein einschlägiges Ereignis eintritt.

Ob das in der Rentenversicherung gegebene Renditeversprechen eingelöst wird, wissen wir erst nach 20 oder 30 Jahren. Und wenn ein Renditeversprechen nicht eingelöst wird, ist der Berater, den wir gerne mit unserem Unmut konfrontieren würden, längst nicht mehr zuständig – falls wir uns überhaupt noch an das gegebene Versprechen erinnern. Manchmal kennen wir die gegebenen Versprechen und vor allem, etwa bei Versicherungen, die aus dem Gesamtpaket der Versprechen herausgelösten Ausnahmen gar nicht präzise. Im Einzelfall nehmen wir die Nichteinlösung achselzuckend hin und glauben, dass wir selbst wohl nicht aufmerksam genug waren, als wir annahmen, der gerade eingetretene Schaden sei mitversichert.

Geld und geordnete Finanzen gehören zu den wichtigsten Themen der Menschen. Sie stehen in der Bedeutungsskala ähnlich hoch wie das Leben an sich und die Gesundheit. Geld hat neben der wirtschaftlichen immer auch eine psychosoziale Bedeutung. Es steht für Erfolg, Sicherheit, Anerkennung, Macht, Lebensqualität, Selbstständigkeit – und für Selbstwert. Und es steht, wenn man die Gewissheit hat, dass man es in ausreichendem Maße hat und auch beim Eintreten unvorhergesehener Ereignisse haben wird, für ein gehöriges Stück Freiheit von Angst. Die Angst vor existenziellen finanziellen Engpässen plagt Menschen, die nicht hinreichend Absicherung und Vorsorge betreiben oder nicht wissen, ob sie hinreichend für ihre und die Zukunft ihrer Kinder vorsorgen, ganz besonders in Krisenzeiten, also in Zeiten der politischen und wirtschaftlichen Unsicherheit. Da ist dann in besonderem Maße seriöse und vertrauenswürdige Unterstützung gefragt.

Die allerdings, in deren Hände wir uns in Sachen Geld begeben, Banker, Versicherungsvermittler und mit ihnen alle anderen Finanzberater, stehen – wie schon erwähnt – in der Skala unseres Vertrauens, der Glaubwürdigkeit und Reputation am untersten Ende – ganz anders als diejenigen, denen wir unser Leben und unsere Gesundheit anvertrauen: Feuerwehrleute, Piloten oder Ärzte. Sie befinden sich ebenso regelmäßig in der Spitzengruppe. Dieses Bild stellt sich seit Jahren und Jahrzehnten unverändert in allen Studien dar, egal ob diese von Marktforschungsinstituten oder von Berufsverbänden herausgegeben werden. Ist es deshalb in Stein gemeißelt und für alle Zukunft unabänderlich? Wir behaupten: Nein.

In den vergangenen Jahren wurden Instrumente entwickelt, die geeignet sind, deutsche Verbraucher und Verbraucherinnen dem Vertrauen in die Finanzbranche und damit ihrer eigenen Financial Wellness, also dem ungetrübten Wohlbefinden in finanziellen Angelegenheiten, ein ganzes Stück näher zu bringen: die oben genannten DIN-Normen für die »Basisfinanzanalyse für Privathaushalte« und die »Risikoprofilierung von Privatanlegern«.

Die Norm für die Finanzanalyse, die bei DIN die Nummer 77230 trägt, ist mehr als eine kleine Sensation. Unter rund 35 000 DIN-Normen, die seit der Gründung des Deutschen Instituts für Normung (DIN) im Jahre 1917 dort entwickelt wurden, ist sie die erste für die Finanzberatung. Umso wichtiger ist es, dass es diese Norm nun gibt. Und umso besser für dich und deine Financial Wellness.

Es ist nicht bei dieser einen DIN-Norm für die Finanzberatung geblieben. Bereits im Sommer 2021 folgte die nächste, die »Risiko- und Finanzanalyse für Selbstständige und KMUs«, die im Kontext dieses Buches nicht relevant ist, und Anfang 2022 die »Risikoprofilierung für Privatanleger«. Im August 2022 wurde als »Anhang B« der DIN 77230 ein Modul für die »Abfrage von Nachhaltigkeitspräferenzen bei Finanzanlagen« veröffentlicht. Alle diese Normen geben Finanzberatern die Orientierung und Grundlage für eine nicht interessengesteuerte Beratung ihrer Kundinnen und Kunden. Deshalb wenden immer mehr gute Berater sie in ihrem beruflichen Alltag an.

Zugleich erlauben diese Normen auch Verbrauchern einen unverfälschten Blick auf ihre finanzielle Situation und helfen ihnen, die Gespräche mit ihren Beraterinnen und Beratern aufgeklärt und selbstbewusst zu führen. Außerdem liefern sie denjenigen, die sich selber um ihre Finanzen kümmern wollen, den Fahrplan für den Umgang mit ihren wichtigsten finanziellen Notwendigkeiten und Risiken.

Dieses Buch führt dich durch die Regeln und Überlegungen, die Dutzende Fachexperten aus unterschiedlichen Bereichen und Funktionen in die Normen haben einfließen lassen. Es wird dein finanzieller Fitness-Ratgeber sein. Du kannst die darin gewonnenen Erkenntnisse im Gespräch mit deinen Beratern einsetzen, um erkennen zu können, ob die Beratung fehlerhaft ist oder die empfohlenen Produkte nicht die angestrebte Zielerreichung ermöglichen. Oder du kannst sie als Grundlage für das eigene, selbstständige Bewältigen deiner finanziellen Angelegenheiten nutzen.

Woran du gute Finanzberater erkennst

Alle selbstständigen Finanzberater, die dich gewerbsmäßig in deinen Absicherungs-, Vorsorge-, Spar- oder Anlageprojekten unterstützen, dich beraten und dir passende Produkte verkaufen wollen, müssen dafür eine spezielle Gewerbeanmeldung nach dem § 34 der Gewerbeordnung (GewO) besitzen. Um diese Gewerbeanmeldung vornehmen zu können, müssen die zukünftigen Berater bei der IHK eine Sachkundeprüfung ablegen. Es gibt Gewerbeanmeldungen

- nach § 34d für Versicherungsvermittler und Versicherungsberater,
- nach § 34f für Finanzanlagenvermittler,
- nach § 34h für Honorar-Finanzanlagenberater,
- nach § 34i für Immobiliendarlehensvermittler.

Viele Finanzberater haben mehrere dieser Gewerbezulassungen. Das ist auch sinnvoll, weil zu einer ganzheitlichen und umfassenden Beratung und Betreuung der Verbraucher in finanziellen Angelegenheiten eben genauso Versicherungen wie Anlagen und Darlehen gehören. Zudem macht der Umgang etwa mit Fondspolicen, die in die Kategorie der Versicherungsanlagen gehören, also eine Mischform von Versicherungs- und Anlageprodukt darstellen, Kenntnisse sowohl über Versicherungen als auch über Kapitalanlagen erforderlich. Die Gewerbeanmeldungen nach § 34 f und 34 h schließen sich allerdings gegenseitig aus, da es Honorar-Finanzanlageberatern untersagt ist, so wie die Finanzanlagenvermittler Provisionen von den Versicherungs- oder Kapitalanlagegesellschaften zu erhalten. Sie dürfen nur auf Honorarbasis arbeiten, müssen also eine Gebühr für ihre Arbeit von dir verlangen (siehe dazu auch die folgende »Randnotiz: Die Vergütung von Finanzberatern«).

Im Rahmen der sogenannten Erstinformation müssen Berater dir beim ersten Geschäftskontakt unter anderem mitteilen, welche Gewerbeanmeldungen sie haben. Dadurch erfährst du, in welchen der genannten Bereiche sie ihre Expertise durch eine Sachkundeprüfung nachgewiesen haben.

In dieser Erstinformation müssen sie dich auch wissen lassen, ob sie als Makler oder als sogenannte gebundene Vermittler für ein Unternehmen, beispielsweise eine Versicherungsgesellschaft, tätig sind. Makler sind dazu verpflichtet, Sachwalter ihrer Kunden zu sein, also ganz und ausschließlich die Interessen der Verbraucher zu vertreten. Gebundene Vermittler haben selbstverständlich auch das Wohl ihrer Kunden im Blick, sie sind in der Regel in der Auswahl der Produkte eingeschränkt.

Die angestellten Mitarbeiter von Banken oder Versicherungen müssen nicht dieselben Anforderungen erfüllen wie die selbstständigen Vermittler. Sie sind allerdings immer als Bankkaufleute oder Versicherungskaufleute oder durch einschlägige Hochschulabschlüsse qualifiziert.

Das bisher Gesagte beschreibt die Mindestanforderungen an Personen, die dir Beratung und Vermittlung anbieten. Wenn du sicher sein willst, dass du es mit einem richtig guten Finanzberater zu tun hast, kannst du dein Augenmerk auf die folgenden Kriterien richten: die bestmögliche Arbeitsweise, nämlich die nach DIN-Norm und/oder die bestmögliche Ausbildung, nämlich die als Certified Financial Planner und/oder die bestmögliche Kundenbewertung, nämlich die bei WhoFinance.

Wer vom DEFINO Institut für Finanznorm auf die Anwendung der auch diesem Buch zugrundeliegenden DIN-Normen 77230 »Finanzanalyse für Privathaushalte« und/oder 77223 »Risikoprofilierung von Privatanlegern« zertifiziert ist und sich damit verpflichtet hat, diese in der Beratung zum Einsatz zu bringen, garantiert dir eine neutrale und nicht von Eigeninteressen gesteuerte Analyse und Beratung. Das ist das Beste, was dir und deinen Finanzen passieren kann. Du findest diese Leute, wenn du über financial-wellness. com oder defino.de in die »Beratersuche« gehst und dort deinen Ort oder deine Postleitzahl eingibst. Es gibt deutschlandweit etwa 2 000 Zertifizierte, also sicher eine oder einen auch in deiner Nähe.

Die Bestausgebildeten unter den Finanzberatern sind die sogenannten Certified Financial Planner, die sich durch das Kürzel CFP hinter ihrem Namen ausweisen. Sie haben bei einem der akkreditierten Ausbildungsträger eine entsprechende Zusatzqualifikation erworben und gehören damit zweifellos zur Elite der Finanzberater. Weltweit gibt es knapp 200 000, in Deutschland gut 1 500 CFPler. Du findest sie hinter dem Link fpsb.de/verzeichnis-der-certified-financial-planner.

Als gute Möglichkeit, Qualität aufzuspüren, haben sich inzwischen in allen Lebensbereichen Kundenbewertungsportale etabliert. Das bekannteste und seriöseste für die Suche nach guten Finanzberatern ist WhoFinance. Auf dem Portal sind mehr als 100 000 Berater gelistet. In regelmäßigen Abständen veröffentlicht WhoFinance auf der Grundlage von mehr als 2 Millionen Bewertungen Listen, etwa die der 1 000 Top-Berater oder von Beratern mit besonderer Expertise oder speziellen Angeboten wie beispielsweise Videoberatung. Das findest du alles unter whofinance.de.

Die Vergütung von Finanzberatern

Randnotiz

Es ist auch gut für dich zu wissen, wie die Berater, die du zu deiner Unterstützung und gegebenenfalls auch für Zweitmeinungen heranziehst, bezahlt werden. Wir verweisen ja an mehreren Stellen im Buch auf solche Dienstleister. Es sollte klar sein, dass diese Personen nicht ehrenamtlich und unentgeltlich tätig sind. Qualität hat ihren Preis.

Grundsätzlich wirst du auf zwei Vergütungstypen stoßen, die über Provisionen und Courtagen oder die über Honorare. Provisionen oder Courtagen erhält ein Berater oder Vermittler von Finanzprodukten direkt vom Produktanbieter, also von der Bank, der Versicherungs- oder der Kapitalanlagegesellschaft, deren Produkte er verkauft. Bei Kapitalanlagen und manchen Versicherungstypen ist das ein alljährlich gezahlter

Prozent- oder Promillesatz des Anlagebetrages oder der Jahresprämie. Bei Lebens- und Krankenversicherungsprodukten erfolgt die Vergütung der Berater über eine sogenannte Upfront- oder Abschlussprovision, die einmalig zu Beginn der Vertragslaufzeit gezahlt wird.

Der Begriff Provision leitet sich von dem lateinischen Verb *providere* (vorausschauen) ab und kann mit Vorsorge übersetzt werden. Courtage vom französischen *courtier* (Makler) beschreibt die Maklervergütung. Man spricht deshalb auch oft von der Maklercourtage. Der Unterschied zwischen Provisionen und Courtagen ist der, dass Erstere frei verhandelbar sind, während es für Letztere gesetzliche Regelungen gibt. Für den Wertpapierhandel ist zum Beispiel festgelegt, dass Makler eine Vergütung in Höhe von 0,6 bis 0,8 Prozent der Handelssumme erhalten dürfen. Für die Vermittlung von Mietwohnungen ist eine Gebühr von 2,38 Monatsmieten – das sind zwei Kaltmieten plus 19 Prozent Mehrwertsteuer – gesetzlich festgelegt.

Provisionen und Courtagen fließen nur, wenn ein Produkt verkauft oder vermietet worden ist. Die Beratung selbst wird nicht für sich vergütet. Kaufst du also nichts bei deinem Berater, hat er nichts verdient – auch wenn du dich ausführlich hast beraten lassen. Da Berater und Beraterinnen natürlich auch nicht von Luft und Liebe leben können, sind sie auf die Vermittlung von Produkten oder Verträgen angewiesen.

Auf der Suche nach einem guten Berater werden dir auch Honorarberater begegnen. Diese werden – wie der Name schon sagt – direkt für ihre Beratung bezahlt. Dabei wird in der Regel die Beratungsleistung nach Stunden abgerechnet und dann je nach Aufwand ein entsprechendes Honorar fällig. Nun denkst du vielleicht: »Das ist doch ein Vorteil. Der Honorarberater verdient nichts an der Vermittlung eines bestimmten Vertrages, sondern allein durch die Beratung. Er muss dir nichts verkaufen. Er wird dir also nichts andrehen, was du nicht brauchst.« Nun: Dieser Gedankengang ist bestechend einleuchtend – und richtig.

Es wird deshalb auch immer wieder darüber diskutiert, ob es bei Provisions- oder Courtagezahlungen nicht zwangsläufig zu Fehlanreizen und Interessenkonflikten kommen muss und Berater tendenziell eher ihren eigenen Vorteil im Blick haben. Dafür hat es in der Vergangenheit tatsächlich sehr unrühmliche Beispiele gegeben, und die Gefahr besteht weiterhin. Immer wieder drängen Vermittler Kunden zu Abschlüssen, die ihren eigenen Ertrag maximieren, und nicht zu denen, die auf der Prioritätenliste der Kunden ganz oben zu stehen haben.

Allerdings hast du bei einer Vergütung über Provisionen den Vorteil, dass du ohne Sorge und ohne zusätzliche Kosten auch mehrere Berater konsultieren kannst, um beispielsweise eine Zweitmeinung zu einer besonderen Herausforderung in deinem Trainingsplan einzuholen. Bezahlt wird – über die Provision – nur einmal, und zwar beim Kauf. So wie du auch in mehrere Baumärkte gehen und dich umschauen kannst, bevor du die Entscheidung für den besten Schlagbohrer fällst, kannst du in der Finanzberatung auch verfahren. Sei dabei fair zu den Beratern, sage ihnen, was du vorhast, und nutze sie nicht aus.

Im Übrigen haben auch Berater und Vermittler, die über Provision vergütet werden, ein großes Interesse daran, dich gut zu beraten, dir das für dich beste Produkt auszusuchen und zu verkaufen und dich dann auch im weiteren Verlauf der Vertragsbeziehung gut zu betreuen. Wenn sie das nämlich nicht tun und du deinen Vertrag kündigst, haften sie dem Versicherer gegenüber und müssen einen Teil ihrer Provision zurückzahlen. Man nennt das Stornohaftung. Honorarberater müssen nichts zurückbezahlen, wenn du dich schlecht beraten fühlst.

Und schließlich haben Provisionen auch einen sozialen Aspekt: Wer hohe Versicherungssummen abschließt, löst hohe Provisionen an die Vermittler aus, wer niedrige Versicherungen abschließt, entsprechend niedrigere. Hohe Versicherungssummen werden, gleichgültig ob für die Hausrat-, die Risikolebensversicherung oder die Altersvorsorge, meistens von Besserverdienenden, niedrige Summen von weniger Verdienenden abgeschlossen. So subventionieren die Besserverdienenden idealerweise die gute Beratung für Geringverdienende.

Gibt der Verzicht auf Provision wirklich einen sicheren Schutz gegen Konflikte zwischen deinen und den Interessen des Beraters? Auch ein Honorarberater muss schließlich Geld verdienen. Er wird Sorge tragen, dass er seinen Stundensatz in möglichst kurzer Zeit verdient und, wenn du bei ihm kaufen möchtest, möglicherweise bei der Produktauswahl weniger Sorgfalt walten lassen. Denn so etwas wie eine Stornohaftung kennt er nicht. Wenn du also nach einer Honorarberatung später zu der Einsicht gelangst, dass die Entscheidung für ein Produkt falsch war, tangiert das das gezahlte Honorar nicht.

Und was ist bei Honorarberatung mit der zweiten Meinung? Die kostet extra: Denn, dass du bei dem ersten Berater bereits ein Honorar bezahlt hast, kann selbstverständlich den zweiten nicht interessieren. Er hat ein Recht darauf, dass auch sein Einsatz und Aufwand vergütet wird.

Wir erwähnten bei der Provisionsberatung den sozialen Aspekt. Der Honorarberatung fehlt dieser. Das Honorar für eine Stunde Beratung ist immer gleich hoch, etwa 200 Euro, egal ob am Ende ein Vertrag mit 4 000 Euro oder einer mit 1 600 Euro herauskommt. Aber das Honorar belastet nicht beide Kunden gleich schwer. Dem Ratsuchenden, der 2 000 Euro netto verdient, fällt es schwerer, die 200 Euro für die Beratung auszugeben als dem mit 5 000 Euro netto – oder mehr.

Beide Vergütungssysteme haben Vor- und Nachteile. Es ist gut, dass beide nebeneinander bestehen. In beiden Systemen findest du sehr gute und verantwortungsbewusste Berater. In einer nicht repräsentativen Untersuchung hat die Stiftung Warentest keine signifikanten Unterschiede in der Qualität der Beratungstypen festgestellt.[1] Du kannst also getrost und entspannt frei wählen.

Unser Buch und die Normen im Hintergrund sorgen dafür, dass du als unsere Leserin oder unser Leser zukünftig Beratung souverän und aufgeklärt in Anspruch nehmen kannst und damit das Risiko von Falschberatungen sinkt. Denn: Du hältst am Ende dieses Buches eine solide Analyse deiner Situation sowie klar definierte Mindestanforderungen an wichtige Produkte in Händen. Das schützt dich und motiviert Berater, wirklich gute Beratung zu leisten.

Normen für die persönlichen Finanzen – wie geht das denn?

Normen für die Finanzen? Normen, die dir helfen zu verstehen, was in Sachen Liquidität, Absicherung, Vorsorge und Vermögensplanung für dich wichtig ist? Normen, die dir sagen, ob du dich um die wirklich wichtigen Dinge gekümmert hast oder ob einige deiner Versicherungen eigentlich überflüssig und einige deiner Geldanlagen nicht für dich geeignet sind? Normen, die dir sagen, ob du genug getan oder ob du Lücken hast? Kurzum: Normen für deine ganzheitliche finanzielle Bedarfsanalyse oder, im Ergebnis, für die Erreichung deiner Financial Wellness?

Wie geht das denn? Finanzen und der Umgang damit sind doch etwas sehr Persönliches und Individuelles. Und du bist kein Standardtyp, kein Klon. Du und deine Finanzen, ihr passt in keine Schablone oder Schublade. Wie sollen dir Normen dabei helfen, das Richtige zu tun, um finanziell gut aufgestellt zu sein und dich dabei wohlzufühlen?

Hand aufs Herz: Hast du diese Zweifel auch beim Body-Mass-Index oder akzeptierst du den als Richtwert für alle Menschen? Ist nicht für alle »über den dicken Daumen« richtig, dass ein BMI von unter 18,5 Untergewicht signalisiert und einer von über 25 Übergewicht?

Wir wissen alle, dass Übergewicht nicht ungefährlich ist. Eine Überbelastung der Gelenke und Herz-Kreislauferkrankungen können die Folge sein. Wir wissen aber auch, dass man mit Normalgewicht erkranken kann. Und es ist andererseits auch völlig okay, wenn sich Menschen mit ihrem Übergewicht wohlfühlen. Dennoch ist es gut, Orientierungswerte wie den BMI zu kennen und bewusst und aufgeklärt damit umzugehen.

Lass uns zur Verdeutlichung der Funktionsweise unserer Norm für die Finanzen noch einen weiteren Vergleich aus dem Bereich Gesundheit und körperliche Fitness heranziehen. Eine Analyse deiner finanziellen Situation nach der DIN-Norm 77230 ist wie dein Blutbild, eben dein finanzielles Blutbild. In der Norm wird nämlich der

Prozess beschrieben, nach dem festgestellt wird, wie deine tatsächlichen finanziellen Blutwerte im Abgleich zu den festgelegten Richtwerten sind. Der Vorgang ist derselbe wie in der medizinischen Diagnostik: Auch dort gibt es allgemein anerkannte und für alle Menschen geltende Orientierungswerte.

Es wird allgemein anerkannt, dass ein Gesamtcholesterinwert von über 200 Milligramm pro Deziliter oder ein LDL-Wert von über 130 Milligramm pro Deziliter sowie HDL-Werte von unter 40 Milligramm pro Deziliter für Männer und von unter 50 Milligramm pro Deziliter für Frauen eher ungünstig sind und langfristige Risiken mit sich bringen. Ähnliches gilt für die Leberwerte und viele andere Blutwerte: Die tatsächlichen Werte werden an den Normwerten abgeglichen.

Das Ergebnis, das dabei herauskommt, ist dein ganz persönliches und individuelles Blutbild. Und warum ist das so? Weil der Prozess nach einem klar definierten und von allen Ärzten und Laboren anerkannten Standard abläuft. Und weil das so ist, kann auch jeder Arzt das Ergebnis verstehen, dir erklären und dir Rat geben.

Genauso funktioniert die Finanznorm, mit der wir gemeinsam mit dir die Erstellung deines Trainingsplans vornehmen werden. In ihr sind für alle möglichen denkbaren Finanzthemen Richtwerte zusammengefasst, an denen du selbst oder dein Finanzberater deine tatsächlichen Werte abgleichen kannst. Wie viel Liquiditätsreserve, welchen und wie viel Haftungsschutz, wie viel Absicherung für den Fall der Arbeits-, Berufs- und Erwerbsunfähigkeit solltest du haben und wie viel hast du?

Was meint Haftungsschutz überhaupt, und warum ist der wichtig? Was ist der Unterschied zwischen Arbeitsunfähigkeit, Berufsunfähigkeit und Erwerbsunfähigkeit?

Einige der Normwerte orientieren sich natürlich ganz an deiner persönlichen Situation. Denn es versteht sich von selbst, dass du, wenn du ein hohes Einkommen und einen höheren Lebensstandard hast, eine höhere Liquiditätsreserve für unvorhergesehene Ausgaben benötigst als jemand, der weniger verdient. Dein Auto wird ein bisschen größer und die Reparaturen werden ein bisschen teurer sein, und folgerichtig wird auch dein Normwert für die Liquiditätsreserve ein bisschen höher sein. Der Rechenweg zur Ermittlung des Normwertes ist aber für alle gleich – so wie der zur Ermittlung des BMI auch. Aber die Berechnung wird mit deinen persönlichen Daten »gefüttert«, und damit ist auch das Ergebnis des Abgleichs von Norm- und Istwerten dein ganz persönliches und individuelles.

Nicht wenige Finanzberater, nämlich diejenigen, die sich nicht an der Norm orientieren, werden dich dennoch in deinen Fragen und Zweifeln, ob das mit rechten

Dingen zugeht, zu bestärken versuchen und dir sagen, dass nur sie allein Garanten einer individuellen Analyse deiner finanziellen Situation sind. Aber Vorsicht! Wenn sie von Individualität sprechen, meinen sie meistens nicht deine, sondern ihre Individualität, ihren Anspruch darauf, sich in der Analyse deiner finanziellen Situation selbst zu verwirklichen, ihr persönliches Wissen, ihre persönlichen Vorlieben und Einstellungen, wie zum Beispiel zur Sinnhaftigkeit von Immobilienbesitz, ihre persönlichen Neigungen oder Abneigungen und vor allem ihren Zugriff auf Produkte in ihrem Portfolio mit in ihre Analysen einfließen zu lassen.

Das ist etwa so, als würde sich in dem Medizinlabor, in dem dein Blutbild ermittelt werden soll, der damit beauftragte Laborant über deinem Reagenzglas in den Finger pieken, ein Tröpfchen von seinem Blut mit deinem vermengen und dazu sagen: »Irgendwie muss ich darin ja auch vorkommen. Wo bleibt denn sonst meine Authentizität?«

Diese Vorgehensweise hat verheerende Folgen für die Verbraucher. Denn selbstverständlich verfügen Beraterinnen und Berater in Banken nicht über alle Versicherungsprodukte, oder wenn sie sie im Angebot haben, mögen die wenigsten sie leiden und wollen sie auch demnach nicht verkaufen. Banker sind doch keine Versicherungsvertreter … Und Versicherungsvermittler haben üblicherweise keine Konten, Kreditkarten oder kurz- und mittelfristigen Anlageprodukte im Angebot.

Entsprechend stellen die finanziellen Fitnesschecks der meisten Banken auch keine sehr differenzierten Defizite im Versicherungsbereich fest: Da bleiben Themen wie Gesundheit, Pflege, Haftung und andere meist einfach außen vor. Genauso geschieht es umgekehrt bei den Checks der Versicherungen: Da ist vom Überschuldungsrisiko durch Konsumenten-Kredite und von der fehlenden Liquiditätsreserve für den unvorhergesehenen Ersatz des kaputten Kühlschranks oder – schlimmer noch – für die anstehende Überbrückung einer Phase von Kurzarbeit ebenso wenig die Rede wie von der zu geringen Sparquote für das in drei Jahren notwendige neue Auto.

Das ist – und damit ist dann Schluss mit den Vergleichen – so ähnlich, als würden in einem Gesundheitscheck, den ein Gynäkologe durchführt, nur gynäkologische Diagnosen vorkommen, in dem eines Internisten nur internistische und in dem eines Orthopäden nur orthopädische. Und keiner würde über den Tellerrand seines Spezialgebiets hinausblicken. Da würde der erste deine Rückenschmerzen auf eine Schwangerschaft, der zweite auf ein Pankreaskarzinom und der dritte auf einen Bandscheibenvorfall zurückführen – jeder nach seinem Spezialgebiet und nach dem, was er an Lösungen, also Therapien oder Produkten, im Angebot hat. Und solltest du zufällig noch einen Psychiater im Zugriff haben, würde er eine Depression ins Spiel bringen. Eine solche Vorstellung kann einen das Fürchten lehren.

Wenigstens bei der Diagnose wollen wir doch Klarheit haben. Dass bei der anschließenden Therapie auch subjektive Komponenten zum Tragen kommen können, muss gar nicht schlimm, sondern kann sogar gut und nützlich sein. Wenn der Orthopäde deines Vertrauens nicht der beste Operateur im Lande, aber dafür ein bekannter Spezialist für manuelle Therapie ist, dann ist er vielleicht gerade deshalb der Arzt deines Vertrauens. Denn du bist – natürlich nur diesbezüglich – ein Angsthase und hasst Operationen.

Aber bei der Diagnose muss doch Klarheit herrschen. Die muss möglichst eindeutig sein, und wenn sie es nicht ist, dann musst du mit dem Röntgenbild und dem Befundbericht zu einem anderen Experten gehen und eine zweite Meinung einholen können. Das funktioniert in der Finanzbranche bisher üblicherweise nicht. Denn die Berater unterschiedlicher Banken, Versicherungen und Finanzvertriebe verstehen die von den anderen erstellten finanziellen »Blutbilder« und »Röntgenaufnahmen« nicht und wollen sie auch gar nicht verstehen. Die sie leitenden Handlungsprinzipien sind Abgrenzung und Intransparenz, in der Marketingsprache euphemistisch USP (Unique Selling Point), also Alleinstellungsmerkmal, genannt.

DIN-Normen –
wie sie entstehen und warum sie Vertrauen stiften

Normen sind von ihrem Wesen her Konsens und Transparenz. In unserer Welt wachsen Polarisierung und Ausgrenzung. Zu den realen Hinterzimmern der politischen Machtzentren haben bevorzugt diejenigen Zugang, die ohnehin einer Meinung sind, und in den digitalen Hinterzimmern der sozialen Netzwerke versetzen sich die Systeme durch Selbstaufschaukelung in kreisende Erregung. Da kommt einer Einrichtung wie dem Deutschen Institut für Normung eine nicht zu überschätzende gesellschaftliche Bedeutung zu. Das Wesen von DIN-Normen ist nämlich, dass sie auf dem Konsens aller sogenannten interessierten Kreise beruhen.

Niemand, der ein begründetes fachliches Interesse an einer Normungsarbeit nachweisen kann, darf von der Mitwirkung ausgeschlossen werden. Jeder, der zu dem zur Diskussion stehenden, öffentlich ausgeschriebenen Thema einen fundierten Beitrag zu leisten hat, muss zur Mitarbeit zugelassen werden. Abweichende, ja konträre Meinungen sind nicht nur erlaubt, sondern ausdrücklich erwünscht. Alle Blickwinkel auf ein Thema müssen Berücksichtigung erfahren. Bei Themen rund um die Finanzberatung sind das ebenso die Sichtweisen der Banken und Versicherungen wie die der Vertriebe und der einzelnen Vermittler und Makler, die von Qualifizierern und IT-Unternehmen, die der Wissenschaft und nicht zuletzt die der Verbraucher und ihrer Interessenvertreter, der Verbraucherschützer.

Sie alle saßen bei der Erarbeitung der genannten Normen auch tatsächlich mit am Tisch: unter anderen Vertreter großer Versicherungen und der größten Banken Deutschlands. Da saßen Verbände und Vertriebe mit allerhöchstem Qualitätsanspruch und solche, denen zumindest die öffentliche Meinung diesen Qualitätsanspruch nicht zurechnet. Und nicht zuletzt waren Wissenschaftler sowie Verbraucherschützer vom Verbraucherrat bei DIN und von der Stiftung Warentest intensiv und konstruktiv an der Diskussion beteiligt. Insgesamt machten sich für die erste

DIN-Norm für die Finanzberatung in mehr als 100 Jahren deutscher Normungsgeschichte 37 Expertinnen und Experten im November 2014 an die Arbeit.

Man kann sich sehr leicht vorstellen, dass es bei so viel – gewollter – Heterogenität in der Zusammensetzung des Gremiums gehöriges Konfliktpotenzial gab. Und so hat die Diskussion über die bestmögliche Vorgehensweise für die Erstellung einer neutralen und unverfälscht individuellen Finanzanalyse für Privatpersonen auch insgesamt 50 über vier Jahre verteilte Sitzungstage gedauert, Vor- und Nachbereitungsarbeiten von einzelnen Gremienmitgliedern oder kleinen Arbeitsgruppen nicht mit eingerechnet. Nicht mit eingerechnet sind ebenfalls die vielen Abend- und Nachtsitzungen, in denen gemeinsames Essen und über die Jahre hin etliche Flaschen Wein halfen, sich anzunähern – vielfach zunächst menschlich und dann fachlich.

Eines verband nach kurzer Zusammenarbeit alle, die da regelmäßig am DIN-Platz in Berlin um den großen Tisch saßen: Sie wollten unbedingt ein gutes Ergebnis erzielen!

Nach rund drei Jahren hatten sie die erste Etappe geschafft: Sie hatten sich untereinander verständigt, wie eine DIN-Norm-konforme ganzheitliche finanzielle Bedarfsanalyse für Privathaushalte in Zukunft in Deutschland vonstattengehen soll. Sie verabschiedeten das Dokument, in dem ihre gemeinsame Vorstellung von dem dafür anzuwendenden Prozess festgehalten war: einstimmig, im Konsens. So erfordert es das Regelwerk von DIN.

Das war allerdings nur der erste Schritt. Danach wurde das Ergebnis ihrer Arbeit– wie in jedem Normungsprozess – der nicht im Gremium vertretenen Fachöffentlichkeit zur Kommentierung vorgestellt. Zwei Monate hatten alle, die einen Beitrag leisten wollten, Zeit, sich einzubringen und Änderungsvorschläge zu unterbreiten. Alle, die Änderungswünsche formulierten, wurden nach Berlin eingeladen und konnten in einer auf eine Woche anberaumten Sitzung ihre Gedanken und Ideen untermauern und den Mitarbeitenden des Ausschusses verdeutlichen. Aus dieser wichtigen Kontrollschleife zogen die Gremienmitglieder nochmals neue Erkenntnisse, die in dem Feinschliff der Norm ihren Niederschlag fanden.

Im November 2018 konnte endlich die Schlussfassung der DIN-Norm 77230 »Basis-Finanzanalyse für Privathaushalte« verabschiedet werden – wiederum ohne Gegenstimme. Im Februar 2019 wurde sie der Öffentlichkeit vorgestellt. Damit ist das Thema der Bedarfsanalysen für Privatpersonen beim Deutschen Institut für Normung ein für alle Male besetzt.

Das bedeutet nicht, dass der Normtext, der damals verabschiedet wurde, auf ewige Zeit in Stein gemeißelt ist. Normen können, beziehungsweise müssen, bei Bedarf, zum Beispiel nach Gesetzesänderungen, überarbeitet werden. Und wenn es fünf Jahre nach der Erarbeitung oder der letzten Überarbeitung einer Norm keine externen Korrektur-Impulse gegeben hat, dann müssen die Autoren der Norm sich turnusmäßig zusammensetzen und ihr Werk daraufhin überprüfen, ob es noch »dem aktuellen Stand der Technik« entspricht. Denn diesen abzubilden, ist der Anspruch von DIN-Normen.

Das bedeutet allerdings, dass es keine weitere DIN-Norm zu dem Thema geben wird. Der jetzige Normtext gilt nun verbindlich als *der* »Stand der Technik« in Sachen finanzieller Bedarfsanalyse. Wer damit nicht einverstanden ist, kann keine zweite Norm zum Thema daneben stellen; er kann aber anregen, die Norm in seinem Sinne zu verändern, zu verbessern.

Was sagt uns diese Geschichte über DIN-Normen und damit auch und vor allem über die Normen, die in diesem Buch zum Einsatz kommen? Eine DIN-Norm entsteht unter Beteiligung aller betroffenen Kreise der Gesellschaft. Keine Meinung, keine Sichtweise, keine Interessenlage bleibt unberücksichtigt. Eine DIN-Norm entsteht im Konsens. Es muss so lange gerungen werden, bis Einigkeit besteht. Eine DIN-Norm ist immer »konfliktfrei«, weil es zu jedem denkbaren Thema nur eine geben kann.

Aus diesen Gründen haben Normen eine große Autorität und Akzeptanz in unserer Gesellschaft. Die Menschen vertrauen ihnen. Wenn ein Haus oder eine Brücke, wenn Autos oder Werkzeuge nach den einschlägigen DIN-Normen gebaut worden sind – und bei allen genannten und Abertausenden anderen Gegenständen ist das regelmäßig der Fall – denken wir nicht eine Sekunde lang darüber nach, dass sie einstürzen oder andere Gefahren für uns bergen könnten.

Aus diesen Gründen beziehen sich auch Gerichte auf DIN-Normen und ziehen sie als sogenannte »vorweggenommene Gutachten« heran. Wenn eine Brücke doch einstürzt, obwohl der Bauunternehmer nachweislich alle einschlägigen Normen eingehalten hat, dann ist ihm kein Verschulden vorzuwerfen. Denn er hat sich an dem zur Bauzeit gültigen Stand der Technik orientiert. Mit großer Wahrscheinlichkeit ist die Brücke aus anderen Gründen eingestürzt: schlechte Wartung, Überlastung, tektonische Verschiebungen et cetera.

Das also ist der Sinn von Normen: Vertrauen stiften, Wohlbefinden schaffen, Sicherheit geben. Eigentlich ist es ein Treppenwitz der Geschichte, dass sich eben der Zweig unserer Wirtschaft, der sich Sicherheit auf die Fahnen geschrieben hat, nämlich die Finanz- und Versicherungswirtschaft, 100 Jahre Zeit gelassen hat, um zu erkennen, wie hilfreich Normen auch in ihrem Segment sein können.

Aber was soll's? Jetzt sind sie da, die Normen für deine Financial Wellness, und hier kannst du lesen, wie sie funktionieren. Vor allem kannst du erfahren, wie es um deine Financial Wellness steht und wie du sie – allein oder gemeinsam mit deinem Finanzberater, auf jeden Fall aber mit Unterstützung dieser Normen – systematisch verbessern kannst.

Damit du wirklich intensiv erlebst, wie entstressend Normen sind, haben wir bei den ersten vier Schritten des Trainingsplans – ganz im Stile eines wirklichen Wellness-Ratgebers – je eine ganz kurze Entspannungsübung eingefügt. Du wirst diese kleinen Achtsamkeitsmomente auch über die Lektüre dieses Buches hinaus mögen.

Aber zunächst beginnen wir mit der Arbeit. Los geht's!

Teil 2

Richtig trainieren – deine Schritte zum passenden Trainingsprogramm

Schritt 1:
Dein Profil – was du hast und was du bist

Genug der allgemeinen Vorrede. Von jetzt an geht es nur noch um dich. Zunächst wollen wir uns damit befassen festzustellen, was beziehungsweise wer du bist und was du hast. Das Ergebnis dieser Betrachtung ist maßgeblich für deinen Trainingsplan. Es zeigt auf, wie viel Training du dir zum Einstieg zumuten kannst und welches Potenzial du hast, es langsam und systematisch zu steigern.

Diese initialen Betrachtungen beleuchten deine Grundsubstanz, die aktuelle Entwicklung deiner finanziellen Fitness, das heißt die Frage, ob diese gerade eher ab- oder zunimmt, und das Mindset, mit dem du dein Trainingsprogramm angehst.

In der Sprache der Finanzen heißt das Was-du-hast-und-was-du-bist eigentlich »Risikoprofil«. Darunter verstand man bis zum 1. August 2022 alles, was Anlageberater an Informationen über dich benötigen, um dir das Produkt empfehlen zu können, das für dich und das von dir angestrebte Anlageziel geeignet ist.

Was du hast, sind dein Vermögensstatus, auch Vermögensbilanz genannt, und deine Einnahmen-Ausgabenrechnung. Banker nennen beides zusammen auch deine Risikotragfähigkeit. Bei der Risikotragfähigkeit geht es darum zu ergründen, wie es um deine finanzielle Stärke bestellt ist.

Deine Vermögensbilanz ist so etwas wie deine konstitutionelle Grundsubstanz, deine Fitness, das starke Immunsystem, das starke Herz, das Muskelpaket, von dem du im Falle einer schlimmeren Erkrankung, bei einer Verletzung oder Ähnlichem zehren kannst und das dir eine gute Aussicht auf ein hohes und gesundes Alter verheißt. Die Frage ist: Kommt beim Abzug deiner Darlehen – auch derer beim Elektromarkt oder Möbelhaus – von deinem werthaltigen Vermögen – dazu zählen keine Gebrauchsgegenstände – ein positives oder negatives Ergebnis heraus? Wenn du ohnehin schon mehr Darlehen als Vermögen hast, solltest du bei der Auswahl eines Sparproduktes risikomäßig eher nicht in die Vollen gehen. Denn weitere Verluste würden dich nur noch tiefer ins Minus reiten. Wenn du hingegen ein positives

Vermögen hast, kannst du für einen kleinen Teil auch leicht ein höheres Risiko eingehen.

Deine Einnahmen-Ausgabenrechnung sagt uns, ob sich deine finanzielle Fitness jeden Monat ein bisschen verschlechtert oder verbessert. Ob du am Ende des Monats, nachdem du von deinem Gehalt die Ausgaben für Wohnen, Essen und Trinken, Mobilität und so weiter für dich und deine Familie getätigt hast, noch liquide bist oder du mehr verbrauchst, als du verdienst.

Was du bist, liest du aus deiner Risikobereitschaft – das meint im Wesentlichen, wie viel Risiko du in Finanzangelegenheiten einzugehen bereit bist – und aus deinen Kenntnissen und Erfahrungen mit Anlageprodukten. Die Risikobereitschaft beschreibt dein Nervenkostüm. Neigst du bei der Abwägung von Chancen und Risiken eher dazu, die Chancen zu sehen und Risiken einzugehen? Oder vermeidest du Risiken lieber weitgehend und verzichtest deshalb auch schon mal auf mögliche Vorteile? Risikoreichere Anlageprodukte sind in der Regel auch chancenreicher, risikoärmere sind weniger chancenreich.

Die Ermittlung deiner Kenntnisse und Erfahrungen meint die Feststellung, mit welchen Arten von Geldanlagen, etwa Zinsanlagen, Immobilien, Aktien, Rohstoffen oder passiven Beteiligungen, du dich auskennst und mit welchen nicht. Damit du keine Anlageprodukte verkauft bekommst, von deren Verlustrisiko oder vorübergehenden Wertschwankungen du keine Ahnung hast und überrascht wirst. Derlei Überraschungen gehen nämlich an die Nerven und schaden der Wellness. Außerdem verleiten sie dich im schlimmsten Falle zu voreiligen Reaktionen, die du später bereust. Das ist immer so, wenn man Verluste sieht und in Panik Anlagen verkauft, um ein paar Tage oder Wochen später festzustellen, dass ihr Wert wieder gestiegen ist.

Seit dem 2. August 2022 sind Finanzberater im Kontext von Anlageberatungen auch verpflichtet, dich nach deinen ESG- oder Nachhaltigkeitspräferenzen zu befragen. Dabei geht es darum, ob und inwieweit du bei deinen Finanzentscheidungen die Berücksichtigung von Nachhaltigkeit wünschst. Das gehört nun also ebenfalls zu deinem Mindset und damit auch zu deinem vollständigen Profil dazu, das seitdem mit dem Begriff Risikoprofil nur noch unzureichend umschrieben ist. Wir nennen es deshalb in diesem Buch der Einfachheit halber schlicht »dein Profil«.

Insgesamt dient die Ermittlung deines Profils dazu, die Grundlage dafür zu legen, dass dir später die individuell für deinen Anlegertyp und für die Erreichung deiner bestimmten Ziele geeigneten Spar- und Anlageprodukte angeboten werden können.

Wenn also zum Beispiel das Thema »Sparen für die Ausbildung deiner Kinder« auf deiner Agenda steht, dann kannst du dir mit den folgenden Fragen und deinen eigenen Antworten eine erste Orientierung darüber geben, wie viel Chance und Risiko zu dir passen könnte. Das Ergebnis kannst du mit zu deiner Bank nehmen und deinen Banker damit beeindrucken, dass du dich selbst damit beschäftigt hast.

Die Mühe der Beantwortung der Fragen lohnt sich aber nicht nur dafür, sondern in doppelter Hinsicht. Die Fragen und deine Antworten darauf helfen dir auch dabei, deine später für dich als relevant identifizierten Finanzthemen in deine subjektiv passende Reihenfolge zu bringen. Das wiederum wird dir helfen, die für dich richtigen Prioritäten zu setzen. Also: Trau dich und leg los! Nachher wirst du schlauer sein und mehr über dich selbst wissen.

Erläuterung **Dein Arbeitsraum und die Tableaus**

Wenn du gleich zu deiner ersten »Aktivität«, nämlich deiner Einnahmen-Ausgaben-Rechnung und der Eintragung des Ergebnisses in das Tableau »Mein Profil« am Ende des Buches kommst, dann wirf ruhig einen vorausschauenden Blick auf die anderen Tableaus in deinem Arbeitsraum. Lies dir gerne auch schon mal die wenigen Zeilen des letzten Kapitels »Schritt 5: Dein Programm« durch. Du wirst dann bei der Lektüre des Buches noch besser verstehen, wohin deine ganze Arbeit führen und in welche Ergebnisse sie münden wird. Es steht dir natürlich frei, das zu tun. Lass dich aber auf keinen Fall erschrecken. Alles, was du brauchst, ergibt sich ganz einfach – und selbstverständlich entspannt – im Verlaufe der Lektüre.

Liquidität und Vermögen

Deine Einnahmen-Ausgabenrechnung

Beginnen wir damit festzustellen, was du hast. Lebst du über deine Verhältnisse? Gibst du jeden Monat mehr aus, als du einnimmst? Oder hast du am Ende des Monats einen Überschuss auf der Hand? Wenn du weniger ausgibst, als du verdienst, kannst du zusätzliche Reserven bilden für unvorhergesehene Ereignisse wie den plötzlich kaputten Kühlschrank oder die Autoreparatur, wenn du mehr verbrauchst, als du verdienst, bildest du nicht nur keine neuen Reserven, sondern du verbrauchst Monat für Monat ein Stück von deiner Substanz – falls du welche hast.

Das muss kein Grund zum Verzweifeln sein. Du kennst die Situation aus Gesundheit und Sport: Wer hat nicht in seinem Leben schon die Herausforderung gehabt umzusortieren, Fett abzubauen und dafür an anderer Stelle Muskelaufbau zu betreiben? Vielleicht gibst du an der einen oder anderen Stelle Geld für Dinge wie übertriebenen Luxus oder überflüssige Versicherungen aus, die dich nicht wirklich weiterbringen. Dieses Geld fehlt dir dann für wirklich wichtige Ausgaben. Du wirst am Ende dieses Buches besser verstehen, was warum wirklich wichtig und was eher unwichtig ist.

Ob du Substanz hast oder nicht, sagt uns die Vermögensbilanz. Wenn du keine finanzielle Substanz hast, zum Beispiel weil du noch ganz am Anfang deiner finanziellen Selbstständigkeit stehst, und trotzdem mehr verbrauchst, als du verdienst, bedeutet das: Du machst Schulden, du lebst von Konsumentenkrediten – du gehst das Risiko der Überschuldung ein. Diese kannst du und musst du durch einen klaren Blick auf deine Finanzen verhindern. Wenn deine Einnahmen-Ausgabenrechnung und deine Vermögensbilanz negativ sind, wenn du also auf Pump mehr ausgibst, als du verdienst, dann brauchst du einen absoluten Turnaround.

An dieser Stelle bedarf es einer wichtigen sprachlichen Klarstellung: In der Fachliteratur wird für die Einnahmen-Ausgabenrechnung oft der Begriff Liquiditätsstatus verwendet. »Liquidität« und »Liquiditätsstatus« meinen das monatliche Fließen von Geld in dein Portemonnaie und aus diesem heraus beziehungsweise auf dein Konto und wieder herunter. »Liquide Mittel oder Anlagen« und »Liquiditätsreserve« hingegen sind leicht und immer kurzfristig zugängliche Anlagen. Ihre Betrachtung gehört nicht in die Einnahmen-Ausgabenrechnung, also den Liquiditätsstatus, sondern in den Vermögensstatus, also die Vermögensbilanz.

Der Liquiditätsreserve ist ein eigenes Finanzthema im Bedarfsfeld »Liquidität und Vermögensbilanz« gewidmet, dem wir später Aufmerksamkeit schenken werden (siehe S. 159). Ihr kommt in Phasen wirtschaftlicher Unsicherheit besondere Bedeutung zu. Denn gerade dann, wenn du nicht sicher bist, ob vielleicht Kurzarbeit oder gar der vorübergehende Verlust des Arbeitsplatzes droht, brauchst du einen ordentlichen Notgroschen, um zum Überleben nicht an die Substanz gehen, beispielsweise die eigene Wohnung, das Haus oder Wertgegenstände wie den Familienschmuck verkaufen zu müssen. Übrigens: Gebrauchsgegenstände wie Autos oder Fernseher sind keine sogenannten Substanzwerte. Sie sind sehr schnell wertlos und taugen somit nicht als Reserve, schon gar nicht, wenn sie geleast oder über ein Darlehen erworben wurden.

Beginnen wir nun mit der Feststellung deines Liquiditätsstatus. Praktischerweise solltest du alle Einnahmen und Ausgaben auf zwölf Monatsbeträge umrechnen. Das betrifft bei den Einnahmen insbesondere die Vermögenseinkünfte, das Urlaubs- und Weihnachtsgeld oder mögliche Boni, bei den Ausgaben vor allem Versicherungen und kalkulierte Nachzahlungen im Bereich der Energiekosten. So erhältst du den besten Überblick, ob das Verhältnis von Einnahmen und Ausgaben grundsätzlich passt oder ob du über deine Verhältnisse lebst.

Aber Achtung: Diese Betrachtungsweise spiegelt nicht den saisonalen Liquiditätsbedarf wider. Der kann erheblich schwanken. Wenn du dir etwa Aufschläge auf Versicherungsbeiträge für eine vierteljährliche (meist 3 Prozent) oder monatliche (meist 5 Prozent) Zahlungsweise sparen möchtest und dich deshalb für eine jährliche Zahlung entschieden hast, dann kann es dir blühen, dass sich im Januar ganz schöne Beiträge für Haftpflicht-, Hausrat-, Kfz-, Unfall- und sonstige Versicherungen aufsummieren. Und im Sommer steht der Urlaub an. Für solche Peaks muss man durch entsprechend vorausschauendes Wirtschaften gewappnet sein.

Für deine Orientierung, und damit du nichts vergisst, stellen wir dir vor dem darunter stehenden Aktivitäten-Tableau eine sehr granulare Tabelle aller möglichen Ausgabenarten zur Verfügung. Du kannst dich an allen einzelnen Positionen entlanghangeln und Beträge notieren oder die Liste als Erinnerungshilfe heranziehen für gröbere Kalkulationen und summarische Einträge.

Wichtig ist nur: Sei ehrlich zu dir, mach dir nichts vor und rechne dich nicht reich. Je genauer du hier zu Werke gehst, umso leichter tust du dich später, wenn du vielleicht Möglichkeiten von Einschränkungen im Konsum identifizieren musst, um Luft für von dir geplante Vorsorgemaßnahmen zu bekommen.

Woran du bei den Ausgaben alles zu denken hast

Grundbedürfnisse	Konsum	Digitale Angebote
Nebenkosten [A]	Geschenke	Fernsehen und Internet
Wohnen [B]	Spenden	Telefon/Mobilfunk/Smartphone
Gesundheit [C]	Kleidung, Schuhe, Accessoires	Abonnements [D]
	Elektronik	Video-/Smartphone-Spiele
Ernährung	Einrichtungsgegenstände und Deko	Online-Kurse
Restaurantbesuche	Gartenzubehör	Apps und Software
Einkäufe		
Alkohol		
Erholung	**Reisen**	
Mitgliedschaften (Vereine, Clubs etc.)	Öffentliche Verkehrsmittel	
Fitnessstudio-Mitgliedschaft	Auto [E]	**Unterhaltung**
Wellnessangebote	Taxi, Uber etc.	Veranstaltungen (Oper, Konzert, Musical, Sportveranstaltung etc.)
Friseur	Flugreisen	Bücher
Nagelstudio	Seereisen	Zeitschriftenabonnement
Pflegeprodukte	Unterkunft (Hotel, Airbnb etc.)	Eintrittsgelder (Museum, botanischer Garten etc.)

[A] Wasser, Gas, Strom, Heizung/Klimatisierung, Müllgebühren [B] Miete, Hypothek, Versicherung, Instandhaltungskosten [C] Krankenversicherung, Medikamente, Kosten für individuelle Gesundheitsleistungen [D] Nachrichtenportale, Netflix, Prime-Mitgliedschaft [E] Leasing-/Finanzierungsrate, Versicherung, Treibstoff, Autopflege, Parkgebühren

Quelle: nach Dan Ariely und Aline Holzwarth (unter Anpassungen an DACH-Verhältnisse)

Auf financial-wellness.com/buch haben wir für dich ein Rechentool bereitgestellt, mit dem du deine individuelle Kalkulation durchführen kannst.

Unsere Angebote auf financial-wellness.com/buch:

- der »Einnahmen-Ausgaben-Rechner« zur Feststellung deiner Liquidität,
- die »Wertentwicklungsmatrix« für deine zweckbezogene Risikobereitschaft,
- die App »DINalyse« für die Identifikation der für dich relevanten Finanzthemen,
- der »Zinseszinsrechner«, mit dem du mit einer von dir vorgegeben Sparrate, dem Zins und der Laufzeit das Zielkapital errechnen kannst,
- der »Sparratenrechner«, mit dem du aus deinem gewünschten Zielkapital, der Laufzeit und dem Zins die monatliche Sparrate errechnen kannst,
- die App »Tarifcheck und Abschluss« zur Feststellung der Verbraucherschutzkonformität deiner vorhandenen Versicherungsverträge, zum Auffinden vom Verbraucherschutz empfohlener Tarife und – wenn du willst – zu deren Abschluss,
- die App »Beratersuche« zum Finden von Finanzberatern in deiner Nähe, die nach den Normen arbeiten, die diesem Buch zugrunde liegen, sowie
- eine Vielzahl von Informationen und Downloads.

Meine Einnahmen-Ausgaben-Rechnung

Zur Erstellung deiner Einnahmen-Ausgaben-Rechnung addierst du zunächst alle für dich relevanten Einkommensarten:

- das Nettoerwerbseinkommen, das du aus deiner nichtselbstständigen oder selbstständigen Erwerbstätigkeit erzielst.   _____

- das Nettovermögenseinkommen, das du zum Beispiel aus Zinserträgen, dem Realisieren von Wertpapiergewinnen oder Mieteinnahmen netto erzielst. Dabei meint »netto« in diesem Falle nicht nur nach Steuern, sondern auch nach gegebenenfalls anfallenden Kosten wie Schuldzinsen oder Rücklagen zum Erhalt von Immobilien.   _____

- das Nettorenteneinkommen, das du etwa aus einer Berufs-, Erwerbs- oder Dienstunfähigkeitsrente, einer Witwen- oder Waisenrente oder aus der wohlverdienten Altersrente beziehst.   _____

- sonstige Nettoeinkommen können beispielsweise das Kindergeld oder bezogener Unterhalt sein.   _____

- Summe der Einnahmen: _____

Von der Summe der Einnahmen ziehst du die Summe deiner regelmäßigen Ausgaben ab. Das sind insbesondere:

- das Nettoerwerbseinkommen, das du aus deiner nichtselbstständigen oder selbstständigen Erwerbstätigkeit erzielst. _____

- Ausgaben für Konsum, zum Beispiel Essen, Kleidung, Mobilität, Hobbys; _____

- Krankenversicherungskosten, soweit sie nicht in den Einkommensarten enthalten sind; _____

- sonstige Ausgaben, zum Beispiel für Versicherungen (zum Beispiel Hausrat- und Haftpflichtversicherung), Sparbeiträge, Bewirtschaftungskosten sowie Zins- und Tilgungsleistungen fremdgenutzter Immobilien, Unterhaltsverpflichtungen; _____

- Urlaub. _____

- Summe der Ausgaben: _____

Differenz:
Trage das Ergebnis deiner Einnahmen-Ausgaben-Rechnung an der vorgesehenen Stelle in das Tableau »Mein Profil« auf S. 258 ein.

Und? Bist du überrascht von dem Ergebnis deiner Einnahmen-Ausgabenrechnung oder entspricht es dem, was du erwartet hast? Wenn du überrascht bist, kann es nur daran liegen, dass du deine Kosten nicht richtig im Blick hast. Denn was jeden Monat auf deinem Konto eingeht, weißt du sicher.

Ist die Überraschung positiv oder negativ? Wenn sie negativ ist, du also auf dem Papier mehr ausgibst, als du wahrnimmst, hast du wahrscheinlich nicht das richtige Gespür für die unregelmäßigen Kosten, also etwa die angesprochenen jährlichen Versicherungsbeiträge. Du denkst womöglich nur an die regelmäßigen Ausgaben, die du jeden Monat aufs Neue tätigst. Die unregelmäßigen überraschen dich dann zur gegebenen Zeit und treiben dir die Schweißperlen auf die Stirn. Bleibt die Frage, wie du bisher mit diesen Überraschungen umgegangen bist, wie du die entstehenden Liquiditätsengpässe gelöst hast. Mit der Erhöhung des Dispos oder der Aufnahme von Konsumentenkrediten?

Wenn die Überraschung positiv ist, wenn du also auf dem Papier weniger ausgibst, als du wahrnimmst, dann gehen dir offensichtlich manche Ausgaben durch, die du für nicht der Rede oder der Erinnerung wert erachtest: hier und da das Abendessen mit Freunden oder Arbeitskollegen, das Sonderangebot im Bekleidungsgeschäft im Vorbeigehen. In diesen Ausgaben besteht eine gewisse Gefahr, weil alles, was man nicht wahrnimmt, auch leicht ausufern kann. Bei bewusstem Umgang mit ihnen können sie aber auch eine Chance darstellen – genauer gesagt kann ihre Reduzierung eine Chance dafür darstellen, Liquidität für unseren finanziellen Fitnessplan freizumachen.

Deine Vermögensbilanz

Werfen wir nun einen Blick auf deine Vermögensbilanz. Sie entsteht durch die Gegenüberstellung der Aktiva, also der Vermögenswerte, und der Passiva, das sind die Kredite beziehungsweise Darlehen. Wenn du von der Summe der Aktiva, dem Brutto-Vermögen, die Summe der Passiva abziehst, ist das Ergebnis dein Nettovermögen. Das ist das, was dir an Vermögen bliebe, wenn du morgen alle deine Kredite glattstellen würdest.

Nur dieser Wert ist aussagekräftig; denn das schönste Haus, die wertvollste Kunst oder das größte Aktiendepot macht dich nicht reich, wenn dem gleich große oder gar größere Darlehen gegenüberstehen. Dein Bestreben muss auf jeden Fall sein, dein Nettovermögen, also die positive Differenz zwischen dem Bruttovermögen und den Darlehen immer größer zu machen.

Ein Vorgehen, das in diesem Sinne auf jeden Fall nicht zu empfehlen ist, hat zu der Immobilienblase in den USA geführt, die letztlich Auslöser der großen Finanzkrise in 2010 war: Für den Kauf einer Immobilie haben die Menschen Darlehen aufgenommen. Das passiert überall auf der Welt und ist okay so. Problematisch war in den USA jedoch: Wenn durch eine allgemeine Steigerung der Immobilienpreise der Wert der eigenen Immobilie stieg, hat man auf die größer gewordene Differenz zwischen Immobilienwert und Darlehen ein neues Darlehen aufgenommen – diesmal allerdings für den Konsum, beispielsweise für ein neues Auto, das nicht werthaltig ist. Diesen Vorgang konnte man in den USA in den Nullerjahren beliebig oft wiederholen – bis die Immobilienpreise zu sinken begannen. Unversehens waren die Darlehen der Menschen höher als der Marktwert der diese besichernden Immobilien. Die Verbriefung der Darlehen hat zur Katastrophe geführt.

In den USA war – immer noch schmerzlich genug für die Verbraucher – das Thema dadurch zu lösen, dass sie der Bank ihre Hausschlüssel übergaben und damit schuldenfrei waren. Für das Defizit hatte die Bank aufzukommen. Nur deshalb hatten die Menschen freilich den Mut gehabt, den Einladungen zu immer neuer Verschuldung zu folgen.

Bei uns kommt bei Überschuldung allzu oft das Einfamilienhaus unter den Hammer und erzielt im schlimmsten Falle einen Preis, der noch deutlich unter seinem Marktwert liegt. Das erlöste Geld wird zur teilweisen Tilgung der Darlehen herangezogen, und die Menschen bleiben auf den restlichen Schulden sitzen – ohne Gegenwert. Nicht selten führen solche Entwicklungen dann zu Ängsten, Verzweiflung und in der Folge zu privaten Dramen: Trennung, Scheidung, Privatinsolvenz.

Deshalb: Vorsicht bei der Aufnahme von Krediten! Am besten nimmt man sie nur auf für die Anschaffung von Substanzwerten wie zum Beispiel Immobilien oder zu deren Wertsteigerung durch Renovierung. Kommen wir nun zur Berechnung deines Nettovermögens.

Vermögensbilanz

Aktivität

Zu den Aktiva kannst du folgende Positionen zählen:

- Barvermögen, das sind Bargeldbestände, Einlagen und Guthaben wie Sichteinlagen, Termingelder und Bausparguthaben _____

- Kapitalanlagen, das sind Lebens- und Rentenversicherungen und Wertpapiervermögen wie Aktien und Investmentfonds _____

- Immobilienvermögen, das sind selbst- und fremdgenutzte Wohn- und Gewerbe-Immobilien _____

- Sonstige Vermögenswerte sind unternehmerische Beteiligungen, an Privatpersonen gewährte Darlehen, Gemälde, Oldtimer, wertbeständige Luxusautos, Boote und so weiter _____

- Summe Aktiva _____

Davon abzuziehen sind die Passiva:

- Dispositionskredite   _____
- Konsumentenkredite   _____
- Immobiliendarlehen für selbst- und fremdgenutzte Immobilien   _____
- Sonstige Darlehen wie Wertpapierdarlehen, unternehmerische Darlehen und weitere Verbindlichkeiten   _____
- Summe Passiva   _____

Differenz = Nettovermögen
Trage dein Netto-Vermögen an der vorgesehenen Stelle in das Tableau »Mein Profil« ein.

Mit den in diesem Kapitel vorliegenden Zahlen kennst du nun deine finanzielle Grundkonstitution, den Ausgangspunkt für alle weiteren Trainingsüberlegungen. Sie definieren den Spielraum, den du für alle weiteren Pläne hast, das was du dir zumuten kannst. Denn die obenstehenden Fragen und die Antworten darauf sind für die anstehenden Entscheidungen darüber, welche Finanzthemen zuerst in Angriff genommen werden sollten, von Bedeutung – und zwar von ganz radikaler. Nur wenn beide Fragen positiv beantwortet wurden, solltest du dich nämlich mit diesen Entscheidungen weiter beschäftigen. Wenn du dagegen eine negative Liquidität hast, also jeden Monat mehr ausgibst, als du einnimmst, dann musst du zunächst dringend deinen Konsum oder auch deine bestehenden Versicherungen und Sparpläne auf ihre Sinnhaftigkeit überprüfen. Erst im nächsten Schritt, wenn du die Situation nachhaltig gedreht hast, kannst du wieder nach vorn denken und neue Absicherungs- und Spar-Entscheidungen treffen. Bei negativem Vermögensstatus herrscht höchste Alarmstufe. Da ist dringend ein Schuldnerberater zu konsultieren.

Dein Mindset

Kommen wir nun von dem, was du hast, zu dem, was du bist – zu deinem Mindset. Zur Erinnerung: Wir subsumieren darunter deine Risikobereitschaft, deine Kenntnisse und Erfahrungen mit Geldanlagen und deine Einstellung zur Nachhaltigkeit.

Hinter dem Begriff Risikobereitschaft verbirgt sich deine allgemeine Risikobereitschaft in Finanzangelegenheiten und die zweckbezogene Risikobereitschaft. Diese Differenzierung ist wichtig, weil man annehmen darf, dass deine Risikobereitschaft in Sachen Altersvorsorge nicht dieselbe ist wie die beim Sparen für ein Segelboot. Die Altersvorsorge muss stimmen, wenn du zu arbeiten aufhören willst; beim Segelboot ist es zwar ärgerlich, aber nicht von existenzieller Bedeutung, wenn es etwas kleiner ausfällt. Zugleich willst du das Segelboot vermutlich nicht erst zum Renteneintritt, sondern schon einige Jahre früher besitzen; das Sparziel muss also schneller erreicht werden. Bekanntermaßen relativiert sich das Risiko von Geldanlagen mit längerer Laufzeit. Die Anlagedauer und das Ziel sind bei der klugen Einordnung deiner Risikobereitschaft zu berücksichtigen.

Die Feststellung der Risikobereitschaft, ebenso wie die der Kenntnisse und Erfahrungen, dient deinem Schutz als Verbraucher davor, ohne hinreichende Aufklärung und Transparenz riskante Produkte, insbesondere Anlageprodukte, zu kaufen – also solche, die nicht zu deinem Nervenkostüm passen und dir schlaflose Nächte bereiten.

Die Frage nach deinen Nachhaltigkeitspräferenzen soll dir ermöglichen, dich bei der Auswahl von Finanzprodukten – auch hier zunächst insbesondere von Anlageprodukten – für solche zu entscheiden, die in dem genau von dir gewünschten Maße in ökologisch, sozial und bezüglich ihrer Governance nachhaltig agierende Unternehmen investieren. Dadurch, dass du die Fragen nach deiner Nachhaltigkeitspräferenz gestellt bekommst, sollst du freilich in der Finanzberatung auch an dieses Thema erinnert und dazu motiviert werden, dich an einer Umlenkung der weltweiten Finanzströme in Richtung auf nachhaltig agierende Unternehmen und Organisationen zu beteiligen.

Die Entdeckungen, die du auf den folgenden Seiten über dich machst, kannst du in den späteren Kapiteln heranziehen. Sie werden dir nicht nur dabei helfen, deine Finanzthemen zu priorisieren und die für dich richtigen Investmentprodukte selbstständig auszuwählen, sondern sie werden dich auch wappnen, bezüglich der Themen Risiko und Nachhaltigkeit gut vorbereitet, aufgeklärt und auf Augenhöhe ins Gespräch mit deinem Finanzberater zu gehen.

Deine Risikobereitschaft

Wie viel Risikobereitschaft hast du in finanziellen Dingen – im Allgemeinen und im Speziellen? Gemeint ist: Wie risikobereit bist du beim Sparen und Geldanlegen? Wie viel – manchmal nur vorübergehenden – Verlust, wie viel Schwankung, im Fachjargon heißt das: wie viel Volatilität, hältst du aus? Und unterscheidet sich deine Leidensfähigkeit in Sachen Risiko je nachdem, ob es um deine Altersvorsorge oder um ein neues Spaßauto geht? Die Antworten auf diese Fragen haben unmittelbaren Einfluss auf die Entscheidungen, mit denen wir uns noch weiter befassen werden: Was soll ich zuerst tun und was danach? Ihnen wollen wir uns daher in diesem Kontext auch intensiver widmen.

Es mag überraschen, aber wissenschaftliche Studien untermauern, dass ausführliche psychometrische Test bezüglich der generellen finanziellen Risikobereitschaft weniger aussagekräftig sind als die einfache Frage: »Wie schätzt du deine Risikobereitschaft bei Finanzentscheidungen ein?«

Du wirst später im Zusammenhang mit deinen verschiedenen Sparzielen (siehe Schritt 3, »Sparen und Vermögensbildung«) noch deine zweckbezogene Risikobereitschaft zu bestimmen haben und dafür die sogenannte »Wertentwicklungsmatrix« kennenlernen und heranziehen. Unter financial-wellness.com/buch kannst du dann die geplanten Anlagebeträge und -fristen für die Erreichung deiner unterschiedlichen Sparziele eingeben und für jedes einzelne Sparziel entscheiden, welches Risiko zwischen 1 und 5 du eingehen willst.

Die folgenden Formulierungen sollen dir helfen, dich mit deiner Risikobereitschaft zwischen 1 und 5 einzuordnen:

| Erläuterung | **Risikoklassen** |

In die Risikoklasse 1 gehörst du dann, wenn du nur minimale finanzielle Risiken eingehen willst, wenn für dich der nominale Kapitalerhalt im Vordergrund steht, das heißt, dass du Kaufkraftverluste akzeptierst, und wenn du die Nutzung von Chancen dem Thema Sicherheit unterordnest.

Risikoklasse 2 passt für dich, wenn du finanzielle Risiken weitgehend vermeiden beziehungsweise kontrollieren möchtest, wenn dir die Sicherheit der Kapitalanlage vorrangig ist und du entsprechend geringe Wertzuwächse akzeptierst.

Risikoklasse 3 ist dein Ding, wenn du höhere Erträge erwartest – aber nicht um jeden Preis –, wenn du temporäre Werteinbußen in gewissem Maße in Kauf nimmst und wenn für dich prinzipiell Ertragschancen und Risiken in einem ausgewogenen Verhältnis stehen sollen.

In Risikoklasse 4 bist du zu Hause, wenn Rendite und Ertragschancen für dich die übergeordnete Rolle spielen und wenn du zur Erzielung überdurchschnittlicher Erträge auch höhere Risiken und damit das Risiko von Verlusten in Kauf nimmst.

In Risikoklasse 5 kannst du dich nur dann wohlfühlen, wenn du sehr hohe Ertragserwartungen hast, wenn diese für dich oberste Priorität haben und wenn du dabei auch hohe Risiken und Verluste bis hin zum Totalverlust von Einzelanlagen akzeptierst. Dafür solltest du der Typ Anleger sein, der sich aktiv und regelmäßig mit dem Thema Kapitalanlagen beschäftigt.

Generelle finanzielle Risikobereitschaft

Aktivität

Trage bitte deine diesbezügliche Selbsteinschätzung auf der untenstehenden Leiste zwischen 1 (sehr gering) und 5 (sehr hoch) ein:

1 _____ 2 _____ 3 _____ 4 _____ 5

Aktivität

Wenn du mit Unterstützung dieser Formulierungen eine Einordnung deiner generellen finanziellen Risikobereitschaft in der Skala von 1 bis 5 vornehmen konntest, dann trage das Ergebnis an der vorgesehenen Stelle in das Tableau »Mein Profil« auf S. 258 ein.

Der Abgleich deiner Risikobereitschaft mit vorhandenem Vermögen

Wenn du über Anlagen, vielleicht gar ein Anlagenportfolio verfügst, kannst du die Klasse, in die du deine eigene generelle und zweckbezogene Risikobereitschaft eingeordnet hast, mit der Risikostruktur deines Vermögens abgleichen. Wenn du dabei feststellst, dass du risikofreudiger bist, als deine bisherige Risikostruktur das widerspiegelt, dann kannst du durchaus ein bisschen umschichten oder bei einer Neuanlage ein bisschen mehr Risiko eingehen. Wenn du entdeckst, dass dein Portfolio riskanter angelegt ist, als es zu dir passt, dann solltest du bezüglich weiterer Risiken auf die Bremse treten.

Für den Abgleich der durchschnittlichen Risikoklasse deines gesamten Vermögens mit deiner generellen Risikobereitschaft sowie von einzelnen zweckgebundenen Vermögensteilen mit der zweckbezogenen Risikobereitschaft gibt es ein paar sinnvolle Regeln, die wir dir auf den nächsten wenigen Seiten vorstellen wollen.

Wie du deine generelle Risikobereitschaft intuitiv und ganz einfach feststellst, haben wir gesehen. Für die Feststellung der zweckbezogenen Risikobereitschaft musst du gegebenenfalls mehrfach ran. Denn wenn du ein paar Vermögenspositionen und Sparpläne mit unterschiedlicher Zweckbindung und – vor allem – unterschiedlichem Anlagehorizont auf den Konten und in den Depots hast, dann solltest du für jede einzelne überprüfen, wie risikobereit du diesbezüglich bist. Das dafür geeignete Instrument findest du in der Wertentwicklungsmatrix auf S. 208 im Kontext unserer Erläuterungen für entspannte Vermögensbildung.

Für die Feststellung der Risikoklassen deiner einzelnen Vermögensteile legst du am besten folgende Kriterien zugrunde: Soweit Angaben von Emittenten, Kreditinstituten und Versicherungsunternehmen zu Risikoklassen vorliegen, solltest du diese übernehmen. Das trifft für sehr viele der gängigen Anlagen wie Investmentfonds et cetera zu. Du findest sie entsprechend den gesetzlichen Vorgaben in den Produktbeschreibungen, die du beim Kauf des jeweiligen Produktes erhalten hast.

Die Einordnung von Anlageprodukten in Risikoklassen durch die Emittenten kann in fünf oder in sieben Stufen, den sogenannten SRRI-Klassen, vorliegen. Für den Abgleich der Risikoklassen der Vermögenswerte mit deiner Risikobereitschaft musst du die ersteren, bei deren Einordnung deines Produktes die sieben SRRI-Klassen zugrunde liegen, nach der folgenden Tabelle auf fünf Klassen umrechnen. Anders kannst du die Risikoklassen der Produkte nicht deiner fünfstufigen Risikobereitschaft gegenüberstellen.

5 Produkt-Risikoklassen	Risikobereitschaft	7 SRRI-Klassen
1	1	1
2	2	2
2	2	3
3	3	4
4	4	5
4	4	6
5	5	7

Für die im Folgenden genannten Anlagen werden üblicherweise von den Emittenten keine Einordnungen ausgewiesen. Hier kannst du folgende Zuteilung von Anlagen zu Risikoklassen vornehmen:

Bargeld in Euro sowie Einlagen bis zur Grenze der gesetzlichen Einlagensicherung – das sind 100 000 Euro pro Anleger und pro Kreditinstitut – sind der Risikoklasse 1 zuzuordnen. Bei darüber hinausgehendem Volumen gilt Risikoklasse 2.

Bei Versicherungen mit Sparanteilen, also insbesondere Kapitallebens- und Rentenversicherungen sowie fondsgebundenen Lebensversicherungen bediene dich, sofern kein Basisinformationsblatt vorhanden ist, folgender Regeln: Bei Bestehen von mindestens einer 100-prozentigen Bruttobeitragsgarantie (Garantie der Summe der eingezahlten Beiträge ist kleiner/gleich garantierte Ablaufleistungen) gilt Risikoklasse 1. Liegt keine Garantie im Sinne einer 100-prozentigen Bruttobeitragsgarantie vor, erfolgt eine Einstufung in Risikoklasse 5. Edelmetalle werden in Risikoklasse 5 eingeordnet.

Nur selten vorgenommen wird die Einordnung von Immobilien in Risikoklassen. Immobilien sind nun mal sehr schwer in Kategorien zu fassen, da ihr Wert und die Wertentwicklung eben nicht nur von der Sache an sich oder gar vom Typus der Immobilie abhängig sind, sondern auch von der individuellen Lage und deren Entwicklung sowie von Instandhaltung und so weiter. Andererseits ist die Einstufung von Immobilien wichtig und hochgradig sinnvoll; denn sie machen zwei Drittel des Gesamtvermögens der deutschen Privathaushalte aus. Sie, falls du eine besitzt, bei der Risikoklassifizierung des Vermögens außer Acht zu lassen, das heißt, sie in die Durchschnittsberechnung der Risikoklasse deines Vermögens nicht einzubeziehen, würde ein deutlich verfälschtes Ergebnis zur Folge haben.

Um dir die Möglichkeit zu geben, dich durch Berücksichtigung von Immobilien einem guten Ergebnis anzunähern, schlägt die einschlägige Norm folgendes Vorgehen bei der Risikoklassifizierung von Immobilien vor: Sowohl eigengenutzte als auch wohnwirtschaftlich und gewerblich genutzte Immobilien werden grundsätzlich in Risikoklasse 1 eingeordnet, wenn sie jünger als 10 Jahre sind oder vor weniger als 10 Jahren vollständig renoviert wurden. Bei 10 bis 20 Jahren gilt Risikoklasse 2, bei mehr als 20 Jahren Risikoklasse 3. Wohnwirtschaftlich und gewerblich genutzte Immobilien können in Risikoklasse 4 oder 5 abrutschen, wenn Leerstände oder Mietausfälle vorliegen.

Damit verfügst du nun über das Rüstzeug, um die Risikostruktur einzelner Vermögensteile und deines Gesamtvermögens festzustellen und letztere deiner generellen Risikobereitschaft gegenüberzustellen.

Risikoklassifizierung deines Vermögens und von zweckgebundenen Vermögensteilen

Für die einzelnen Vermögensteile gehe bitte folgendermaßen vor: Identifiziere die Risikoklasse eines bestimmten, zum Beispiel für die Altersvorsorge zweckgebundenen Vermögensteils. Wenn du schon an dieser Stelle deine zweckbezogene Risikobereitschaft den einzelnen Vermögensteilen gegenüberstellen möchtest, dann gib in die App »Wertentwicklungsmatrix« auf financial-wellness.com/buch das Anlagevolumen oder die Sparrate und den geplanten Anlagehorizont ein und wähle die für diesen Zweck zu dir passende Risikobereitschaft. Eine schematische Darstellung und Erläuterung der Matrix findest du auch auf S. 208.

Für das Gesamtvermögen musst du zunächst die Risikoklassen der einzelnen Vermögensteile und deren jeweiligen Anteil am Gesamtvermögen ermitteln. Multipliziere dann den Anteilswert mit der jeweiligen Risikoklasse und addiere die Ergebnisse. Hier ein Beispiel:

Anlage	Wert in Euro	Anteil (A)	Risikoklasse (RK)	Produkt aus A × RK
1	100 000	44,44 %	1	44,44
2	75 000	33,33 %	3	99,99
3	50 000	22,22 %	4	88,88
Summe	225 000	100 %		233,31:100 = RK **2,33**

Das Ergebnis, in unserem Falle 2,3 stellst du deiner intuitiv ermittelten generellen Risikobereitschaft gegenüber.

Trage die Risikoklassen deiner einzelnen Vermögensteile zusammen mit der jeweils korrespondierenden zweckbezogenen Risikobereitschaft in das Tableau »Meine Sparziele« ein. Notiere die Risikoklasse deines Gesamtvermögens bei deiner dort bereits dokumentierten generellen Risikobereitschaft im Tableau »Mein Profil«.

Wenn Risikobereitschaft und Risikoklasse der Anlage um weniger als eine ganze Zahl voneinander abweichen, kannst du überlegen, ob du gelegentlich nachjustieren willst. Wenn die Abweichung mehr als eine ganze Zahl beträgt, solltest du unbedingt umschichten – egal ob die Abweichung nach oben oder nach unten ausschlägt. Wenn du zu hoch pokerst, also die Risikoklasse der Anlage deutlich höher ist als deine Risikobereitschaft, könnte dir das irgendwann an die Nerven gehen, wenn nicht eingeplante Schwankungen auftreten. Wenn die Risikoeinstufung der Anlage deutlich niedriger liegt als die Risikobereitschaft, hast du zwar mehr Sicherheit, aber du verschenkst auch Chancen! Mit anderen Worten: Wenn Risikobereitschaft und Risikoklasse deiner Anlagen nicht zusammenpassen, schadet das deiner Financial Wellness und deiner finanziellen Fitness. Die richtige Balance zu finden, ist ja gerade das Ziel unseres Trainingsprogramms für dich. Sonst wirst du in dieser Hinsicht einfach nicht glücklich.

Deine Kenntnisse und Erfahrungen

Wie steht es um deine Kenntnisse und Erfahrungen im Umgang mit bestimmten konventionellen oder auch weniger alltäglichen Anlageprodukten. Hast du schon mal über einen längeren Zeitraum zum Beispiel mit Aktien zu tun gehabt? Oder bist du ein absoluter Laie, was Anlagen betrifft?

Die Beantwortung dieser Fragen hat mit Blick auf die Entscheidung über bestimmte Produkte zu erfolgen, die du oder dein Anlageberater für die Erreichung deiner Anlageziele ins Auge gefasst habt. Das ist hier pauschal nicht möglich. Diese Frage ist zwar für die Sortierung deiner Finanzthemen und die Entscheidung darüber, welches Thema du angehst, nicht von Bedeutung. Dennoch wollen wir hier einen vertieften Blick darauf werfen, wie ein seriöser Umgang mit deinen Kenntnissen und Erfahrungen zu deinem Schutz auszusehen hat. Die Katze im Sack zu kaufen, ist bei Geldanlagen eine gefährliche Geschichte, bei der du aus Unkenntnis Überraschungen erleben kannst, die deiner Wellness gar nicht guttun.

Deshalb musst du unbedingt darauf achten, dass du bei der an unsere Grundlagenarbeit anschließenden Auswahl von Produkten, beispielsweise zum Sparen für die Ausbildung deiner Kinder, umfassend nach deinen Kenntnissen und Erfahrungen befragt und bei Unkenntnis und nicht vorhandener Erfahrung ausführlich informiert wirst. Oder dass du, wenn du nicht zu einem Berater gehen willst oder auch bevor du zu einem Berater gehst, dir selbst systematisch ein Bild davon machst, wovon du schon Ahnung hast und worüber du dringend noch Informationen benötigst, bevor du dich darauf einlässt.

Vor der Frage nach den Kenntnissen über und den Erfahrungen mit bestimmten Anlageklassen – das sind Produktgruppen wie Aktienfonds, Kapitallebensversicherungen oder Immobilien – hast du dir darüber Klarheit zu verschaffen, ob du überhaupt schon und, wenn ja, wie du in der Vergangenheit Anlageentscheidungen gefällt hast:

1. als selbstständige Entscheidung ohne Beratung,
2. als Entscheidung mithilfe einer Beratung oder
3. im Rahmen einer Vermögensverwaltung; man nennt das auch delegierte Entscheidungsfindung.

Die delegierte Entscheidungsfindung ist die unselbstständigste Form der Anlageentscheidung; denn du triffst die einzelnen Anlageentscheidungen ja nicht selbst, sondern hast mit einer Vermögensverwaltung üblicherweise ein paar Rahmenbedingungen für die Anlagestrategie festgelegt, innerhalb derer sie an deiner Stelle entscheidet und handelt. Üblicherweise ist das die Vorgehensweise vermögender Menschen, die viel Geld anzulegen haben und doch Besseres oder Wichtigeres zu tun haben, als sich selbst darum zu kümmern.

Wenn du noch nie oder nur über delegierte Entscheidungsfindung Anlagen getätigt hast, tut es auf jeden Fall Not, dass du eine intensive Aufklärung über die unterschiedlichen Formen der Entscheidungsfindung erfährst oder dir selbst aneignest. Das heißt, dass du genau verstehen solltest, was du tust, wenn du beispielsweise im Netz ohne jede fachliche Unterstützung mit Wertpapieren handelst.

Aktivität   Arten der Entscheidungsfindung

Trage deine bisherige Erfahrung mit bestimmten Arten der Entscheidungsfindung in Finanzangelegenheiten, insbesondere in der Vermögensanlage, an der vorgesehenen Stelle in das Tableau »Mein Profil« auf S. 258 ein.

Ebenso wichtig ist selbstverständlich, deine Kenntnisse und Erfahrungen mit einzelnen Vermögensanlagen zu hinterfragen. Dazu bedienst du dich am besten eines Instruments wie der Liste im folgenden Kasten »Aktivität: Kenntnisse und Erfahrungen«. Zum einen gibt sie dir einen guten Überblick über die verschiedenen Anlageklassen, die dir in Vergleichsportalen begegnen oder die dein Anlageberater dir womöglich vorschlagen könnte. Zum anderen kannst du aus der oberen Querleiste eine Orientierung bekommen, wie du wenig oder viel Erfahrung messen kannst.

Keine Kenntnisse zu haben, ist auf jeden Fall immer unvorteilhaft. Da steht unabhängig von der Erfahrung die Ampel immer auf Rot, und es ist »intensive Aufklärung notwendig«. Außerdem musst du nach der Information über dir vorgeschlagene, aber bis dato nicht bekannte Anlageprodukte unbedingt eine Bedenkzeit von mindestens 24 Stunden eingeräumt bekommen. Da darf man sich keinesfalls von der Rendite-Euphorie der Berater mitreißen lassen, sondern muss über die Sache mindestens eine Nacht lang schlafen.

Wenn du bei »Kenntnisse« ein Kreuzchen setzen kannst, kommt es ganz auf die Erfahrungen an, ob die Ampel auf Gelb, das heißt »Hinterfragung der Kenntnisse erforderlich«, oder auf Grün springt, was bedeutet, dass Kenntnisse und Erfahrungen in ausreichendem Umfang vorhanden sind und eine weitere Unterweisung nicht erforderlich ist.

Erfahrung im Sinne eines ernsthaften Verständnisses der Chancen und Risiken einer Anlage hat natürlich etwas mit deiner persönlichen Liquidität, also deinem Einkommen zu tun. Wenn du 1 Million Euro im Monat verdienst und davon 50 Euro in eine hochriskante Anlage investierst, dann interessiert dich das Risiko, das in dieser Anlage steckt, nicht. Denn die 50 Euro werden dich vermutlich nicht wirklich interessieren. Wenn sie weg sind, sind sie weg. Das schränkt dich kein bisschen in deiner Lebensqualität ein. Wenn du aber schon mal ein halbes Jahreseinkommen in einer Anlageklasse investiert hast, bist du dir des Risikos bewusst. Wahrscheinlich hast du dann schon erfahren, welche Kursschwankungen und welchen Nervenstress du mit dieser Produktklasse erleben kannst.

Deshalb gibt es für den Umgang mit der untenstehenden Tabelle in der DIN-Norm »Risikoprofilierung für Privatanleger« eine Formel, die wir dir trotz ihrer Sperrigkeit hier nicht vorenthalten wollen: »Beträgt das Produkt aus Anzahl der Geschäfte pro Jahr multipliziert mit dem durchschnittlichen Volumen eines Geschäfts multipliziert mit der Dauer der Erfahrung (0,5 bei »bis 6 Monate«, 3 bei »über 6 Monate«) mehr als 50 Prozent des aktuellen jährlichen Nettogesamteinkommens des Anlegers, so wird die Kenntnisklasse ›Kenntnisse und Erfahrungen sind ausreichend‹ zugewiesen. Andernfalls die Kenntnisklasse ›Hinterfragung der Kenntnisse erforderlich‹.«

Jetzt weißt du Bescheid, oder? Langer Rede kurzer Sinn: Wenn du weißt – weil du darüber gelesen hast –, wie Vermögensanlagen funktionieren, wie fungibel ein Produkt ist, also wie leicht und kurzfristig du ohne große Verlusterwartung an dein Geld kommen kannst, wie volatil, also schwankungsanfällig es ist, ob es Zins- oder Kursgewinne erzielt, wie hoch die Gebühren sind, die du bei deinem Investment zu erwarten hast – wenn du das alles weißt, dann hast du Kenntnisse über das jeweilige Produkt, was schon die halbe Miete ist.

Wenn du dann auch noch in einem relevanten Verhältnis zu deinem Einkommen in eine bestimmte Art der Vermögensanlage investiert hast, dann hast du auch Erfahrung. Beides zusammen ist am besten; denn dann kannst du guten Gewissens mit und ohne Berater frei agieren, ohne Überraschungen und Stress zu gewärtigen.

Pass an dieser Stelle gut auf dich auf; sei nicht übermütig und trau dir nicht zu viel zu. Lieber einmal zu viel als zu wenig nachfragen oder nachlesen.

| Aktivität | **Kenntnisse und Erfahrungen** |

Betrachte in der folgenden Liste nur diejenigen Vermögensanlagen und bewerte sie entsprechend der obigen Formel, von denen du Kenntnisse und mit denen du Erfahrungen hast. Je nach berechnetem Grad der Erfahrung kannst du für diese dann ein Kreuzchen bei »K+E ausreichend« oder bei »Hinterfragung von K erforderlich« setzen.

Vermögensanlagen	Kenntnisse* vorhanden (ja/nein)	Erfahrungen (0 bis 6 Monate; mehr als 6 Monate)	Durchschnittliche Anzahl der Geschäfte p. a. **	Durchschnittlicher Umsatz der Geschäfte p. a.	Kenntnisse und Erfahrungen ausreichend	Hinterfragung von Kenntnissen erforderlich
Barvermögen						
Spar-/Termingeld-/Sichteinlagen						
Kapitalanlagen, insbesondere Wertpapiere						
Geldmarktfonds						
Rentenfonds						
Anleihen						
Aktienfonds						
Aktien						
Mischfonds						

Vermögensanlagen	Kenntnisse* vorhanden (ja/nein)	Erfahrungen (0 bis 6 Monate; mehr als 6 Monate)	Durch-schnittliche Anzahl der Geschäfte p. a. **	Durch-schnitt-licher Umsatz der Geschäfte p. a.	Kennt-nisse und Erfahrungen ausreichend	Hinter-fragung von Kenntnissen erforderlich
Offene Immobilienfonds						
Strukturierte Wertpapiere						
Termingeschäfte						
Geschlossene Investmentver-mögen						
Genossenschaftsanteile						
Genussrechte						
Kapitalanlagen – Versicherungsanlageprodukte						
Klassische Renten-/ Lebensversicherungen						
Fondsgebundene Renten-/ Lebensversicherung						
Andere Renten-/Lebensver-sicherungen (z. B. Indexpolicen)						
Immobilienvermögen – Direktanlage						
Selbstgenutzte Immobilie						
Vermietete Immobilie						
Sonstige Vermögenswerte						
Rohstoffe (z. B. Edelmetalle)						
Unternehmerische Beteiligungen (eigenes Unternehmen, eigener Betrieb, eigene Praxis/Kanzlei)						
Kryptowährungen, sofern nicht gesetzliches Zahlungsmittel						

Vermögensanlagen	Kenntnisse* vorhanden (ja/nein)	Erfahrungen (0 bis 6 Monate; mehr als 6 Monate)	Durchschnittliche Anzahl der Geschäfte p. a. **	Durchschnittlicher Umsatz der Geschäfte p. a.	Kenntnisse und Erfahrungen ausreichend	Hinterfragung von Kenntnissen erforderlich
Vermögensanlagen in fremden Währungen						
Anlagen kreditfinanziert						
Anlagen auch in fremder Währung kreditfinanziert						
Sonstige Anlagen (mit Benennung der Anlageform, z. B. Gemälde)						

*   Kenntnisse beziehen sich auf die Funktionsweise der Anlagen.

** Laufende Sparpläne gelten als eine Anlage

Trage danach deine Kenntnisse von und Erfahrungen mit bestimmten Vermögensanlagen in das Tableau »Mein Profil« auf S. 258 ein.

Deine Nachhaltigkeitspräferenzen

Alles, was wir in den letzten Abschnitten betrachtet haben – deine Risikotragfähigkeit, deine Risikobereitschaft sowie deine Kenntnisse und Erfahrungen –, ist die Grundlage für die stressfreie Erreichung deiner finanziellen Fitness, für die Ausbalancierung deiner ganz persönlichen Sicherheitsbedürfnisse, Renditeerwartungen und Liquiditätserfordernisse. Dieses sogenannte »magische Dreieck der Vermögensanlage« markiert drei Eckpunkte, die im klassischen Verständnis der Vermögensanlage miteinander konkurrieren: Wer viel Sicherheit oder leichte Verfügbarkeit will, der muss auf Rendite verzichten. Wer Sicherheit und Rendite will, der braucht einen langen Atem.

Dieses Dreieck wird seit Kurzem aus gutem Grund ergänzt um einen vierten Punkt: deine Nachhaltigkeitspräferenzen. Diese sollen bei der Auswahl der geeigneten Finanzprodukte ebenso Berücksichtigung erfahren wie die anderen drei, sie stehen allerdings mit diesen nicht systematisch in Konkurrenz. Die Evangelische Kirche in Deutschland (EKD) hat das in ihrem *Leitfaden für ethisch-nachhaltige Geldanlage in der evangelischen Kirche* sehr schön illustriert (siehe Abbildung 1).

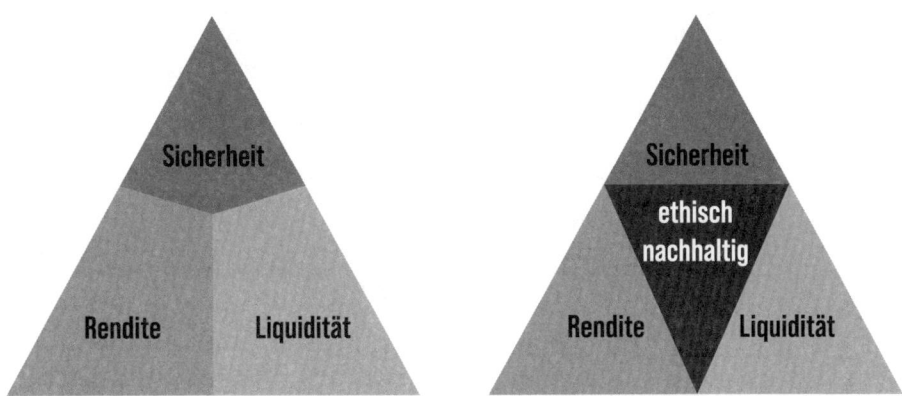

Abbildung 1: Das ehemals »Magische Dreieck der Geldanlage« wurde zum »Ethisch-nachhaltigen Anlage-Dreieck«
Quelle: Evangelische Kirche in Deutschland (EKD): Leitfaden für ethisch-nachhaltige Geldanlage in der evangelischen Kirche. *EKD-Texte 133, 4., aktualisierte Auflage, März 2019, S. 9; online unter:* https://www.ekd.de/ekd_de/ds_doc/ekd_texte_113_vierte_Auflage_2019.pdf

Damit du bei deinen Finanzentscheidungen tatsächlich ein gutes Gewissen und damit ein Höchstmaß an Stressfreiheit erzielst, solltest du dich demnach nicht mehr nur fragen, wie sicher, wie leicht verfügbar und wie rentabel, sondern auch wie nachhaltig die Produkte sind, für die du dich entscheidest. So wie beispielsweise das Sicherheitsbedürfnis ein Teil deiner Persönlichkeit ist, das Entscheidungen beeinflusst, so sind auch deine Nachhaltigkeitspräferenzen Teil deines Wertesystems, also deines Mindsets.

Demzufolge gehört es auch zu deinem finanziellen Trainingsplan festzustellen, ob und in welchem Maße die Berücksichtigung von Nachhaltigkeitsfaktoren dir in deinen Finanzentscheidungen wichtig ist. Das haben dich Finanzberater nach seit 2022 europaweit geltenden Regeln zu fragen, und darüber solltest auch du dir Klarheit verschaffen. Wir haben dir deshalb hier einen Fragebogen bereitgestellt, der sich – wie sollte es anders sein – an einer DIN-Norm orientiert und der geeignet ist, dich für das Thema zu sensibilisieren. Du findest ihn im folgenden Kasten »Aktivität: Der ESG-Fragebogen«.

Es mag dich überraschen, warum man für die auf den ersten Blick ganz einfache Frage, ob du in Nachhaltigkeit investieren willst oder nicht, eine Norm braucht. Aber es geht um mehr als nur das einfache »ob«, nämlich auch darum, wie viel Nachhaltigkeit es denn sein soll und ob du dabei vielleicht eher einen Schwerpunkt auf ökologische oder auf soziale Themen legen willst. Und schließlich geht es auch darum, ob es bestimmte Themen gibt, die du – weil sie das Gegenteil von nachhaltig sind – in deinen Anlagen keinesfalls und mit 0 Prozent enthalten wissen willst: zum Beispiel Kinderarbeit, Drogenhandel, Kernenergie.

Dieses Thema ist den meisten Finanzberatern neu, und sie haben wenig Erfahrung damit. Manche Finanzberater neigen dazu, in der Beratung nur das zu tun, wozu sie verpflichtet sind. Die Befassung mit der Nachhaltigkeit der von ihnen verkauften Produkte gehörte lange nicht dazu. Deshalb versuchen sie – was menschlich nachvollziehbar ist–, die Verbraucher nicht allzu sehr in die Tiefen des Themas eindringen zu lassen und sie dahin zu steuern, wo sie sich am besten auskennen, mithin wo sie ihre eigenen Vorlieben haben. Sie neigen dazu, ihre Kunden zu manipulieren, nicht selten auch dahin, auf die Frage nach dem Wunsch nach der Berücksichtigung von Nachhaltigkeit in ihren Vermögensanlagen mit »nein« zu antworten. Dann haben sie mehr Produkte zur Verfügung und größere Freiheit bei deren Auswahl.

Deshalb ist es umso wichtiger, dass wenigstens du weißt, wovon die Rede ist, und dich darauf sorgfältig vorbereitest. Das Thema ist allerdings hochkomplex, und deshalb werden wir hier auch ein paar Seiten dafür beanspruchen müssen. Risikotragfähigkeit ist digital: Da gibt es nur Plus oder Minus. Kenntnisse und Erfahrungen sind vorhanden oder nicht vorhanden: ja oder nein. Risikobereitschaft ist zwar nicht rational und deshalb weniger eindeutig zu definieren und festzustellen, aber sie ist immerhin eindimensional. In ein paar Schattierungen zwischen schwarz und weiß kannst du doch leicht sagen: Ich bin (eher) risikoaffin oder (eher) risikoavers.

Bei der Nachhaltigkeit streiten sich die Gelehrten schon darüber, was das überhaupt ist, was das Wort bedeutet und beinhaltet. Schon zwischen den 17 Themen, die die UN in ihren SDGs, den Sustainable Development Goals, und denen, die die EU unter wichtigen Nachhaltigkeitsfaktoren auflistet, klaffen Welten, wie du weiter unten leicht erkennen wirst. Da gibt es kaum Übereinstimmung in den Inhalten – und schon gar nicht in den Begrifflichkeiten.

Dieses Durcheinander wird vermutlich auch auf absehbare Zeit nicht kleiner, sondern eher größer werden. Denn das, was Bundeskanzler Scholz im Frühjahr 2022 als »Zeitenwende« bezeichnet hat – der russische Angriff auf die Ukraine, die Erkenntnis der Europäer, dass sie ihre Wehrhaftigkeit und damit den Schutz ihres Wertesystems vernachlässigt haben, und die Engpässe in der Energieversorgung –, hat auch die Bewertung bestimmter Industrien und Technologien, wie etwa die Waffenherstellung oder die Kernenergie, im Nachhaltigkeitskontext zur Diskussion gestellt. Dieser Konflikt spaltet die Gesellschaften Europas und stellt das bisher sicher geglaubte Einvernehmen infrage.

Können Instrumente, die wir zur Verteidigung unserer Werte vorhalten müssen, als nicht nachhaltig eingestuft werden? Können Technologien, die wir benötigen, um in der Zeit einer schweren Krise unsere Autarkie in der Energieversorgung zu gewährleisten oder uns ihr wenigstens anzunähern, als nicht nachhaltig gelten? Da plädieren einige für gravierende Paradigmenwechsel, die andere strikt ablehnen. So gilt inzwischen mehrheitlich in Europa Kernenergie als nachhaltig, während Deutschland diese Einordnung nicht akzeptiert.

Da ist also ganz viel Unsicherheit, ideologische Voreingenommenheit und Unwissenheit. Und doch wirst du beim Kauf eines Anlageproduktes gefragt werden, ob und inwieweit das von dir gewünschte Produkt neben der Berücksichtigung deiner Risikobereitschaft auch Nachhaltigkeitsziele unterstützen soll. Damit du in der Situation nicht vollends ratlos und ausgeliefert bist und die Begriffe, die dir dein Berater um die Ohren wirbelt, nicht nur nach Bahnhof und Abfahrt klingen, kannst du dich mithilfe der folgenden Erläuterungen und des daran anschließenden Fragebogens nach DIN-Norm, den du für dich durcharbeiten kannst und den dir im besten Falle auch dein Berater als Leitfaden an die Hand gibt, vorbereiten.

Was überhaupt meint der Begriff Nachhaltigkeit? Nachhaltigkeit wird definiert laut Duden als »Prinzip, nach dem nicht mehr verbraucht werden darf, als jeweils nachwachsen, sich regenerieren, künftig wieder bereitgestellt werden kann«. Der Begriff Nachhaltigkeit wurde in der Forstwirtschaft des 18. Jahrhunderts entwickelt. Nachhaltig ist es, wenn nicht mehr Holz geschlagen wird als nachwächst. Im Laufe der letzten Jahrzehnte hat der Begriff inhaltlich eine Ausweitung auf ökonomische, ökologische und soziale Aspekte erfahren.

Mit der im Jahr 2015 verabschiedeten Agenda 2030 hat sich die Weltgemeinschaft unter dem Dach der Vereinten Nationen zu bereits oben erwähnten 17 SDGs, den globalen Zielen für eine bessere Zukunft, verpflichtet.[2] Leitbild der Agenda 2030 ist es, weltweit ein menschenwürdiges Leben zu ermöglichen und gleichzeitig die natürlichen Lebensgrundlagen dauerhaft zu bewahren. Dabei unterstreicht die Agenda 2030 die gemeinsame Verantwortung aller Akteure: Politik, (Finanz-)Wirtschaft, Wissenschaft, Zivilgesellschaft und jedes einzelnen Menschen.

Mit ihrer Vielfalt von Themen machen die SDGs deutlich, wie facettenreich das Thema Nachhaltigkeit ist, was alles darunter verstanden werden muss, wenn wir davon sprechen, dass »nicht mehr verbraucht werden darf, als jeweils nachwachsen, sich regenerieren, künftig wieder bereitgestellt werden kann«. Da geht es auch und vor allem darum, dass das Klima und unsere natürlichen Ressourcen nicht verschwendet werden (ökologische Aspekte), dass Menschen nicht an Armut und Hunger leiden, ihnen Bildung und ein würdiges Arbeitsleben (soziale Aspekte) ermöglicht wird sowie dass vertrauenswürdige Institutionen für ein friedliches und gerechtes Zusammenleben sorgen.

Abbildung 2: Sustainable Development Goals (SDG) der Vereinten Nationen
Quelle: © 2023 Vereinte Nationen (https://unric.org/de/17ziele/)

Deshalb finden sich im Nachhaltigkeitsbegriff der SDGs eben auch Themen wie der Kampf gegen Armut und Hunger sowie für Gesundheit, Wohlergehen und hochwertige Bildung. Und da geht es – genau in dieser Reihenfolge – um Geschlechtergleichstellung, um sauberes Wasser und Sanitärversorgung, um bezahlbare und saubere Energie, menschenwürdige Arbeit und Wirtschaftswachstum, um Industrie, Innovation und Infrastruktur, weniger Ungleichheit, um nachhaltige Städte und Gemeinden, verantwortungsvolle Konsum- und Produktionsmuster, um Maßnahmen zum Klimaschutz, Leben unter Wasser, Leben an Land, Frieden, Gerechtigkeit und starke Institutionen sowie schließlich um Partnerschaften zur Erreichung der Ziele.

Auf den ersten Blick muten die 17 SDGs wie ein ziemliches Durcheinander an Themen an. Aber sie alle stehen unter dem Motto und dienen ganz offensichtlich – jedes einzelne und alle zusammen – dem großen Ziel, gemeinsam in der ganzen Weltgemeinschaft daran zu arbeiten, »wie wir alle gut auf der Erde leben können.« Alle Staaten haben sich dem großen Ziel verpflichtet, auch Deutschland und die anderen europäischen Staaten. Die Ziele haben sogar eine völkerrechtliche Bindungswirkung. Ebenso wie das Pariser Klimaschutzabkommen, das im gleichen Jahr mit ebenso großer Zustimmung von der internationalen Staatengemeinschaft verabschiedet wurde und die Erderwärmung auf maximal 1,5 bis 2 Grad Celsius begrenzen soll. Im Grund ist dieses spezielle Klimaabkommen auch in den SDGs subsumiert, wegen der besonderen Gefahren einer zu starken Erwärmung unseres Planeten wird der Fokus auf Klimaschutz und Anpassung an den Klimawandel aber als besonders dringlich empfunden.

Wenn du in Europa und somit auch in Deutschland nachhaltig anlegen willst, ist es für dich wichtig, etwas von der europäischen Terminologie und einschlägigen Gesetzgebung verstanden zu haben.

Die erste wichtige Information, von der du mal gehört haben solltest, ist, dass sich in Europa eine Gliederung der vielfältigen Nachhaltigkeitsziele in die Themenkomplexe Ökologie/Umwelt (*environment*, E), soziale und gesellschaftliche Aspekte (*social*, S) sowie Prinzipien der guten Unternehmensführung (*governance*, G) durchgesetzt hat. Viele Fachleute sprechen daher von ESG, wenn sie Nachhaltigkeit meinen. So heißt die Abfrage der Nachhaltigkeitspräferenzen, die Finanzberater in der Anlageberatung mit dir durchführen müssen, bei vielen auch einfach die ESG-Abfrage.

Dafür, wie mit Nachhaltigkeitsthemen in der Finanzanlageberatung umzugehen ist und welche Informationen der Beratung zugrunde zu legen sind, gibt es zwei wichtige Verordnungen des europäischen Parlaments. Die wichtigste unter ihnen ist die sogenannte Offenlegungsverordnung. Sie verpflichtet in der EU alle Finanzmarktteilnehmer, also etwa Banken, Kapitalanalage- und Versicherungsgesellschaften, die nachhaltige Finanzprodukte anbieten, transparent darüber zu informieren, also »offenzulegen«, ob und inwieweit diese Produkte Nachhaltigkeitsaspekte berücksichtigen. Sie gilt auch in Deutschland; denn europäisches Recht steht über nationalem Recht.

Eine nachhaltige Investition liegt nach der Offenlegungsverordnung (Artikel 2, Nr. 17) dann vor, wenn in eine wirtschaftliche Tätigkeit investiert wird, die einen Beitrag zur Erreichung eines Umweltziels (E) oder eines sozialen Ziels (S) leistet. Im Einzelnen werden E-Investitionen definiert als »eine Investition in eine wirtschaftliche Tätigkeit, die zur Erreichung eines Umweltziels beiträgt, gemessen beispielsweise an Schlüsselindikatoren für Ressourceneffizienz bei der Nutzung von Energie, erneuerbarer Energie, Rohstoffen, Wasser und Boden, für die Abfallerzeugung und Treibhausgasemissionen oder für die Auswirkungen auf die biologische Vielfalt und die Kreislaufwirtschaft«. Eine S-Investition ist nach dieser Verordnung »eine Investition in eine wirtschaftliche Tätigkeit, die zur Erreichung eines sozialen Ziels beiträgt, insbesondere eine Investition, die zur Bekämpfung von Ungleichheiten beiträgt oder den sozialen Zusammenhalt, die soziale Integration und die Arbeitsbeziehungen fördert oder eine Investition in Humankapital oder zugunsten wirtschaftlich oder sozial benachteiligter Bevölkerungsgruppen.«

Dabei wird eine gute Unternehmensführung (G), also unter anderem solide Managementstrukturen, gute Beziehungen zu den Arbeitnehmern, gerechte Vergütung von Mitarbeitern sowie die Einhaltung der Steuervorschriften, generell vorausgesetzt. Ein Unternehmen, das Windräder mit Kinderarbeit herstellt, oder eines, das Elektro-Autos produziert und dabei die Arbeitnehmerrechte mit Füßen tritt oder sich durch Korruption Vorteile verschafft, kann mithin nicht als nachhaltig gelten.

Die Taxonomie-Verordnung ist die bislang strengste europäische Verordnung zum Thema Nachhaltigkeit. Sie stellt einen zentralen Baustein des »Green Deal« der EU dar. Sie ist auch strenger als die Offenlegungsverordnung; denn sie legt für die zu verfolgenden Nachhaltigkeitsziele klare Grenzwerte, etwa von Schadstoffen, fest und stellt auch über die verfolgten Ziele hinaus Bedingungen, zum Beispiel dass keine anderen Ziele gefährdet werden dürfen.

Vorerst konzentriert sich diese Verordnung auf sechs Anforderungen des Umweltschutzes (E), und zwar auf Klimaschutz, Anpassung an den Klimawandel, nachhaltige Nutzung und Schutz von Wasser- und Meeresressourcen, Übergang zu einer Kreislaufwirtschaft, Vermeidung und Verminderung der Umweltverschmutzung sowie Schutz und Wiederherstellung der Biodiversität und der Ökosysteme. Und nur die zwei ersten, auf das Klima bezogenen Anforderungen sind derzeit (Stand Mitte 2023) vollständig anwendbar ausgestaltet.

Erst in weiteren Stufen soll das Gerüst der Taxonomie-Verordnung auch um soziale Ziele erweitert werden. Allerdings müssen Unternehmen nach der aktuellen

Taxonomie-Verordnung bereits jetzt bei den sozialen Standards und der guten Unternehmensführung einen Mindestschutz erfüllen, der sich aus völkerrechtlich verbindlichen Leitsätzen und Prinzipien ableitet.

Weil die strenge Taxonomie-Verordnung den Schwerpunkt bei den E-Zielen setzt und die Offenlegungsverordnung inhaltlich breiter angelegt ist und – wie gesehen – sowohl E- als auch S-Themen berücksichtigt, spricht der Gesetzestext auch von »ökologisch nachhaltiger Anlage«, wenn sie Investments nach den strengen Regeln der Taxonomie-Verordnung meinen, und von »nachhaltiger Anlage«, wenn sie Investments nach den weniger strengen Regeln der Offenlegungsverordnung meinen.

Statt aktiv mit seinen Investments Nachhaltigkeitsziele zu verfolgen, kann man sich auch darauf beschränken, nachteilige Auswirkungen auf Nachhaltigkeitsfaktoren vermeiden – die Offenlegungsverordnung spricht genau gesagt von »berücksichtigen« – zu wollen. Ziele aktiv zu verfolgen, kann beispielsweise meinen, in Windparks zu investieren. Wenn wir immer mehr Windparks haben und keine Kohlekraftwerke mehr benötigen, werden wir immer weniger CO_2 ausstoßen. Vermeiden dagegen meint, etwa zur Vorgabe für die Auswahl eines Investmentfonds zu machen, dass nicht in Unternehmen, zum Beispiel Kohlekraftwerke, investiert wird, die einen hohen CO_2-Ausstoß verursachen. In fast allen Leitfäden zur Abfrage von Nachhaltigkeitspräferenzen haben Verbraucher die Möglichkeit, bestimmte Ausschlüsse – beispielsweise Kinderarbeit, Atomwaffen, Drogenhandel, Glücksspiel – zu formulieren und damit zu klären, dass für sie Investments in derlei Geschäftsfelder nicht in Betracht kommen.

Einen ganz großen Hebel hin zu mehr Klimaschutz kannst du auch umlegen, wenn du Unternehmen, die heute noch schmutzig arbeiten, durch Kapitalströme hin zu ihnen dabei unterstützt, sauber zu werden. Darauf solltest du dich aber nur einlassen, wenn von diesen Unternehmen ein verbindliches Commitment mit klarer Umsetzungsstrategie in inhaltlicher, quantitativer und zeitlicher Hinsicht sowie ein Höchstmaß an Transparenz durch Berichterstattung über die Erreichung von Meilensteinen auf diesem sogenannten Transitionspfad vorliegt.

Du siehst, dass Nachhaltigkeit ein sehr wichtiges Thema für unsere Zukunft ist, aber auch ein, wie schon gesagt, sehr komplexes und nicht einfach zu durchdringendes. Insofern können die hier gegebenen Informationen nur ein Einstieg sein, der dich befähigt, halbwegs informiert mit deiner Beraterin zu reden oder dich tiefer einzulesen. Wichtig ist, dass du dir im Vorfeld einer Anlageberatung Gedanken darüber machst, was für ein Typ du in Sachen Nachhaltigkeit bist, welches Mindset du zu diesem Thema hast und wie du Nachhaltigkeitsfaktoren in deinen Anlagen berücksichtigt wissen willst.

Dabei musst du auch bedenken, wie wichtig dir Nachhaltigkeit im Vergleich zu anderen Erwartungen an die ins Auge gefasste geeignete Anlage ist, etwa im Vergleich zu deiner Renditeerwartung. Die Meinung der meisten Experten ist zwar, dass grundsätzlich nachhaltige Anlagen nicht mehr oder weniger renditestark sind als nicht nachhaltige. Wenn aber zu einer bestimmten Zeit ganz viele Anleger in nachhaltige Investments streben, weil das gerade angesagt ist, dann können nachhaltige Investments für eine Zeitlang sehr profitabel sein. Und umgekehrt können sie, wenn es mal einen umgekehrten Trend gibt, auch überdurchschnittlich schwach sein.

Noch ein Hinweis: Das, was wir hier gerade für Anlageprodukte durchspielen, weil es der Gesetzgeber so fordert, kannst du auch für jede andere Art von Finanz- oder Versicherungsprodukt ausprobieren. Wenn dir Nachhaltigkeit wichtig ist, dann frag deinen Berater mit dem ausgefüllten Fragebogen in der Hand getrost: »Hier habe ich meine Nachhaltigkeitspräferenzen festgehalten. Bitte such mir meine Haftpflicht-, Hausrat-, Gebäudeversicherung et cetera von einer Gesellschaft aus, die diesen Präferenzen am besten Rechnung trägt.« Verzweifele nicht, wenn der Versuch am Anfang eher kläglich scheitert. Nachhaltige oder ethische Versicherungsprodukte sind noch rar und erwecken oft den Eindruck eines lediglich grünen Anstrichs. Mit der Zeit wirst du auch immer mehr nachhaltige Versicherungsprodukte angeboten bekommen. Die deutsche Versicherungswirtschaft hat diesbezüglich ein riesiges Potenzial. Sie hat ein Kapitalanlagevolumen von etwa 1,8 Billionen Euro. Das ist mehr, als in alle beim Bundesverband Investment und Assetmanagement (BVI) gelisteten Investmentfonds zusammen angelegt ist, und es ist mehr als die Marktkapitalisierung des ganzen DAX 40. Damit verfüge die Versicherungswirtschaft in Deutschland über einen enormen Nachhaltigkeitshebel, meinte völlig zu Recht das Vorstandsmitglied der Deutschen Bundesbank, Dr. Sabine Mauderer, auf dem TransVer Day 2022.

Im Januar 2021 hat sich die Versicherungswirtschaft mit einer Nachhaltigkeitsstrategie auf den Weg gemacht, ihren Beitrag zum 1,5-Grad-Ziel zu leisten. Dazu gehört ein jährlicher Nachhaltigkeitsbericht, der zumindest für einen Teil der Kapitalanlagen den CO_2-Fußabdruck enthält, und eine jährlich stattfindende Tagung unter dem Titel »TransVer Day – Nachhaltigkeitstag der Versicherer«. Der TransVer Day 2022 zeigte neben vielen offenen Fragen, dass die Versicherer dran sind, die drängenden Herausforderungen zu lösen und entsprechende Produkte zu entwickeln (siehe auch https://www.gdv.de/gdv/events/transver-day-2022).

Nähern wir uns nun behutsam dem angekündigten Fragebogen zur Feststellung deiner Nachhaltigkeitspräferenzen, wie er dir so oder ähnlich auch bei deinem Finanzberater begegnen wird oder wie du ihn auch ausgefüllt mit zu deinem Berater nehmen kannst.

Bei Anwendung dieses oder jedes anderen ESG-Fragebogens musst du dir freilich darüber im Klaren sein, dass die am Markt zur Verfügung stehenden Produkte eventuell nicht genau zu der Summe der Kriterien aus deinen Nachhaltigkeitspräferenzen und deinem Risikoprofil passen. Das gilt umso mehr, je detaillierter und genauer deine Vorstellungen in Bezug auf die Berücksichtigung einzelner Nachhaltigkeitskriterien wie beispielsweise Biodiversität, Kreislaufwirtschaft und in Bezug auf deren quantitativen Anteil in der Anlage sind.

Dieser Fragebogen ist allerdings so angelegt, dass er neben Rechtskonformität und einem Höchstmaß an Verständlichkeit und Plausibilität auch dafür sorgt, dass du eben möglichst nicht im Nirwana landest und keine Produkte findest, sondern dass du frühzeitig erfährst, wann du in eine Sackgasse abbiegst, in der es keine kompatiblen Produkte gibt.

Dennoch bleibt natürlich die Herausforderung, wie und wo du die Produkte findest, die zu deinen im Folgenden geäußerten Präferenzen passen. Nimm dazu den nach den bereits durchgeführten und jetzt noch anstehenden Aktivitäten ausgefüllten Bogen »Mein Profil« und konsultiere damit deinen Berater.

Ein letzter Hinweis noch, bevor du dich wieder einmal in den Aktivitätsmodus begibst: Der Markt bewegt sich gerade im Segment der nachhaltigen Anlagen und Finanzprodukte enorm schnell. Deshalb sollten gerade die Feststellung deiner Nachhaltigkeitspräferenzen und der Abgleich mit den Produktangeboten mindestens alle 12 Monate aktualisiert werden. Damit kannst du sicherstellen, dass Änderungen auf rechtlicher oder auf Produktseite ebenso wie – auch das ist ja nicht ausgeschlossen – deinerseits veränderte Nachhaltigkeitspräferenzen stets im Einklang bleiben.

Beantworte nun die Fragen aus dem ESG-Fragebogen und trage deine Nachhaltigkeitspräferenzen in das Tableau »Mein Profil« auf S. 258 ein.

Der ESG-Fragebogen

Frage 1: Soll das Thema Nachhaltigkeit bei deinen Anlagen oder anderen Finanzthemen berücksichtigt werden?

- Nein.
- Ja.

Wenn du hier mit »Nein« antwortest, kannst du dir den Rest des Fragenkatalogs sparen. Du hast damit die Entscheidung getroffen, dass eine Berücksichtigung von Nachhaltigkeit nicht erfolgen muss. Dein Berater hat diesbezüglich völlig freie Hand und wird seine Produktvorschläge demnach ausschließlich auf deine Risikotragfähigkeit, deine Kenntnisse und Erfahrungen und deine Risikobereitschaft sowie auf deine Ziele und deinen Zeithorizont begründen.

Frage 2: Wünschst du eine grundlegende und allgemeine Berücksichtigung von Nachhaltigkeit in deinen Anlagen, oder willst du gezielt Schwerpunkte in den Bereichen »Umwelt« (E) und/oder »Soziales« (S) setzen?

- Ich wünsche eine grundlegende und allgemeine Berücksichtigung von Nachhaltigkeit in meinen Anlagen. (weiter mit Frage 7)
- Ich möchte eine Schwerpunktsetzung bei Umweltthemen und/oder sozialen Themen vornehmen. (weiter mit Frage 3)

Viele Menschen tun sich schwer, bei den vielen unterschiedlichen Nachhaltigkeitsschwerpunkten Prioritäten zu setzen. »Sind soziale Themen wichtiger als der Schutz der Umwelt oder umgekehrt? Ist mir die Reinhaltung des Wassers wichtiger als Müllvermeidung?«

Wenn auch du mit derlei Abwägungen Probleme hast, kannst du dich hier für eine grundlegende und allgemeine Berücksichtigung von Nachhaltigkeit entscheiden. Dafür gibt es auch eine Definition. Die Entscheidung lässt also deinem Berater nicht die freie Hand, auszuwählen, was ihm am besten gefällt: »Eine nachhaltige Anlage in diesem Sinne verbessert die Nachhaltigkeit bei mindestens einem der sechs Umweltziele im Sinne von Art. 9 Taxonomie-Verordnung, ohne eines dieser Ziele zu verschlechtern, und erfüllt in den Bereichen Soziales und Gute Unternehmensführung die internationalen Mindeststandards im Sinne von Art.18 Taxonomie-Verordnung.«

Nach dieser Entscheidung muss dir dein Berater ein »dunkelgrünes« Produkt vorschlagen. Die detaillierte Ausprägung kann freilich unterschiedlich ausfallen. Wichtig: Für deine im Sinne dieser Definition unspezifisch dunkelgrüne Präferenz gibt es Produkte!

Außerdem kannst du nach dieser Entscheidung die nächsten Fragen überspringen und musst nur noch Frage 7 beantworten. Trotzdem einen Blick darauf zu werfen, was du noch hättest beantworten können oder müssen, wenn du explizit Schwerpunkte definieren wolltest, kann freilich auch nicht schaden.

Frage 3: Wie stark soll deine Produktlösung Umweltziele und/oder soziale Ziele verfolgen?

Umweltziele	... und/oder ... **Die Produktlösung soll ...**	Soziale Ziele
0	... nach den strengen Vorgaben der EU-Taxonomie einen wesentlichen Beitrag zur Erreichung der Ziele leisten und damit den derzeit best-möglichen Nachhaltigkeitsstandard erfüllen.*	0
0	... nach den weniger strengen Vorgaben der EU Offenlegungsverordnung einen Beitrag zur Erreichung der Ziele leisten.**	0
0	... lediglich nachteilige Auswirkungen auf Nachhaltigkeitsfaktoren vermeiden.***	0

*   Weiter mit Frage 4
** Weiter mit Frage 4
*** Weiter mit Frage 5

Die Begriffe »Taxonomie-Verordnung« und »Offenlegungsverordnung« sind dir geläufig, wenn du die einleitenden Erläuterungen zur Nachhaltigkeit gelesen hast. Wenn nicht, blättere einfach nochmal zurück auf Seite 58.

Frage 4: Mit welchem Mindestanteil deines Investments sollen Umweltziele und/oder soziale Ziele entsprechend den Vorgaben von Frage 3 angestrebt werden?

Umweltziele	... und/oder ...	Soziale Ziele
0	> 0 Prozent	0
0	mindestens ca. 20 Prozent	0
0	mindestens ca. 40 Prozent	0
0	mindestens ca. 60 Prozent	0
0	mindestens ca. 80 Prozent	0

Bei dieser Frage ist die Wahrscheinlichkeit am größten, dass du aus der Bahn geworfen wirst, das heißt dass du Präferenzen formulierst, die nicht erfüllt werden können. Wenn du vorher den höchsten Grad an Strenge angekreuzt hast und hier 60, 80 oder gar 100 Prozent Anteil davon in deiner Anlage wünschst, dann wirst du enttäuscht oder zumindest doch noch einmal zum genaueren Hinsehen verleitet werden: Je nachdem, mit welchem Vermittler oder Makler du dich unterhältst, wird er dir dafür keine Lösung bieten können. Denn diese Königsklasse der Nachhaltigkeitsprodukte ist am Markt eher eine Seltenheit.

Frage 5: Sollen Investments ...
- ... ausschließlich in Unternehmen und Institutionen vorgenommen werden, die bereits nachhaltig arbeiten oder Nachhaltigkeitsziele verfolgen,
- oder auch in solche, die sich in Transformation befinden, also die sich verbindlich und bei Wahrung der gebotenen Transparenz zur Erreichung von Nachhaltigkeitsfaktoren verpflichtet haben?

Frage 6: Wünschst du die besondere Berücksichtigung von Einzelthemen innerhalb der Umweltziele und/oder der sozialen und gesellschaftlichen Ziele?
- Nein.
- Ja, und zwar folgende Aspekte:

Umweltthemen	Soziale Themen
Klimaschutz	Einhaltung von Menschen- und Arbeitsrechten
Anpassung an den Klimawandel	Förderung von sozialer Integration und
Nachhaltige Nutzung und Schutz von Wasser- und	sozialem Zusammenhalt
Meeresressourcen	Bekämpfung von Ungleichheiten
Übergang zu einer Kreislaufwirtschaft	Förderung von Arbeitsbeziehungen
Vermeidung und Verminderung von Umweltver-	Investitionen in Humankapital
schmutzung	
Schutz und Wiederherstellung der Biodiversität und	
der Ökosysteme	
Ressourceneffizienz	

Bei der Beantwortung dieser Frage solltest du berücksichtigen, dass sie ein bisschen Wunschkonzertcharakter hat und dass die Wahrscheinlichkeit natürlich umso größer wird, kein geeignetes Produkt zu finden, je mehr Wünsche du hier äußerst. Wenn du also einzelne Schwerpunkte setzen willst, dann tue das mit Bedacht.

Frage 7: Gibt es Themen, die du im Rahmen deiner Anlagen unbedingt ausschließen willst?

- Nein.
- Ja, und zwar:
  - Kernenergie
  - fossile Energie (Kohle, Gas und Öl)
  - Atomwaffen
  - Kinderarbeit
  - Zwangsarbeit
  - Drogenhandel
  - oder sonstige Themen _____

Danach hast du den Halbmarathon durch dein Profil abgeschlossen. Du hast festgestellt, wie es um deine Einnahmen und Ausgaben und dein Vermögen bestellt ist und wie du bezüglich deiner Risikobereitschaft, deiner Kenntnisse und Erfahrungen und schließlich bezüglich deiner Nachhaltigkeitspräferenzen tickst. Kompliment für dein Durchhaltevermögen auf dieser ersten Teilstrecke.

Nach dem Status quo kommen wir nun zu dem, was in Sachen finanzielle Fitness wünschenswert ist, und der Frage, wie du dazu stehst.

Entspannungsübung: »Drei tiefe Atemzüge«

Lass alles stehen und liegen, setze dich einfach aufrecht auf einen Stuhl, etwa hinter deinem Schreibtisch, lass deine Hände entspannt auf den Oberschenkeln oder der Tischplatte liegen und mach drei ganz lange und tiefe Atemzüge.

Das war's. Diese Übung kannst du leicht drei, vier, fünf Mal am Tag wiederholen, vor allem, wenn dich gerade jemand oder etwas nervt. Du wirst überrascht sein, wie gut das tut.

Und weiter geht's.

Schritt 2:
Deine Prioritäten – was du brauchst und was du willst

Bedarfsanalyse nach DIN-Norm: Vom Minimum zum Optimum

Geschafft! Nun hast du ein klares Bild davon, was du hast und was du bist – was für ein Typ du bist. Die von dir selbst diesbezüglich ermittelten Parameter sollen uns bei der weiteren Erstellung deines Trainingsplanes begleiten.

Werfen wir als Nächstes einen Blick auf deine Risiken und Notwendigkeiten, um das, was du hast, zu schützen und möglichst noch viel mehr daraus zu machen, damit du nicht nur gut und sicher leben, sondern dir auch viele Wünsche erfüllen kannst.

Die besten Regeln und Prozessbeschreibungen sind die, die komplexe Sachverhalte ganz einfach darstellen und einen leicht verständlichen Umgang mit schwierigen Themen ermöglichen. Das war auch die Herausforderung bei der Erarbeitung der DIN-Norm 77230 »Basis-Finanzanalyse für Privathaushalte«: ein einfaches und einheitliches Vorgehen für die Beschreibung und Bewertung der finanziellen Notwendigkeiten von Menschen in ganz unterschiedlichen Lebenssituationen, also in unterschiedlichen Familien-, Arbeits-, Wohn- und Freizeitsituationen, zu finden. Das ist gelungen; denn eigentlich klärt eine Bedarfsanalyse nach der Norm nur zwei Dinge:

- Welche »Finanzthemen«, also Risiken und Notwendigkeiten, du hast und welche davon wichtiger und welche weniger wichtig sind.
- Wie viel du von allem brauchst, also wie hoch deine Liquiditätsreserve, wie hoch deine Hausratversicherung oder dein Todesfallschutz sein sollte und wie viel Altersvorsorge du aus heutiger Sicht betreiben solltest.

Welche Finanzthemen für dich überhaupt relevant sind, hängt von deiner ganz persönlichen Situation ab. Die Norm-Experten haben die 42 wichtigsten Risiken und

Notwendigkeiten zusammengestellt, aus denen du oder dein Finanzberater ziemlich einfach – am besten natürlich mithilfe einer entsprechenden App – die für dich relevanten herausfinden können. Du findest im nächsten Abschnitt die Liste dieser Themen mit kurzen Erklärungen, mit denen du erkennen kannst, welche für dich relevant sind und welche nicht.

Die Rangfolge derjenigen Themen, die du für dich als relevant herausgefunden hast, ist in der Weise fest, wie du sie in der Liste (S. 74 bis 82) hintereinanderstehen siehst. Die Analyse nach der Norm fragt dich nicht, ob du Haftpflicht lieber magst als Rechtsschutz oder umgekehrt. Nimm das im ersten Schritt einfach so hin. Dein Arzt fragt dich auch nicht, ob du lieber einen Schnupfen oder einen Durchfall hättest oder ob du deine Akne oder den Herzinfarkt dringlicher findest. Er stellt zunächst einmal fest; und das tut die Bedarfsanalyse nach der Norm auch.

Nachdem die Diagnose festgestellt worden ist, bist du ja trotzdem frei in deinem Handeln. Du kannst die Empfehlung, die sich aus der normkonformen Bedarfs-analyse ergibt, ignorieren oder du kannst ihr folgen. Orientierung und Stoff zum Nachdenken bietet sie dir allemal.

Warum ist es gut und richtig, dass die Norm dir eine Rangfolge der Themen vorgibt? Nun, zunächst ist es sinnvoll, dass du dir überhaupt über eine Rangfolge Gedanken machst, weil du nicht alle für dich irgendwie in Betracht kommenden Risiken und Notwendigkeiten in optimaler Weise bedienen können wirst. Du wirst Abstriche machen müssen, weil dir sonst die finanzielle Luft ausgehen und damit letztlich auch der Spaß am Leben verloren gehen würde. Dann würde der Schuss mit der Financial Wellness nach hinten losgehen. Das wäre so, als wenn du vor lauter Fitnessprogrammen am Ende sprichwörtlich »vor lauter Kraft nicht mehr laufen« könntest. Es geht um das richtige Maß, die gute Balance zwischen Absicherung, Vorsorge, Vermögensplanung einerseits und Konsum andererseits. Wenn du aber Themen ausblendest und dich nicht um sie kümmerst, dann solltest du das mit Be-dacht und Verstand tun und nicht deshalb, weil wegen unwichtigerer Sachen dafür kein Geld mehr übrig ist.

Und noch etwas: Deine persönliche Themenauswahl und deren Rangfolge sol-len nicht von Beraterinteressen manipulierbar sein. Wenn dir der Vertreter einer Rechtsschutzversicherung sagt, dass Rechtsschutz das wichtigste Thema für dich sei, oder ein Bausparkassenvertreter die Wichtigkeit eines Bausparvertrages preist, dann darfst du nicht unbedingt davon ausgehen, dass sie dabei nur deine Interessen im Sinn haben. Wir sprachen bereits davon.

Die Rangfolge der Themen in der Norm ist hingegen das Ergebnis einer Einigung von Wissenschaftlern, Verbraucherschützern und Vertretern von Unternehmen der Finanzbranche. In diese Einigung sind unterschiedlichste Überlegungen und Interessen eingeflossen; sie ist gut durchdacht. Du darfst deshalb davon ausgehen, dass sie auch für dich gut ist.

Erläuterung

Kriterien der Finanzthemen-Rangfolge

Inwiefern ist die Rangfolge der Finanzthemen in der Norm gut durchdacht? Natürlich haben die Entwickler der Norm nicht gewürfelt oder sich gegenseitig ihre persönlichen Meinungen über die Wichtigkeit von Risiken und Notwendigkeiten an den Kopf geworfen. Sie sind vielmehr systematisch an das Thema herangegangen: Sie haben sich folgendes Fragen-Raster überlegt und jedes der denkbaren Finanzthemen mit diesem Raster abgeglichen und bezogen auf jede einzelne Frage mit Punkten versehen:

1. Ist die Deckung eines Risikos gesetzlich vorgeschrieben oder nicht? Vorgeschrieben ist etwa ein Grundschutz in der Kranken- und Pflegeversicherung, die Haftpflichtversicherung für Kraftfahrzeuge, die Jagdhaftpflichtversicherung für Berufs- und Freizeitjäger und in manchen Bundesländern auch die Tierhalterhaftpflichtversicherung für Eigentümer von beispielsweise Hunden oder Pferden.
2. Ist die Deckung eines Risikos oder die Erfüllung einer Notwendigkeit existenzbedrohlich, also mit hohen wirtschaftlichen Folgen verbunden oder nicht? Das Fehlen eines Bausparvertrages oder eines anderen entsprechenden Sparprozesses behindert womöglich die Erfüllung zukünftiger Träume, aber es bedroht nicht deine Existenz. Wenn du keine Altersvorsorge betreibst, kann das im Alter existenzbedrohlich werden.
3. Ist ein zu deckendes Risiko allgegenwärtig oder zukünftig? Man sollte Altersvorsorge nicht auf die lange Bank schieben, sondern vielmehr frühzeitig mit ihr beginnen. Aber das Eintreten des Alters ist kalkulierbar, das Eintreten einer krankheits- oder unfallbedingten Arbeits- oder Berufsunfähigkeit ist es nicht. Dieses Risiko ist allgegenwärtig, das heißt, es kann dich jeden Moment ereilen.
4. Ist das Eintreten eines Risikos vermeidbar oder unvermeidbar? Möglichen Krankheitsrisiken kannst du dich nicht entziehen, den Haftungsrisiken aus dem Betrieb einer Drohne schon. Wenn du dir die Haftpflichtversicherung für die Drohne nicht mehr leisten kannst, solltest du die Drohne verkaufen. Da gibt es einen Ausweg; wenn du wegen falscher Prioritätensetzung kein Geld mehr für die Krankenversicherung hättest, wäre das problematischer.

Auch das noch so intensive Bemühen um eine klare Rangfolge der Themen führt allerdings nicht daran vorbei, dass viele der Absicherungs-, Vorsorge- und Sparthemen in der Dringlichkeit ganz dicht beieinander liegen und die Abwägung über das »Was zuerst?« ganz schön schwierig ist. Diese Problematik wird noch dadurch erschwert, dass die Aufwendungen, die du für die Lösung einiger Probleme zu machen hast, beachtlich hoch sind: Das betrifft vor allem die Themen rund um den optimalen Gesundheitsschutz, den Arbeitskraftverlust, also das krankheitsbedingte Ausbleiben des Erwerbseinkommens, die Altersvorsorge und den Todesfallschutz, also die Absicherung deiner Familie im Falle deines Todes und des Wegfalls deines Beitrags zum Lebensunterhalt deiner Lieben.

Wenn du diese Risiken, die von ganz großer Bedrohlichkeit und Relevanz sind, sofort in der Höhe absichern willst, wie es eigentlich gut und sinnvoll ist, nämlich so, dass auch bei ihrem Eintreten deine Lebensqualität und die deiner Familie keinen Schaden leidet, dann musst du schon ganz schön tief in die Tasche beziehungsweise das Portemonnaie greifen. Und da man ja nicht nur für die Absicherung und Vorsorge arbeiten will und deshalb irgendwann die Neigung auf weiteren Konsumverzicht nachlässt, könnten andere wichtige Themen unter die Räder kommen.

Deshalb wurde in die Rangfolge der Themen in der Norm eine dreigliedrige Struktur eingeführt, die sogenannten Bedarfsstufen.

Drei Bedarfsstufen

Erläuterung

1. In der Bedarfsstufe 1 geht es um die »Sicherung des finanziellen Grundbedarfs«. In dieser Stufe sind alle Finanzthemen angesiedelt, die ganz dringend und mit höchster Priorität zu erledigen sind. Für die zuletzt genannten »Schwergewichte« Krankheit, Arbeitskraftverlust, Altersvorsorge und Todesfallschutz wird in Bedarfsstufe 1 eine Minimalabsicherung definiert. Diese kann für das Krankheitsrisiko durch die gesetzliche Krankenversicherung oder entsprechende Basistarife in der Privaten Krankenversicherung (PKV) erreicht werden. Für die anderen genannten Themen definiert die Norm eine vom individuellen Einkommen unabhängige sogenannte »Mindestbedarfsgröße«, die sich aus dem jeweils gültigen Mindestlohn errechnet. Durch Absicherung und Vorsorge auf dem Niveau der Bedarfsstufe 1 kann und soll mithin lediglich ein Absturz in die gesetzliche Mindestversorgung verhindert werden.

2. In der Bedarfsstufe 2 geht es dann um die »Erhaltung des Lebensstandards«. Hier kommen Finanzthemen zum Tragen, deren Nichtberücksichtigung im Schadensfalle zwar nicht zur

Existenzbedrohung, aber doch zu finanziellen Einschränkungen führt. Und für die Berechnung des Bedarfs bei den »Schwergewichten« wird nun nicht mehr der Mindestlohn, sondern das tatsächliche Erwerbseinkommen herangezogen. Wer alles tut, was sich aus der Bedarfsstufe 2 an Empfehlungen ableiten lässt, der wird weder im Alter noch in irgendeinem denkbaren Schadensfall – außer der Ehescheidung – eine Einschränkung seines Lebensstandards hinnehmen müssen.

3. Wer mehr will und seinen Lebensstandard erhöhen will, etwa den Erwerb eines größeren als des aktuell vorhandenen Pkw oder den eines Segelbootes plant, der wird über die Themen in den beiden ersten Bedarfsstufen hinaus in die Stufe 3 »Verbesserung des Lebensstandards« schauen müssen. Da geht es dann vor allem ums Sparen und die Vermögensplanung.

Identifiziere die für dich relevanten Finanzthemen

Auf den folgenden Seiten kannst du dir einen ersten Einblick verschaffen, welche Themen für dich relevant sind. Dafür laden wir dich jetzt ein, in der folgenden Liste der 42 denkbaren Finanzthemen ein Kreuzchen bei denen zu setzen, die für dich in deiner Lebenssituation wichtig sind. Hilfestellung für die richtige Entscheidung – ankreuzen oder nicht – findest du unmittelbar über der Liste. Vorab noch ein paar wichtige Hinweise zu diesem Trainingsschritt.

Du solltest ihn regelmäßig alle 12 Monate durchführen, um aktuelle Entwicklungen wie beispielsweise die Anschaffung einer Drohne oder die Übernahme eines Ehrenamtes einzuarbeiten. Am besten ist es, wenn du heute schon vorhersehbare Ereignisse der nächsten 12 Monate antizipierst und in deine Liste mit aufnimmst. Erwartest du in den nächsten Monaten ein Kind, oder ist die Anschaffung des ersten Autos geplant?

Damit du in den nächsten Trainingsschritten nicht Geld anderweitig verplanst, das du wegen Kind, Auto oder anderer vorhersehbarer Änderungen deiner Lebenssituation demnächst nicht mehr haben wirst, solltest du die Kreuzchen so setzen, als wären – um im Beispiel zu bleiben – Kind und Auto schon da.

In der Liste der nach der Norm wichtigen Themen wirst du einige vielleicht vermissen. So ist zum Beispiel die Ehescheidung ja durchaus ein großes und gar nicht selten eintretendes finanzielles Risiko. Insofern gehört es in die Aufzählung wesentlicher finanzieller Risiken und Notwendigkeiten eigentlich auf jeden Fall hinein. Die mit einer Scheidung verbundenen Risiken lassen sich allerdings nicht mit den

Mitteln der Finanzbranche lösen. Es gibt keine Versicherung gegen Scheidungsfolgen. Und für den Fall der Fälle Rücklagen zu bilden, ist auch ein zweischneidiges Schwert: Bei Vorliegen einer Zugewinn-Gemeinschaft werden diese nämlich bei Scheidung unter beiden Ex-Partnern aufgeteilt. Hier müssen, wenn es gute Gründe gibt, nicht einfach zu teilen, juristische Mittel herangezogen werden: Da kann nur ein Ehevertrag helfen.

Ähnliches gilt auch für Themen wie die Patientenverfügung, Vorsorgevollmacht und Testament – das sind allesamt Themen mit nicht zu unterschätzenden finanziellen Implikationen. Deshalb weist die Norm auch auf sie hin und verpflichtet Finanzberater, ihre Kunden darauf aufmerksam zu machen. Sie kann aber keine Lösungen anbieten. Hier helfen nämlich keine Banken, Versicherungen oder Finanzberater, sondern Rechtsanwälte und Notare. Oder die einschlägigen Vorsorgesets der Stiftung Warentest, mit denen du zu diesen Themen bestens aufgestellt bist. Du findest sie, wenn du auf test.de in der Freitext-Suche »Vorsorge Set« eingibst.

Genauso verhält es sich mit dem Risiko der Arbeitslosigkeit, einem existenzbedrohlichen Risiko, das durchaus nicht ignoriert oder vernachlässigt werden darf. Immerhin waren im Jahre 2005 in ganz Deutschland 4 860 909 Menschen ohne Beschäftigung und damit ohne Erwerbseinkommen; das entsprach dem Höchststand seit 1951 von 13,0 Prozent »aller abhängigen zivilen Erwerbspersonen«, wie das in den Berichten des Statistischen Bundesamtes etwas sperrig formuliert ist. Seit der Jahrtausendwende lag die Arbeitslosenquote in der Bundesrepublik im Durchschnitt bei über 8 Prozent. Das heißt, dass wir alle ein durchschnittliches Risiko von mehr als 8 Prozent haben, zumindest vorübergehend von Arbeitslosigkeit durch eine schlechte Konjunktur oder durch Umstrukturierung in unserem Unternehmen betroffen zu sein und keinen Lebensunterhalt verdienen zu können. Das trifft die weniger Qualifizierten eher als die gut Ausgebildeten; eine Garantie, nicht betroffen zu werden, gibt es aber für niemanden – letztlich nicht einmal für Beamte.

Und doch kannst du dich nicht aktiv gegen dieses Risiko schützen. Ausnahme von dieser Regel ist die Sonderform derjenigen Arbeitslosigkeit oder eingeschränkten Arbeitsfähigkeit, die gesundheitlich bedingt ist, also der Erwerbs-, Berufs- oder Dienstunfähigkeit. Aber für den Fall, dass du gesund bist und »einfach« nur deinen Job verlierst, kannst du nicht mit marktgängigen Produkten Vorsorge treffen – außer indem du Rücklagen bildest.

Aus den genannten Gründen erfahren die Themen Scheidung, Vollmachten und

Verfügungen sowie Arbeitslosigkeit, obwohl sie wichtig sind, ebenso wie in der Norm auch in diesem Buch keine vertiefende Betrachtung.

Andere Themen, die weiten Teilen der Bevölkerung und so möglicherweise auch dir wichtig sind, bewertet die Norm als nicht wirklich bedeutsam im Sinne einer finanziellen Relevanz für den Privathaushalt. Auch diese Themen werden hier nicht näher betrachtet. Dazu zählt zum Beispiel die Handy-Versicherung, die sich die meisten von uns beim Kauf ihres Mobiltelefons wie selbstverständlich mit »andrehen« lassen. Das gelingt den meisten Handy-Verkäufern auch ohne großes vertriebliches Geschick; sie wissen, wie lieb und teuer uns unsere Mobiltelefone sind und nutzen dieses Wissen gnadenlos aus. Die meisten von uns schieben geradezu Panik bei der Vorstellung, dass sie auf ihr geliebtes Mobiltelefon verzichten müssten. Tatsächlich aber wäre für die allermeisten von uns der vorübergehende Verzicht auf das Handy ebenso wie die Reparatur oder sogar sein Ersatz finanziell wesentlich leichter verschmerzbar als das unvorbereitete Eintreffen all der Ereignisse, die in der folgenden Liste aufgeführt sind. Niemand von uns ist jemals auf die Idee einer Armbanduhr- oder Portemonnaie-Verlust-Versicherung gekommen.

Zwei Dinge noch vorweg, bevor wir nun richtig ans Eingemachte gehen: Im Zusammenhang mit den einzelnen Finanzthemen wird im Folgenden häufig der Begriff »Haushalt« auftauchen. Was ist damit gemeint? In einem Haushalt nach unserem Verständnis leben bis zu zwei »Haushaltsverantwortliche« und deren »wirtschaftlich abhängige« Kinder. Haushaltsverantwortliche können verheiratet sein oder in einer (eingetragenen) Partnerschaft zueinanderstehen. Wirtschaftlich abhängig sind Kinder oder Enkelkinder, für die eine Kindergeldbezugsberechtigung besteht, die nicht verheiratet sind und die kein Erwerbseinkommen aus einem Ausbildungsverhältnis oder einer hauptberuflichen Tätigkeit beziehen. Das klingt komplizierter, als es ist: Zu einem Haushalt gehören nicht die Mitglieder einer Studenten-WG – weil die keine finanzielle Verantwortung füreinander haben – und nicht die Oma, die mit Kindern und Enkelkindern in einem Haus wohnt – auch wenn sie die Enkelchen mit großzügigem Taschengeld mit durchfüttert.

Und: In späteren Kapiteln werden wir uns mit den einzelnen Themen und damit, wie viel du von allem brauchst, näher befassen. Dafür bietet es sich an, die Themen in Clustern zusammenzufassen. Auf den nächsten Seiten kannst du an den Symbolen erkennen, welche Einzelthemen welchen Clustern zugeordnet sind und wo du direkt nähere Informationen finden kannst.

	Krankheit und Pflege	[KP]
	Haftung und Rechtsschutz	[HR]
	Arbeitskraftverlust	[AV]
	Partner und Kinder	[PK]
	Liquidität und Vermögensbilanz	[LV]
	Vorsorge für das Alter	[VA]
	Haus und Wohnung	[HW]
	Mobilität und Reisen	[MR]
	Sparen und Vermögensbildung	[SV]

Identifikation relevanter Finanzthemen

Hier findest du nun die 42 Finanzthemen in ihren Bedarfsstufen und Themenclustern. Kreuze in der folgenden Liste die für dich und deinen Haushalt relevanten Themen an. Orientiere dich dabei zu diesem Zeitpunkt noch nicht an deinen Vorlieben, sondern nur daran, ob die Information darüber, für wen das Thema relevant ist, auf dich oder andere Mitglieder deines Haushaltes, zum Beispiel deine Partnerin, deinen Partner oder deine Kinder zutrifft.

Manche Themen sind eindeutig bestimmten Personen im Haushalt zuzuordnen (Invalidität von Kindern), andere betreffen jedes einzelne Mitglied des Haushalts (Grundschutz Krankheit), manche betreffen den Haushalt als ganzen (Allgemeines Haftungsrisiko).

Zur Identifikation der für dich relevanten Finanzthemen kannst du auch die DINalyse-App unter financial-wellness.com/buch verwenden.

	Rang-platz	Thema	Relevant für	Erläuterung	Icon
				Bedarfsstufe 1 »Sicherung des finanziellen Grundbedarfs«	
☐	1	Grundschutz bei Krankheit (KP)	jede/n in deinem Haushalt	Den brauchst du auf jeden Fall, nicht nur, aber auch weil er gesetzlich vorgeschrieben ist.	
☐	2	Absicherung von allgemeinen Haftungsrisiken (HR)	deinen Haushalt insgesamt	Die Absicherung ist ganz dringend an-zuraten, damit nicht eine kleine Unachtsam-keit existenzzerstörend wird.	
☐	3	Grundschutz bei Erwerbsunfähigkeit (AV)	jede/n in deinem Haushalt, die/der erwerbstätig ist oder einen Beitrag zu Haushalt oder Kindererziehung leistet	Schützt euch auf dem Niveau von Mindestlohn, wenn du krankheits-bedingt mittel- bis längerfristig überhaupt keine Erwerbstätigkeit ausüben kannst. Dringend erforderlich.	
☐	4	Grundschutz bei Berufs-/Dienst-unfähigkeit (AV)	wie 3	Schützt auf Mindestlohnniveau, wenn du krankheitsbedingt den eigenen Beruf nicht mehr ausüben kannst. Eine Absicherung der Berufs-/Dienstunfähigkeit schützt dich auch bei Erwerbsunfähigkeit.	

	Rang-platz	Thema	Relevant für	Erläuterung	Icon
☐	5	Grundschutz bei Arbeitsunfähigkeit (AV)	wie 3	Schützt dich bis zu 78 Wochen auf Mindestlohnniveau, wenn du krankheitsbedingt nicht arbeiten kannst und die Lohnfortzahlung des Arbeitgebers ausgelaufen ist oder du als Selbstständiger keine bekommst. In der gesetzlichen Krankenversicherung regelmäßig enthalten.	
☐	6	Grundschutz bei Pflegebedürftigkeit (KP)	jede/n in deinem Haushalt	In der GKV und PKV regelmäßig enthalten.	
☐	7	Grundschutz im Todesfall (PK)	jede/n, die/der für eine/n Partner/in und/oder Kinder (mit-)verantwortlich ist.	Absicherung im Todesfall für Hinterbliebene auf Mindestlohn-Niveau	
☐	8	Absicherung vor Haftungsrisiken aus dem Halten von Kraftfahrzeugen (HR + MR)	Gesetzlich vorgeschrieben für jede/n Halter/in von Kraftfahrzeugen	Dabei ist nicht nur an Autos, sondern auch an E-Bikes, S-Pedelecs oder E-Roller zu denken.	
☐	9	Absicherung vor Haftungsrisiken aus privater Tierhaltung* (HR)	jede/n Halter/in von Hunden oder Pferden	Für Hunde in manchen Bundesländern gesetzlich vorgeschrieben	
☐	10	Absicherung vor Haftungsrisiken aus Haus- und Grundbesitz* (HR + HW)	Eigentümer von Häusern, Wohnungen und Grundstücken		

	Rang-platz	Thema	Relevant für	Erläuterung	Icon
☐	11	Absicherung vor Haftungsrisiken bei Bau und Sanierung* (HR + HW)	Bauherren und -damen		
☐	12	Absicherung vor dem Haftungsrisiko bei Gewässerschäden* (HR + HW)	Haus- und Grundstückeigentümer	Wenn das Risiko besteht, dass aus der oder einer der Immobilien der Haushaltsmitglieder Schäden am Grundwasser oder an in der Nähe befindlichen Gewässern ausgelöst werden können – zum Beispiel aus einem defekten Öltank.	
☐	13	Absicherung vor Haftungsrisiken aus einer Photovoltaikanlage* (HR + HW)	Haus- und Grundstückeigentümer	Wenn sich auf oder an der oder an einer der Immobilien im Eigentum von Haushaltsmitgliedern Photovoltaikanlagen befinden, von denen sich z. B. Teile lösen und Personen oder Sachen beschädigen können.	
☐	14	Absicherung vor Haftungsrisiken bei der Jagd* (HR)	Jäger	Warum, erübrigt sich zu erläutern.	
☐	15	Haftungsrisiko durch Luftfahrzeuge* (HR + MR)	Eigentümer und Piloten von Luftfahrzeugen	Wobei damit nicht nur Motor- oder Segelflugzeuge, kleine oder große Hubschrauber etc., sondern auch Paraglider, Fallschirme, Drohnen und ferngesteuerte Flugmodelle gemeint sind.	

	Rang-platz	Thema	Relevant für	Erläuterung	Icon
☐	16	Haftungsrisiko aus besonderer aus-geübter Tätigkeit oder Ehrenamt* (HR)	Relevant, wenn ein Haushaltsmitglied eine berufliche Tätigkeit mit be-sonderen Haftungs- und Nachhaftungs-risiken ausübt wie z. B. als Vorstand, Geschäftsführer, Brandschutz- oder Datenschutzbeauf-tragter. Und auch dann, wenn eine ehrenamtliche Tätigkeit ausgeübt wird, z. B. als Vorstand in einem Verein.	Oft versichern Unternehmen oder Vereine ihre Mitarbeiter, aber nicht immer. Also Achtung: Nachfragen!	
☐	17	Absicherung vor Haftungsrisiken durch Wasserfahr-zeuge* (HR + MR)	Relevant, wenn ein Haushaltsmitglied ein Wasserfahr-zeug besitzt oder benutzt.	Damit sind nicht nur Motor- und Segelboote gemeint, sondern auch Surfbretter, Wind- und Kite-Surfer.	
☐	18	Verhinderung der kurz-fristig drohenden Zahlungsunfähig-keit (LV)	Jeden Haushalt	Wenn ihr nicht wenigstens die dreifache Mindestbedarfsgröße (Formel siehe S. 139) je Haushaltsverantwortlichem als »Notgroschen« griffbereit habt – Dispo mit eingerechnet –, dann kann es im Notfall (kaputte Waschmaschine o. Ä.) ganz schnell eng werden.	

	Rang-platz	Thema	Relevant für	Erläuterung	Icon
☐	19	Schuldenrisiko aus Dispositions- und Konsumentenkrediten (LV)	jeden Haushalt	Das Thema muss jeder immer im Blick behalten. Wenn eure Schulden bei Möbelhäusern, Elektromärkten oder Freunden oder eure Privat-, Wie-für-dich-gemacht- oder Dispokredite bei der Bank insgesamt höher sind als das 10-Fache eures gemeinsamen Nettogesamteinkommens, dann besteht dringender Handlungs-, d. h. Beratungsbedarf.	
☐	20	Grundschutz für die Altersvorsorge (VA + SV)	jede/n, die/der Geld verdient	Die Vorsorge für das Alter auf Mindestlohn-Niveau ist dringend geboten, wenn du nicht sicher weißt, dass du im Alter ein Millionenerbe verbrauchen kannst.	
☐	21	Risiko des Verlustes oder der Beschädigung einer Immobilie (HW)	jede/n, die/der eine Immobilie besitzt	Jede Immobilie ist unbedingt gegen Beschädigung oder Zerstörung abzusichern. Alles andere ist töricht und womöglich ruinös. Denkt an die Opfer der Flutkatastrophe! Das gilt nicht nur, wenn die Immobilie – wie meistens – mit Darlehen belastet ist.	
☐	22	Kostenrisiko aus Krankheit im Ausland (KP + MR)	jede/n, die/der nicht ausschließen kann, dass sie/er sich hin und wieder im Ausland aufhält	Manche Krankenversicherungen sehen Schutz nur in Deutschland oder in Europa vor. Dann besteht Bedarf für eine Zusatzabsicherung	

* Diese Haftungsrisiken sind meistens nicht in der allgemeinen privaten Haftpflichtversicherung abgesichert und müssen deshalb ausdrücklich separat berücksichtigt werden

So, die erste Etappe für die Festlegung deines finanziellen Fitness-Programms hast du jetzt hinter dir: die sogenannte Bedarfsstufe 1. Die nähere Betrachtung und Inangriffnahme aller bisher aufgezählten und von dir angekreuzten Themen dient dazu, im Notfall den totalen finanziellen Absturz zu verhindern.

Die Themen in der nun folgenden Bedarfsstufe 2, das sind die auf den Rangplätzen 23 bis 40, führen bei konsequenter Umsetzung dazu, dass du und deine Lieben in fast allen erdenklichen Notfällen euren heutigen Lebensstandard weitestgehend ohne Einschränkung beibehalten könnt.

Das war bis hierher schon eine ganze Menge Stoff. Und jetzt soll es noch weitergehen? Nicht verzagen! Du weißt aus dem Sport: Erst wenn es anfängt wehzutun, erzielst du eine ordentliche Wirkung. Auf der Hantelbank und im Halbmarathon hörst du auch nicht auf, wenn es quälend wird. Ganz im Gegenteil: Das spornt dich an; denn du weißt, dass du die besten Ergebnisse erzielst und dass dein Körper dich durch die Ausschüttung von Glückshormonen belohnt, wenn du genau dann weitermachst. So wird es auch hier sein. Du wirst dich besser fühlen, wenn du alles betrachtet und verstanden hast.

Übrigens gilt auch hier: nicht übertreiben. An das, was jetzt folgt, kannst du dich, wenn du es erfasst und bei der späteren Überprüfung auch für richtig befunden, also in deinen finanziellen Trainingsplan aufgenommen hast, systematisch und Schritt für Schritt herantasten.

Also los! Schau dir jetzt an, was für die garantierte Erhaltung deines Lebensstandards notwendig und wichtig ist. In den Klammern findest du jeweils die Verweise auf die Rangplätze für den Grundschutz zum selben Thema.

	Rang-platz	Thema	Empfehlung	Erläuterung	Icon
Bedarfsstufe 2					
☐	23	Erhalt des Lebens-standards bei Erwerbsunfähigkeit (vgl. 3) [AV]	Jedem zu empfehlen, der erwerbstätig ist oder einen Beitrag zu Haushalt und Kindererziehung leistet.	Schützt auf dem Niveau von 80 Prozent deines aktuellen Einkommens, wenn krankheitsbedingt mittel- bis längerfristig überhaupt keine Erwerbstätigkeit ausgeübt werden kann.	
☐	24	Erhalt des Lebensstandards bei Berufs-/Dienst-unfähigkeit (vgl. 4) [AV]	wie 23	Schützt auf dem Niveau von 80 Prozent deines aktuellen Einkommens, wenn krankheitsbedingt der eigene Beruf nicht mehr ausgeübt werden kann.	

☐	25	Erhalt des Lebensstandards bei Arbeitsunfähigkeit (vgl. 5) (AV)	wie 23. In der gesetzlichen Krankenversicherung regelmäßig enthalten.	Schützt für ein paar Wochen oder Monate auf dem Niveau von 80 Prozent deines aktuellen Einkommens, wenn du krankheitsbedingt nicht arbeiten kannst und die Lohnfortzahlung des Arbeitgebers ausgelaufen ist.	
☐	26	Erhalt des Lebensstandards bei Tod eines Haushaltsverantwortlichen (vgl. 7) (PK)	Zu empfehlen, wenn du für einen Partner oder Kinder (mit-)verantwortlich bist.		
☐	27	Aufbau einer Liquiditätsreserve (vgl. 18) (LV)	Jedem Haushalt zu empfehlen	Für alle Fälle sollte jeder Haushalt über sechs Nettoerwerbseinkommen als Liquiditätsreserve verfügen. Dabei kann die freie Dispolinie berücksichtigt werden.	
☐	28	Vorsorge für den Fall der Invalidität bzw. Erwerbs- oder Berufsunfähigkeit von Kindern (PK)	Allen Eltern zu empfehlen	Hier geht es um die Vorsorge für den Fall, dass ein Kind unfall- oder krankheitsbedingt keinen Beruf erlernen und ausüben kann.	
☐	29	Altersvorsorge auf dem Niveau des aktuellen Lebensstandards (vgl. 20) (VA + SV)	Sehr zu empfehlen: Die Vorsorge für das Alter auf dem Niveau von 100 Prozent des aktuellen Einkommens.		
☐	30	Vorsorge für das Zinsänderungsrisiko bei Immobilienfinanzierungen (LS + HW)	Wenn du eine Immobilie finanziert hast und das Darlehen das 24-Fache deines bzw. eures Nettogesamteinkommens übersteigt, solltest du mögliche Zinsänderungen zu deinem Nachteil am Ende der Zinsfestschreibungsfrist im Auge behalten. Da könnten Liquiditätsengpässe drohen.		

☐	31	Vorsorge für den Fall der Pflegebedürftigkeit (vgl. 6) [KP]	Um dich und deine Angehörigen vor hohen Eigenleistungen im Falle deiner Pflegebedürftigkeit zu schützen, empfiehlt sich über die Pflichtversicherung hinaus eine Absicherung, denn diese sichert nur die Grundversorgung und reicht gerade bei einer Unterbringung in einem Pflegeheim nicht mehr aus.	
☐	32	Absicherung des Verlustes oder der Beschädigung von Hausrat (HW)	Wenn der Adventskranz brennt oder ein Wasserrohr bricht, sind Möbel und deren Inhalt dahin. Absicherung gegen die schmerzlichen finanziellen Folgen ist für jeden empfehlenswert, der eine Wohnung und mehr als eine Matratze drin hat – Schmuck, Kunst, Fahrrad inklusive.	
☐	33	Rücklagen für die Instandhaltung der/von Immobilie/n (HW + SV)	Wer eine oder mehrere Immobilien hat, will und muss sie instand halten. Das kostet je nach Alter des Gebäudes unterschiedlich viel Geld. Rücklagen sind zu empfehlen.	
☐	34	Absicherung von Kosten für Zusatzleistungen im Krankenhaus (vgl. 1) [KP]	Wenn es ganz schlimm um die Gesundheit steht, sollte man nicht knausern müssen. Vorsorge ist für jede und jeden empfehlenswert.	
☐	35	Absicherung ungedeckter Folgekosten von Krankheit und Unfall (KP)	Für jede und jeden empfehlenswert.	Manche Kosten deckt die Krankenversicherung nicht, auch wenn sie durch Krankheit oder Unfall verursacht werden: z. B. den Einbau des Fahrstuhls im Haus oder den rollstuhlgerechten Umbau des Bades.
☐	36	Absicherung des Kostenrisikos für Rechtsschutz (HR + HW + MR)	Für jede und jeden empfehlenswert, wenn es das Budget hergibt.	Typisch: Zoff mit dem Nachbarn. Schlimmer: Verkehrsunfall, Schuldfrage ungeklärt. Unterstützung bei der Rechtsdurchsetzung kostet immer und ist manchmal unvermeidlich. Aber nicht existenzbedrohlich.

☐	37	Sparen für die Aus-bildung der Kinder (PK + SV)	Unbedingt emp-fehlenswert für alle, die Kinder haben. Und zwar am besten von Geburt an.	Gute Ausbildung ist teuer. Und was die Wenigsten wissen: Kinder haben einen Rechtsanspruch auf Unterstützung durch die Eltern. Kneifen ausgeschlossen.	
☐	38	Sparen für wesentliche Ersatz-investitionen (HW + MR + SV)	Teuer wird es auch, wenn plötzlich Ersatz hermuss: für das alte Auto, die kaputte Waschmaschine usw. Besser ist es, voraus-zudenken und frühzeitig zu sparen.		
☐	39	Vorsorge für ambulante und zahnmedizinische Zusatzleistungen (vgl. 1) (KP)	Für alle, die keine Kompromisse bei Zahnbehandlungen eingehen wollen.	Zahnprothetik oder spezielle ambulante Therapien können mehr kosten als der Grundschutz der Krankenversicherung bezahlt.	
☐	40	Absicherung der Beschädigung oder des Verlustes von Fahrzeugen (MR)	Für Besitzer neuerer Autos.	Landläufig heißt das Thema »Kasko«. Wenn das Auto nach Eigenverschulden repariert oder ersetzt werden muss, kann das teuer werden.	
Bedarfsstufe 3					
☐	41	Immobilienkauf (HW + SV)			
☐	42	Reisen, Kauf eines Segelboots und andere Hobbys (SV)			

Auf den Rangplätzen 41 und 42 befinden wir uns in der Bedarfsstufe 3, wo es um die systematische und geplante Verbesserung des Lebensstandards geht. Hier dreht sich alles um die Erfüllung von Lebensträumen wie der eigenen Immobilie (41) oder von weiteren individuellen Zielen wie Reisen, schönen Autos oder einem Segelboot (SV). Hier wird jeder gern ein paar Kreuzchen setzen.

In Schritt 3 ab S. 90 betrachten wir gemeinsam die Themencluster. Dort kannst du auch erfahren, in welchem Umfang du dich auf welches Finanzthema einlassen solltest, um das Notwendige zu tun, ohne dich dabei zu überfordern. Du findest die hier aufgezeigten Finanzthemen dabei immer ganz leicht über das Icon für das Themencluster wieder, um nie den Überblick zu verlieren.

Definiere deine ganz persönliche Prioritätenliste

Zunächst solltest du dich allerdings noch ein wenig mit den Themen beschäftigen, die du in der Liste oben angekreuzt hast.

Dazu überträgst du am besten alle angekreuzten Themen in der Reihenfolge ihrer Ziffern in das Tableau »Meine Finanzthemen« oder in die App »Deine ganz persönliche (subjektive) Prioritätenliste« auf financial-wellness.com/buch. Bitte übernimm dabei die Ziffern, die die Themen in der Liste tragen, in das Tableau. In den Bedarfsstufen 2 und 3 trenne zwischen Risiko- und Chancenthemen. Welche Themen Risiko und welche Chancenthemen sind, entnimm dieser Übersicht.

Aktivität

Rangplatz	Risikothemen	Chancenthemen
Bedarfsstufe 2: Erhaltung des aktuellen Lebensstandards		
23	bei Erwerbsunfähigkeit	
24	bei Berufsunfähigkeit	
25	bei Arbeitsunfähigkeit	
26	bei Tod eines Haushaltsverantwortlichen	
27		Aufbau einer Liquiditätsreserve
28	bei Invalidität, EU/BU von Kindern	

Nr.		
29		im Alter
30		bei Zinsänderung der Immobilienfinanzierung
31	bei Pflegebedürftigkeit	
32	bei Verlust/Beschädigung von Hausrat	
33		Rücklagen Instandhaltung Immobilien
34	bei Zusatzleistungen im Krankenhaus	
35	bei ungedeckten Folgekosten von Krankheit/Unfall	
36	bei Kosten für Rechtsschutz	
37		Sparen für die Ausbildung der Kinder
38		Sparen für Ersatzinvestitionen
39	bei ambulanten/zahnmedizinischen Zusatzleistungen	
40	bei Kaskokosten von Fahrzeugen	
Bedarfsstufe 3: Erhöhung des aktuellen Lebensstandards		
41		Eigenkapital für die eigene Immobile
42		Sparen für sonstige Ziele und Wünsche

Die Rangfolge der Ziffern werden dir in der Bearbeitung der Themencluster hier und da noch begegnen. Die Experten und Expertinnen, die die Norm erarbeitet haben, sind der wohl begründeten Meinung, dass die Priorisierung der Themen, wie du sie nach dem Übertrag in das Tableau vor dir siehst, objektiv richtig und gut ist.

Das muss aber nicht deiner subjektiven Wahrnehmung und Überzeugung entsprechen. Der Grund dafür liegt in folgendem Phänomen begründet: Einige der aufgelisteten Finanzthemen dienen der Vorbeugung gegen unvorhergesehene, unplanbare Schadensereignisse wie etwa schweren Krankheiten, Unfällen et cetera. Lass sie uns im Folgenden »Risikothemen« nennen. Andere dienen der Erreichung geplanter Ziele, wie beispielsweise der jederzeitigen Bereitstellung von Liquidität für regelmäßige Ereignisse wie die Reparatur oder den Ersatz einer Waschmaschine oder die Instandhaltung deines Hauses. Ein wichtiges zu planendes Ziel, das du nun wirklich nicht unter die Rubrik »Schadensereignis« einsortieren wirst, ist die Unterstützung deiner Kinder bei einer ordentlichen Ausbildung. Lass uns diese Art von Themen als »Chancenthemen« bezeichnen.

Hier kommt die unterschiedliche Risikobereitschaft von Menschen ins Spiel, die sich beim Skifahren oder auch im Straßenverkehr Bahn bricht, aber auch Auswirkungen auf das Verhalten in finanziellen Angelegenheiten hat. Die Risikoaversen werden immer zunächst versuchen, den möglichen Schadensereignissen vorzubeugen, also die Risikothemen in den Vordergrund stellen. Die Risikoaffineren steuern direkter auf die Erreichung der planbaren und geplanten Ziele zu, priorisieren mithin die Chancenthemen.

Die Rangfolge der für dich relevanten Themen, die du – zunächst streng nach DIN-Norm – in das Tableau eingetragen hast, ist eine, die den allerhöchsten Wert auf Sicherheit legt. Das ist eine Eigentümlichkeit von Normen. Wer sie einsetzt, will und kann sicher sein, dass er kein allzu großes Risiko eingeht. Wir sprachen bereits davon: Wer in Deutschland eine Brücke streng nach den einschlägigen Normen baut, kann sicher sein, dass sie – zumindest für ein paar Jahrzehnte – nicht einsturzgefährdet ist. Das entspannt den Bauunternehmer, aber auch dich und mich, wenn wir über diese Brücken fahren.

Finanzberater, die dir deine Finanzthemen strikt nach der in »unserer« Norm vorgegebenen Rangfolge präsentieren, wollen und können sicher sein, dass du ihnen nicht eines Tages vorwerfen kannst, Risiken übersehen oder dich nicht darauf aufmerksam gemacht zu haben. Und du kannst sicher sein, dass du »null« Risiko eingehst, wenn du der aus der Norm-Rangfolge abgeleiteten Priorisierungsempfehlung folgst. Das ist gut für dich zu wissen.

Aber: Kein Risiko einzugehen, heißt auf der anderen Seite auch, Chancen auszulassen. Wenn du dich »bis zur Halskrause« versicherst, bleibt eben weniger Geld für das Ansparen von Eigenkapital für die Immobilie oder für die Ausbildung der Kinder. Das muss nicht jedermanns Sache sein. Ganz sicher passt das zu den Typen, die ihre Risikobereitschaft in Finanzangelegenheiten der Stufe 1 zuordnen, vielleicht auch noch zu denen in Stufe 2.

Im Kapitel »Schritt 1: Dein Profil – was du hast und was du bist« hast du deine generelle finanzielle Risikobereitschaft identifiziert und in das Tableau »Mein Profil« eingetragen. Greife darauf nun zurück. Wenn du dich einer höheren Risikoklasse zugeordnet hast, wenn du dich in einer der höheren Risikoklassen wohl fühlst, ist es auch wahrscheinlich, dass du in deinem Leben nicht unbedingt das allerletzte Risiko ausschließen willst, sondern dass du es vorziehst, unter bewusster Kalkulation von Risiken den Fokus auf mehr Chancen, also auf die Erreichung der geplanten Ziele zu legen.

Daraufhin solltest du jetzt – entsprechend gerüstet – deine Prioritätenliste überprüfen. Unser Tipp: Kopiere das Tableau »Meine Finanzthemen«, hänge das Blatt an deine Kühlschranktür und lass ruhig ein paar Tage lang deinen Blick über die Themenliste schweifen. Hinter den Themen ist genügend Platz, um da ein paar Verschiebe-Pfeile einzuzeichnen. Wo du Zweifel hast, wirf ruhig vorab schonmal einen Blick in das korrespondierende Cluster im Kapitel »Schritt3: Dein Bedarf«.

Unsere Empfehlung dazu: Die Finanzthemen in der Bedarfsstufe 1, das sind die mit den Nummern 1 bis 22, solltest du nicht anrühren. Diejenigen Themen, die in diesem ersten Teil der Gesamtliste für dich relevant sind, solltest du genauso stehen lassen und abarbeiten. Um das nochmal in Erinnerung zu rufen: Absicherung und Vorsorge nach Bedarfsstufe 1 schützt dich – und nicht nur dich, sondern auch deine Lieben – vor dem Absturz auf Hartz-IV-Niveau und sichert dir ein selbstverantwortliches Leben mit einem Mindestmaß an Freiheit und Würde. Vom Erhalt des Lebensstandards bei Eintreten eines großen Schadensereignisses bist du da noch weit entfernt. An der Bedarfsstufe 1 also bitte möglichst nicht herumdoktern.

Als kleine Unterstützung für deine Entscheidungen über die Themen in der Bedarfsstufe 2 »Erhaltung des Lebensstandards« und der Bedarfsstufe 3 »Erhöhung des Lebensstandards« haben wir diese Themen unten nach »Risikothemen« und »Chancenthemen« sortiert. Das erleichtert dir das Verschieben der Themen auf der Kühlschranktür oder in der App. Vielleicht kannst du sie da oder anderswo ja nach der folgenden Systematik anordnen, hin und wieder zueinander verschieben und immer wieder auf dich wirken lassen, bevor du entscheidest.

Bitte beziehe auch in deine Betrachtungen mit ein, dass du einzelne Themen nicht nach dem Motto »schwarz oder weiß« nur komplett bedienen oder ganz und gar rausschmeißen, sondern ja auch teilweise abarbeiten kannst. Zum Beispiel gibt es bei den Themen rund um das Risiko des Arbeitskraftverlusts (EU, BU und so weiter) zwischen Mindestlohnniveau (Bedarfsstufe 1) und 80 Prozent deines Nettoeinkommens (Bedarfsstufe 2) noch eine Grauzone.

Persönliches Finanzthemen-Ranking

Aktivität

Wenn du deine Überlegungen zur Rangfolge abgeschlossen hast, übertrage dein ganz persönliches Finanzthemen-Ranking aus dem Tableau »Meine Finanzthemen« in das Tableau »Mein Aktivitätenplan«. Du kannst dir deine persönliche Finanzthemenliste auch in der App auf financial-wellness.com/buch einrichten.

Orientierungswerte oder Sollwerte

Erläuterung

Allen 42 Finanzthemen und damit auch allen von dir als relevant identifizierten Themen ist ein sogenannter Orientierungs- oder Sollwert zugeordnet. Das ist die Versicherungssumme, Rente oder Sparsumme, die du in der Bedarfsstufe 1 mindestens und in der Bedarfsstufe 2 optimalerweise vereinbaren oder anstreben solltest. Am besten fügst du deinen Finanzthemen im Tableau »Mein Aktivitätenplan« sofort deine individuellen Sollwerte hinzu. Wir stellen sie dir hier nach Rangplätzen sortiert und in vereinfachter Form bereit. Details findest du im Kapitel »Schritt 3: Dein Bedarf«.

Rang-platz	Finanzthemen	Orientierungswert
1, 6, 22	Grundschutz Krankheit, Pflege, Krankheit im Ausland	vorhanden ja/nein
34, 39	Zusatzversicherungen stationär, ambulant und Zahn	vorhanden ja/nein
35	Ungedeckte Folgekosten nach Unfall oder Krankheit	6 × monatliches Nettogesamteinkommen
2, 8–17	Haftungsthemen	10 Mio. Euro
3–5; 23–25	Arbeitskraftverlust	3–5: Mindestbedarfsgröße* 23–25: 80 % des Nettoerwerbseinkommens
7; 26	Todesfallschutz	7: 5 × Jahres-Mindestbedarfsgröße* zzgl. je Kind 3 × Jahres-Mindestbedarfsgröße* zzgl. aktueller Stand der Konsumentendarlehen zzgl. aktueller Darlehensstand für die selbstgenutzte Immobilie 26: 5 × 80 % aus der Summe des jährlichen Nettoerwerbs- und Nettorenteneinkommens zzgl. je Kind 3 × 80 % aus der Summe des jährlichen Nettoerwerbs- und Nettorenteneinkommens je Kind zzgl. aktueller Stand der Konsumentendarlehen zzgl. aktueller Darlehensstand für die selbstgenutzte Immobilie

Rang-platz	Finanzthemen	Orientierungswert
18; 27	Liquiditätsreserve	18: 3 × Mindestbedarfsgröße; 27: 6 × Nettoerwerbseinkommen
19:	Schuldenrisiko aus Dispo- und Konsumentenkrediten	Achtung bei 10 × Nettogesamteinkommen
20; 29	Altersvorsorge	20: Mindestbedarfsgröße*; 29: 100 % des Nettoerwerbseinkommens; beides mit definierter Inflation auf Renteneintrittsalter hochzurechnen
21	Gebäudeversicherung	»Gleitender« Neuwert (siehe Seite 185)
28	Kinderinvalidität	Mindestbedarfsgröße*
30	Zinsänderungsrisiko bei Immobilienfinanzierungen	Achtung beim 24-Fachen des monatlichen Nettogesamteinkommens
31	Zusatzversicherung Pflege	1800 Euro Tagessatz
32	Hausratversicherung	650 Euro pro m^2 plus Wertsachen
33	Instandhaltung der Immobilie	je nach Alter oder Zeit seit der letzten Renovierung: vom Immobilienwert 5% bei bis zu 10 Jahren, 7,5 % bei 10 bis 20 Jahren, 10 % Prozent bei über 20 Jahren
36:	Rechtsschutz	300 000 Euro
37	Ausbildung der Kinder	BaFöG-Höchstsatz × 10 Semester
38, 42	Sparen für Ersatzinvestitionen oder für Neues	je nach Wünschen und Zielen
40	Kfz-Kasko	Wiederbeschaffungswert
41	Eigenkapital für die Immobilie	20 % vom geplanten Immobilienwert zzgl. 10 % Nebenkosten bei der Anschaffung

* Mindestbedarfsgröße: Mindestlohn × 8 × 21 abzüglich 25 Prozent Pauschale für Steuern und Abgaben

Jetzt bist du schon ganz schön weit gekommen und hast dir wieder eine Entspannung verdient.

Entspannungsübung: »Fünf Minuten Achtsamkeit«

Sitze auf einem Stuhl, die Füße geerdet, lege die Hände locker auf die Oberschenkel, richte die Wirbelsäule auf, halte das Brustbein gehoben und atme entspannt ein und aus. Lass dabei den Brustkorb sich heben und senken – und das fünf Minuten lang. Du wirst dich danach gut fühlen.

Schritt 3:
Dein Bedarf – was wichtig ist und was zu dir passt

Bis hierher haben wir gemeinsam festgestellt, was für ein Typ du bist, welche Vielzahl an Trainingsthemen es gibt und welche davon für dich relevant und wichtig sind. Das ist ziemlich viel Stoff, und du hast schon richtig viel erreicht. Du kannst stolz auf dich sein! Mit einem guten Berater zusammen könntest du jetzt schon loslegen, die identifizierten Trainingsrückstände (Lücken) aufzuholen. Doch du kannst noch mehr rausholen, wenn du die einzelnen Themen noch besser verstehst. Deshalb haben wir im Folgenden diese Themen in Pakete zusammengefasst und ordnen sie einzelnen finanziellen Muskelpaketen zu, um leichter deutlich zu machen, wozu sie gut sind und wie du die entsprechenden Muskeln optimal trainieren kannst.

Während du in den nächsten Tagen oder Wochen die von dir als objektiv wichtig identifizierten Themen (Liste Finanzthemen) hin und her schiebst, solltest du dir in den folgenden Abschnitten Gewissheit verschaffen, welche Bewandtnis es mit den einzelnen Themen hat und in welchen Kontexten sie stehen. Dafür haben wir sie nach inhaltlichen Zusammenhängen geclustert. In der Fachsprache der Finanzberatung bezeichnet man diese inhaltlichen Gruppen auch als Bedarfsfelder.

Rufen wir uns diese Bedarfsfelder, die die Leitplanken für dieses Kapitel abgeben, noch einmal in Erinnerung:

- Krankheit und Pflege (KP)
- Haftung und Rechtsschutz (HR)
- Arbeitskraftverlust (AV)
- Partner und Kinder (PK)
- Liquidität und Vermögensbilanz (LV)
- Vorsorge für das Alter (VA)
- Haus und Wohnung (HW)

- Mobilität und Reisen (MR)
- Sparen und Vermögensbildung (SV)

Die Reihenfolge der Bedarfsfeld-Cluster orientiert sich an dem Rangfolgeplatz des ersten Finanzthemas im Cluster, das nicht bereits in einem anderen Cluster Berücksichtigung erfahren hat. Die Reihenfolge der Themen innerhalb der Cluster orientiert sich an deren Position in der Rangfolge aller Finanzthemen. Der jeweilige Rangplatz ist ausgewiesen.

Wenn in der Auflistung der Themen eines Bedarfsfelds hinter einem Thema eines der obenstehenden Kürzel (KP, HR, AV et cetera) zu finden ist, signalisiert dir dies, dass das Thema auch noch einem anderen Bedarfsfeld zugeordnet ist. Gleich unten liest du hinter dem »Kostenrisiko aus Krankheit im Ausland« »(+MR)«. Das bedeutet, dass du »Krankheit im Ausland« nicht nur im Cluster »Krankheit und Pflege«, sondern auch im Bedarfsfeld »Mobilität und Reisen« findest. Das ergibt einen Sinn, oder?

Krankheit und Pflege

Dieses Bedarfsfeld umfasst die Finanzthemen, die dem Schutz aller Personen im Haushalt vor Liquiditäts- und Vermögensrisiken aus Krankheit, Unfall und Pflegebedürftigkeit dienen.

Zum Bedarfsfeld »Krankheit und Pflege« gehören in der Übersicht der Finanzthemen

■ zur Sicherung des finanziellen Grundbedarfs
- auf Rangplatz 1: der Grundschutz bei Krankheit,
- auf Rangplatz 6: der Grundschutz bei Pflegebedürftigkeit,
- auf Rangplatz 22: das Kostenrisiko aus Krankheit im Ausland (+ MR)

■ und zur Erhaltung des Lebensstandards
- auf Rangplatz 31: die Vorsorge für den Fall der Pflegebedürftigkeit,
- auf Rangplatz 34: die Absicherung von Kosten für Zusatzleistungen im Krankenhaus,
- auf Rangplatz 35: die Absicherung ungedeckter Folgekosten von Krankheit und Unfall und
- auf Rangplatz 39: die Vorsorge für ambulante und zahnmedizinische Zusatzleistungen.

Hinweis: Die in Klammern gesetzten Ziffern im folgenden Text erinnern dich an die Position des jeweiligen Finanzthemas im Ranking auf S. 74 ff.

Grundschutz Krankheit: GKV und PKV

»Hauptsache gesund.« Wer kennt diesen Ausspruch nicht? Vielleicht hast du ihn selbst auch schon gesagt. Ein gesunder Körper und eine gesunde Psyche (und Seele) gehören zu den höchsten Gütern, die wir haben. Ohne sie können wir nichts tun. Deshalb sind ihr Erhalt, ihr Training und ihr Schutz besonders wichtig. Denn: Körper, Psyche und Seele sind permanent und unvermeidlich Risiken ausgesetzt, die ihre »Funktionsfähigkeit« gefährden. Selbst wenn wir unseren Lebensstil optimiert haben und uns durch gutes Essen, Sport und ausreichend Schlaf uns »stählen«; krank werden können wir trotzdem.

Zu den Risiken für unsere Gesundheit gehören nicht nur ansteckende Krankheiten, sondern auch bösartige körperliche Veränderungen oder Wucherungen, Unfälle, psychische Belastungssituationen und vieles mehr. Nicht immer gibt es wirksame und günstige Hausmittelchen, die uns wieder gesund machen oder uns helfen, wieder gesund zu werden. Medikamente gegen Erkältungskrankheiten, Magenverstimmung oder einfache Hautkrankheiten würdest du wahrscheinlich auch aus deinem normalen Budget bestreiten können; für die ist eine Versicherung nicht sinnvoll. Aber wenn mitunter langwierige Behandlungen, Physio- oder Psychotherapien oder Operationen nötig werden, übersteigt das vermutlich schnell dein vorhandenes Budget.

Ruckzuck kann so etwas für fast jeden von uns existenzbedrohend teuer werden. Die notwendig gewordene Behandlung, Therapie oder Operation aufzuschieben oder gar ausfallen zu lassen, ist keine Option. Du würdest eines der höchsten Güter, die du hast, aufs Spiel setzen – deine Gesundheit. Es darf also möglichst keine Einschränkungen und keine Kostenrestriktion für die Erhaltung und Wiederherstellung deiner vollständigen Gesundheit geben.

Deshalb nimmt auch der Grundschutz gegen Krankheit den 1. Rangplatz und damit auch das Bedarfsfeld »Krankheit und Pflege« die prominenteste Position unter den Clustern ein. Den Grundschutz gegen Krankheit (1) und Pflege (6) haben wir (fast) alle und hoffentlich du auch. Er ist gesetzlich verpflichtend im Sozialgesetzbuch V (SGB V § 5 Abs. 1 Nr. 1) geregelt. Die Pflicht erfüllt, wer entweder Mitglied in einer Gesetzlichen Krankenversicherung (GKV) ist oder einen entsprechenden Vertrag bei einer Privaten Krankenversicherung (PKV) hat.

Es ist nicht jedem freigestellt, zwischen GKV und PKV zu wählen. Hierfür gibt es Regeln und Zugangsvoraussetzungen, die wir dir gleich erklären. Auch bieten beide

Versicherungstypen Vor- und Nachteile, die vor einer Wahl gründlich abgewogen werden sollten.

In Deutschland gibt es bezüglich der privaten Krankenversicherung unterschiedliche Regeln für Arbeitnehmer, Selbstständige und Beamte, die wir dir weiter unten erläutern.

Nur etwa 25 000 von mehr als 80 Millionen Menschen in Deutschland besitzen – aus unterschiedlichen Gründen – weder eine GKV-Mitgliedschaft noch einen PKV-Vertrag. Wir gehen davon aus, dass du nicht zu denen gehörst, sondern dass du krankenversichert bist und deinen Schutz mithilfe dieses Buches lediglich überprüfen und gegebenenfalls optimieren möchtest.

Das Leistungsniveau innerhalb des GKV-Systems ist für alle Versicherten zu circa 98 Prozent gleich und gesetzlich geregelt. Die verschiedenen Kassen unterscheiden sich auf der Leistungsseite lediglich bei den Zusatz- und Satzungsleistungen, etwa bei der professionellen Zahnreinigung, bei Zuzahlungen zu Kinderwunschbehandlungen oder bei Kosten für Fitness-Kurse. Ein Wechsel ist deshalb risikolos und bedenkenlos möglich, und du kannst dich bei der Wahl der gesetzlichen Krankenkasse auf das Checken derjenigen Zusatz- und Satzungsleistungen konzentrieren, die für dich relevant sind. Einen vollständigen Überblick bietet die Stiftung Warentest unter https://www.test.de/Krankenkassenvergleich-1801418-tabelle/

Bei den verschiedenen Gesellschaften der GKV – 71 an der Zahl – können sich auch die Beitragssätze unterscheiden, allerdings nur geringfügig. Dieser Unterschied ergibt sich aus den unterschiedlichen Zusatzbeiträgen, die die Krankenkassen erheben.

> Der allgemeine Beitragssatz beträgt 2023 14,6 Prozent und ist bei allen Kassen gleich. Der dazukommende Zusatzbeitrag wird von jeder Kasse selbst festgelegt – in Abhängigkeit von ihrer finanziellen Situation. Der von den einzelnen Kassen festgelegte Zusatzbeitrag kann von dem vom Bundesministerium für Gesundheit festgelegten durchschnittlichen Zusatzbeitrag abweichen. Letzterer wurde 2023 auf der Grundlage der Schätzung eines Expertengremiums von 1,3 Prozent auf 1,6 Prozent angehoben.

Der vom Ministerium festgelegte durchschnittliche Zusatzbeitrag ist allerdings nur für bestimmte Personengruppen relevant: beispielsweise versicherungspflichtige Empfänger von Arbeitslosengeld II und Auszubildende, die monatlich nicht mehr als 325 Euro verdienen.

Im Jahr 2023 haben 54 Krankenkassen ihren Zusatzbeitrag um 0,06 bis 0,7 Prozentpunkte erhöht. Zwei Kassen senkten ihren Beitrag um 0,14 beziehungsweise um 0,31 Prozentpunkte. 15 Kassen ließen ihren Beitragssatz unverändert. Erhöht eine Kasse ihren Zusatzbeitrag, besteht ein Sonderkündigungsrecht und ein Wechsel in eine günstigere Kasse ist auch vor Ablauf einer sonst erforderlichen 12-monatigen Mitgliedschaft möglich. Alle wichtigen Informationen zum Kassenwechsel findest du hier: test.de unter Suche »Krankenversicherung Wechsel«.

Private Krankenversicherungsverträge wurden laut Angaben des PKV-Verbandes im Jahre 2021 in Deutschland von 52 Versicherungsgesellschaften angeboten, darunter 17 Versicherungsvereine auf Gegenseitigkeit, die dem Solidaritätsprinzip verpflichtet sind, und 35 gewinnorientierte Aktiengesellschaften. Eine Feinheit am Rande: Versicherungsvereine tragen das Kürzel a. G., eben »auf Gegenseitigkeit«, Aktiengesellschaften das Kürzel AG im Firmennamen.

Warum mehr Menschen in eine Private Krankenversicherung wechseln

Erläuterung

Interessant ist, dass 2022 mehr Menschen von der GKV in die PKV wechselten als umgekehrt.

Saldo **+ 29 600** Personen

Abbildung 3: Übertritte zur PKV und Abgänge zur GKV im Jahr 2022
Quelle: PKV-Verband 2023[8]

Das hat seinen Grund darin, dass die PKV in der Regel mehr und bessere Leistungen als die GKV bietet. Diese Leistungen werden im Versicherungsvertrag fest vereinbart und können nicht nachträglich einseitig geändert werden. Das ist ein wesentlicher Unterschied zum System der GKV, in dem es in der Vergangenheit immer wieder auch zu Leistungskürzungen oder Zuzahlungsverpflichtungen gekommen ist. Bei der PKV ist die Vereinbarung der Leistungshöhen grundsätzlich frei. Man kann hier auch ein Leistungsniveau vereinbaren, das deutlich unterhalb der GKV liegt, indem man etwa auf die Versicherung von Zahnbehandlungen verzichtet. Davon raten wir aber ausdrücklich ab! Hier sparen zu wollen, ist falsch. Ein nachträgliches

Aufstocken scheitert meist an der dafür notwendigen Risikoprüfung auf der Grundlage deiner aktuellen Gesundheitssituation oder am vorhandenen Budget für den Versicherungsbeitrag.

Ein PKV-Vertrag sollte in jedem Fall bessere Leistungen beinhalten als die GKV – sonst ist ein Wechsel unsinnig. Welche Leistungen das sind, haben wir für dich unten in der Checkliste der Mindestanforderungen an Krankenversicherungstarife (S. 223 f.) übersichtlich zusammengestellt.

(S. 223 f.)

Randnotiz   **Die Vergütung von Ärzten, Zahnärzten und Psychotherapeuten – GOÄ, GOZ und GOP**

Ärzte und Psychotherapeuten dürfen in Deutschland nicht abrechnen, was sie wollen. In der GKV gilt das Sachleistungsprinzip – da wird keine Rechnung an die behandelten Personen erstellt, sondern die Leistung von der Ärztin oder vom Arzt beziehungsweise von der Klinik oder einem anderen Leistungserbringer direkt mit deiner Krankenkasse abgerechnet. Die gesetzlichen Krankenversicherer haben also immer im Blick, wie hoch Ärzte ihre Leistungen abrechnen, und streiten im Zweifel direkt mit ihnen, wenn die Berechnung einer bestimmten Leistung übertrieben erscheint. Im GKV-System bleibt allerdings verborgen, ob Leistungen abgerechnet werden, die gar nicht erbracht wurden. Denn das weißt nur du, und du bekommst die Rechnung ohne Eigeninitiative nie zu sehen. Seit 2004 hat jeder Versicherte im GKV-System einen Anspruch darauf, von seiner Krankenkasse zu erfahren, was für seine medizinische Behandlung abgerechnet wurde. Das geht oft auch online und verschafft dir Transparenz – wenn du es möchtest.

Wenn du in einer PKV krankenversichert bist, geht die Rechnung vom Arzt oder der Ärztin an dich, und du hast sie zu begleichen und an die Versicherung weiterzuleiten, um die Erstattung zu erhalten. Da kannst du – und solltest du auch – einen Blick auf die Rechnung werfen und dich so weit möglich vergewissern, dass nur erbrachte Leistungen abgerechnet werden. Überhöhte Rechnungen schädigen die Versichertengemeinschaft und treiben die Beiträge in die Höhe. Am besten reichst du die Arzt-Rechnungen immer zuerst bei der Versicherungsgesellschaft ein und begleichst sie dann, wenn du von der Versicherung die Leistungsabrechnung erhalten und die Erstattung bekommen hast. Achte aber immer darauf, dass du den Fälligkeitstermin deiner Rechnung nicht überschreitest. Der Rechnungsbetrag wird auch dann fällig, wenn die Versicherung noch nicht gezahlt hat oder die Kosten überhaupt nicht übernimmt. Die Leistungsabrechnung der Krankenversicherung kann nämlich von der Arztrechnung abweichen. Wenn das der Fall ist, solltest du verstehen, ob das an vertraglich vereinbarten Einschränkungen deines Versicherungstarifes oder an einer überhöhten Arztrechnung liegt. Die Versicherung begründet in der Regel von sich aus Ablehnungen; wenn nicht, kannst du über einfaches Nachfragen den Grund erfahren.

Die Gebührenordnung für Ärzte (GOÄ) und die Gebührenordnung für Zahnärzte (GOZ) sowie die Gebührenordnung für Psychotherapeuten (GOP) regeln die Abrechnung privatärztlicher beziehungsweise privatzahnärztlicher und psychotherapeutischer Leistungen. GOÄ und GOZ werden mit Zustimmung des Bundesrates als Rechtsverordnungen der Bundesregierung erlassen. Die GOP wird von der Bundespsychotherapeutenkammer (BPTK) herausgegeben.

Die in der GOÄ, GOZ und GOP enthaltenen Gebührensätze kann man als Grundpreis für eine bestimmte Leistung ansehen. Der Fachausdruck ist »einfacher Gebührensatz«. Jede medizinische Leistung ist in den Gebührenordnungen einer Ziffer zugeordnet und hat eine Punktzahl. Mit einem regelmäßig von der Bundesregierung angepassten Punktwert – derzeit 5,82873 Cent – multipliziert ergibt die Punktzahl den einfachen Gebührensatz für die jeweilige Leistung.

An der »Beratung – auch mittels Fernsprecher« kannst du dir das veranschaulichen. Diese Leistung erscheint als Ziffer 1 in der GOÄ, die Punktzahl ist 80. Als einfacher Gebührensatz ergibt sich 4,66 Euro. Der Arzt, Zahnarzt oder Psychotherapeut multipliziert den Grundpreis je nach Aufwand mit einem Faktor: oft mit 2,3, dem Regelhöchstsatz, und bei besonders aufwändigen Behandlungen mit 3,5, dem Höchstsatz. Auf der Arztrechnung erscheint dann die Ziffer mit einer kurzen Leistungsbeschreibung sowie dem Steigerungsfaktor und dem zu zahlenden Preis.

Die Abrechnung mit dem 3,5-fachen Satz muss in der Rechnung eigens begründet werden. Sehr gute Tarife leisten auch über den 3,5-fachen Satz hinaus – meist aber nur nach vorangegangener Genehmigung der Behandlung, die freilich einer besonderen Begründung bedarf. Darüber hinaus ist es dir und dem Arzt natürlich freigestellt, weitere (Dienst-)Leistungen zu vereinbaren. Die musst du dann aber selbstverständlich komplett selbst bezahlen.

Heilpraktiker sind in der Berechnung ihrer Honorare frei. Es gibt zwar ein Gebührenverzeichnis für Heilpraktiker (GebüH); das ist aber keine rechtlich bindende Gebührenordnung. Nimmst du die Leistung eines Heilpraktikers in Anspruch, werden die Kosten von der GKV in der Regel nicht übernommen. Hierfür gibt es extra Heilpraktiker-Zusatzversicherungen, die zumindest einen Teil der Honorare übernehmen. Viele PKV-Tarife beinhalten auch die Erstattung von Heilpraktiker-Honoraren. Die orientiert sich dann üblicherweise am GebüH.

Dieses Gebührenverzeichnis wurde 1985 von den sechs Heilpraktiker-Berufsverbänden BDH, FDH, FH, FVDH, UDH, VDH herausgegeben und mit der Euro-Umstellung 2001 leicht überarbeitet. Da das Gebührenverzeichnis im Wesentlichen seit 1985 nicht an die allgemeine Preisentwicklung angepasst wurde, müssen Heilpraktiker oft ein deutlich höheres Honorar verlangen, als dort vorgesehen ist. Das bedeutet für dich, dass du die Differenz zwischen Honorar nach Gebührenverzeichnis und berechnetem Honorar selbst bezahlen musst.

Die besseren Leistungen haben allerdings auch einen Preis, der individuell kalkuliert ist und im Laufe der Zeit steigt – anders als in der GKV, wo jeder bis zur Beitrags-bemessungsgrenze (siehe Kasten) den gleichen Beitragssatz von seinem Gehalt bezahlen muss. Im Alter sind die Beiträge meistens ziemlich hoch und müssen un-abhängig von der Höhe deiner Rente weiter finanziert werden.

> PKV-Beiträge variieren zwischen um die 300 Euro für junge Menschen und – trotz in jungen Jahren aus den Beiträgen gebildeten Altersrückstellungen – bis zu über 1 000 Euro für alte Menschen.

Das sind natürlich ganz grobe Orientierungswerte. Genauere Werte liefern Rechner im Internet. Empfehlenswert ist: kv-fux.de. Dort findest du nach Eingabe deines Geburtsdatums alle für dich verfügbaren Tarife mit Preis.

Du kannst den Beitrag für deinen PKV-Vertrag in aller Regel durch einen so-genannten Selbstbehalt beeinflussen. Das meint, dass du einen zu vereinbarenden Grundbetrag zwischen in der Regel 150 Euro und 3 000 Euro pro Jahr selbst bezahlst, bevor die Versicherung ins Spiel kommt. Das diszipliniert, nicht für jeden Schnup-fen gleich zum Arzt zu laufen, ohne bei möglichen wirklich schlimmen Ereignissen wie großen Operationen oder Krebserkrankungen an der allerbesten Versorgung irgendwelche Einschränkungen hinnehmen zu müssen.

Private Krankenversicherungen erstatten auch Teile der gezahlten Beiträge wieder zurück, wenn man etwa in einem Kalenderjahr gar keine Rechnungen eingereicht hat oder den ärztlichen Nachweis über einen guten BMI oder ein rauchfreies Leben erbringt. Du hast also in der PKV bezüglich des Beitrages eigene Gestaltungsspiel-räume, die dir die GKV so nicht bietet.

> Du solltest allerdings vor einem möglichen Wechsel in die PKV nicht nur deinen eigenen Beitrag bedenken, sondern auch den deiner Kinder oder möglicher künftiger Kinder. Denn: Jedes Kind benötigt einen eigenen Vertrag. Es gibt in der PKV keine kostenlose Mitversicherung wie bei der GKV. Und auch wenn dein Partner GKV-versichert sein sollte, muss euer Kind in der PKV versichert werden. So will es das Gesetz.
>
> Das bedeutet, dass pro Kind monatlich nochmals 100 bis 200 Euro veranschlagt werden müssen.

Der Zuschuss durch deinen Arbeitgeber von maximal 404 Euro ändert sich dadurch nicht.

Ebenfalls solltest du bedenken, dass eine Rückkehr in die GKV nur schwer und ab dem 55. Lebensjahr praktisch nicht mehr möglich ist.

Du solltest also genau überlegen, ob dir ein in der Regel höherer Versicherungsschutz in der PKV und die Garantie, dass die versicherten Leistungen auch nicht gekürzt werden können, die über die gesamte Laufzeit kontinuierlich steigenden Beiträge wert sind und du dir das auch langfristig leisten kannst. Eines müssen wir dir an dieser Stelle nämlich ganz deutlich sagen: Geld sparen lässt sich auf Sicht gesehen mit der PKV nicht, auch wenn das immer noch und immer wieder behauptet wird und wenn der anfängliche Beitrag niedriger ist, als der Betrag, den du in die GKV zahlen müsstest. Auch ist es unumgänglich, willst du als Rentner deine Beiträge auch weiterzahlen können, dass du genau dafür von Anfang an Geld zurücklegst.

Das Thema PKV ist – wie du merkst – sehr komplex. Eine Entscheidung dafür oder dagegen hat langfristige und oftmals nur schwer oder gar nicht reversible Konsequenzen. Wir empfehlen deshalb, die Sache mit einem Spezialisten zu besprechen. Für eine erste vorbereitende Analyse empfehlen wir dir die Checkliste »Kasse oder privat?« der Stiftung Warentest.[4]

Beitragsbemessungsgrenzen (BBG)

Randnotiz

Die Beiträge in die gesetzliche Krankenversicherung und die Rentenversicherung sind vom Einkommen abhängig. Es wird ein bestimmter Prozentsatz vom Bruttoeinkommen an die Sozialversicherungsträger abgeführt. Dabei sind Beschäftigte bis zur jeweiligen Beitragsbemessungsgrenze beitragspflichtig; für alles, was an Gehalt über die BBG hinausgeht, fällt kein Beitrag an.

Bei der Krankenversicherung gibt es auch die Versicherungspflichtgrenze. Bis zu dieser müssen Beschäftigte gesetzlich krankenversichert sein. Wer darüber verdient, kann sich privat krankenversichern.

Die Grenzen werden jedes Jahr neu von der Bundesregierung festgesetzt.

Wir stellen hier sowohl die BBGs für die Kranken-, als auch für die Rentenversicherung vor, weil diese miteinander korrelieren und simultan ansteigen.

Rechengrößen ab 1. Januar 2023 im Überblick:

Rechengröße	West	Ost
Beitragsbemessungsgrenze in der allgemeinen Rentenversicherung	7 300 Euro pro Monat	7 100 Euro pro Monat
Beitragsbemessungsgrenze in der knappschaftlichen Rentenversicherung	8 950 Euro pro Monat	8 700 Euro pro Monat
Versicherungspflichtgrenze in der GKV	66 600 Euro pro Jahr (5 550 Euro pro Monat)	
Beitragsbemessungsgrenze in der GKV	59 850 Euro pro Jahr (4 987,50 Euro pro Monat)	
Beitragsbemessungsgrenze in der Arbeitslosenversicherung	7 300 Euro pro Monat	7 100 Euro pro Monat
Vorläufiges Durchschnittsentgelt für 2023 in der Rentenversicherung	43 142 pro Jahr	
Bezugsgröße in der Sozialversicherung	3 395 Euro pro Monat	3 290 Euro pro Monat

Quelle: https://www.bundesregierung.de/breg-de/suche/beitragsbemessungsgrenzen-2023-2133570

Die aktuellen Werte findest du immer unter »Rechengrößen« auf der Website financial-wellness.com/buch.

Wenn du dich privat krankenversichern willst oder privat krankenversichert bist, musst du wissen, dass du unterschiedliche Regeln beachten musst beziehungsweise unterschiedliche Regeln für dich gelten, je nachdem, ob du Arbeitnehmer, Selbstständiger oder Beamter bist.

Arbeitnehmer werden bei Überschreiten der Jahreseinkommensgrenze, die für 2023 bei 66 600 Euro jährlich oder 5 550 Euro pro Monat liegt (siehe Kasten »Randnotiz: Beitragsbemessungsgrenzen«), automatisch vor die Wahl gestellt, ob sie weiterhin – dann aber freiwillig – in der GKV pflichtversichert bleiben oder in die PKV wechseln wollen. Die Beiträge für die sogenannten PKV-Volltarife und für die GKV-Versicherungen teilen sich Arbeitgeber und Arbeitnehmer. Für die GKV-Versicherten zieht er den halben Beitrag vom Nettogehalt ab und übernimmt die Überweisung an die Versicherung. Bei PKV-Versicherten überweist der Arbeitgeber die halbe Prämie, höchstens jedoch 404 Euro pro Monat, als Aufschlag zum Nettogehalt an den Arbeitnehmer, der die Zahlung der vollen Prämie selbst übernimmt.

Wer **Selbstständiger oder Freiberufler** ist, darf sich unabhängig vom Einkommen privat versichern. Der Gesetzgeber hat hier wohl in früheren Zeiten Selbstständigen und Freiberuflern mehr Eigenverantwortung zugetraut als Angestellten, denen er erst ab einem bestimmten Einkommen die Wahlfreiheit zwischen GKV und PKV gegeben hat. Jedenfalls stehst du als Selbstständiger oder Freiberufler vor der freien Wahl, ob du einer gesetzlichen Krankenkasse beitrittst oder einen Vertrag mit einem PKV-Unternehmen abschließt. In jedem Fall musst du bei beiden Varianten den vollen Beitrag bezahlen. Denn du bist ja dein eigener Arbeitgeber.

Hast du dich einmal für die PKV entschieden, kannst du nur dann in die GKV zurückkehren, wenn du deine Selbstständigkeit aufgibst und einer sozialversicherungspflichtigen Tätigkeit nachgehst. Nach dem 55. Lebensjahr ist auch dieser Weg in der Regel verschlossen.

Beamte bekommen von ihrem Dienstherrn Beihilfe. Das ist das Äquivalent zum Zuschuss zur Krankenversicherung beziehungsweise Arbeitgeberanteil bei Angestellten. Bundesbeamte und die Beamten der meisten Länder erhalten 50 Prozent der Arztkosten von ihrer Beihilfestelle erstattet – bei mehreren Kindern im Haushalt sogar etwas mehr. Über eine PKV versichert werden müssen also nur 50 Prozent der Heilkosten – bei Pensionären sogar nur 30 Prozent, da die Beihilfe auf 70 Prozent steigt. Die Regelungen beim Bund und den Ländern sind allerdings unterschiedlich, so dass wir dir hier nur Orientierungswerte bieten können.

Insgesamt hört sich das gut und vorteilhaft an. Und so ist es auch. Außerdem bieten viele Versicherer bei Vorerkrankungen, die normalerweise zu einer Ablehnung führen würden, an, Beamte mit maximal 30 Prozent Risikozuschlag zu versichern.

In manchen Ländern können neue Beamte zwischen der Beihilfe oder einem Zuschuss zu den Beiträgen zur GKV wählen. Zu ihnen gehören Hamburg, Brandenburg, Bremen, Thüringen und Berlin. Wenn du dich dafür entscheidest, solltest du mitbedenken, dass der Wechsel in ein Bundesland, das nicht dieser Regelung folgt, dazu führt, dass du ohne Zuschuss deines Dienstherrn den vollen Beitrag zur GKV selbst zahlen musst. In den meisten Fällen passt allerdings die PKV besser. Am besten, du lässt dich von einem Experten beraten, bevor du in dieser Sache eine Entscheidung fällst.

In die GKV können Beamte während ihres Beamtenverhältnisses nicht zurückkehren. Ab dem Beginn des 56. Lebensjahrs, also mit 55 Jahren führt auch die Aufnahme einer sozialversicherungspflichtigen Tätigkeit nicht mehr zur Rückkehr in die GKV.

Wie verhält es sich, wenn du **Rentner** bist? Grundsätzlich gilt: Auch in der Rente bist du kranken- und pflegeversicherungspflichtig! Es bestehen folgende Möglichkeiten:

1. Pflichtversichert in der GKV,
2. Freiwillig versichert in der GKV,
3. Familienversichert in der GKV,
4. Privat krankenversichert bei einem PKV-Unternehmen.

Gesetzliche Versicherte zahlen zusätzlich in die soziale Pflegekasse ein, wohingegen Privatversicherte einen separaten Versicherungsvertrag für Pflegeleistungen abschließen beziehungsweise fortführen müssen.

Gesetzlich und freiwillig Versicherte zahlen normalerweise nach der Höhe ihrer Einkommen einen monatlichen Beitrag in die GKV. Privatversicherte zahlen hingegen wie zuvor monatlich einkommensunabhängige Beiträge an ihr Versicherungsunternehmen. Die Beitragshöhe bemisst sich an den versicherten Risiken.

Die Gesetzliche Rentenversicherung übernimmt für Pflichtversicherte die Hälfte ihrer Beiträge (wie vorher der Arbeitgeber), freiwillig GKV-Versicherte sowie PKV-Versicherte bekommen Beitragszuschüsse. Durchgeführt wird die Krankenversicherung der Rentner von den gesetzlichen Krankenkassen: Allgemeine Ortskrankenkassen (AOK), Betriebskrankenkassen (BKK), Innungskrankenkassen (IKK), Ersatzkassen und Knappschaft.

Die finanzielle Belastung für einen PKV-Vertrag ist in aller Regel im Alter höher als für GKV-Versicherte. Denn die zahlen eben auch von einer niedrigen Rente nur einen niedrigen Beitrag. PKV-Beiträge können hingegen im Alter – je nach Selbstbehalt – um die 1000 Euro erreichen.

Als PKV-versicherter Rentner erhältst du vom Rentenversicherungsträger einen Zuschuss zu deinem Krankenversicherungsbeitrag. Dieser liegt nur bei der Hälfte des GKV-Beitrags, den du auf deine gesetzliche Rente zahlen müsstest. Du musst deshalb damit rechnen, deutlich mehr als die Hälfte deines PKV-Beitrages selbst aufbringen zu müssen.

Eine ausführliche Broschüre zum Thema findest du hier: https://www.deutsche-rentenversicherung.de/SharedDocs/Downloads/DE/Broschueren/national/rentner_und_ihre_krankenversicherung.html

Das Kostenrisiko aus Krankheit im Ausland

Ein besonderes Thema, das für PKV-Versicherte regelmäßig Teil ihres Grundschutzes ist, für GKV-Versicherte nicht oder zumindest nicht umfassend, sind Erkrankungen und Unfälle im Ausland. Wie sind die Kosten hierfür abgedeckt? Die gute Nachricht ist: In Ländern mit Sozialversicherungsabkommen werden grundsätzlich medizinisch notwendige ambulante und stationäre Behandlungen von der GKV übernommen.[5]

In anderen Ländern übernimmt die GKV überhaupt keine Kosten. Dabei rechnen Ärzte im Ausland oft privat ab, und zwar mit Gebühren weit oberhalb der deutschen Gebührenordnung für Ärzte und Zahnärzte (GOÄ und GOZ). Dann hat man – neben der Auslage – entweder einen hohen Eigenanteil oder bekommt gar nichts von der Krankenkasse zurück. Krankenrücktransporte übernimmt die GKV in keinem Fall.

Eine private Auslandskrankenversicherung schafft hier Abhilfe: Sie übernimmt medizinisch notwendige Behandlungskosten weltweit und – wenn nötig – auch einen Krankenrücktransport, der auch schnell mal die 100 000-Euro-Marke übersteigen kann.

> Da die Auslandskrankenversicherung nicht teuer ist – im Schnitt um die 8 Euro pro Jahr – solltest du als GKV-Versicherter gar nicht lange überlegen und dir eine entsprechende Versicherung zulegen.

Viele PKV-Tarife decken Auslandsaufenthalte vollumfänglich und weltweit ab. Als PKV-Versicherter solltest du prüfen, wie weit der Deckungsumfang deiner Versicherung reicht. Oft ist etwa ein Krankenrücktransport nicht abgedeckt. Dann kannst du eine separate Auslandskrankenversicherung abschließen, die die Lücke schließt. Doch auch sonst kann der Abschluss sinnvoll sein. Solltest du im Ausland erkranken, könntest du dann deinen Anspruch auf Beitragsrückerstattung für das entsprechende Jahr behalten. Planst du einen längeren Auslandsaufenthalt, gibt es hierfür spezielle Versicherungen für lange Reisen. Allerdings stellen sich dann auch noch weitere Fragen, die sehr in individuelle Details gehen. Diese liegen deshalb außerhalb unseres Trainingsplanes zur Financial Wellness.

Krankengeld

Eine wichtige Frage, bei der PKV-Versicherte noch aufmerksamer sein müssen als GKV-Versicherte, ist: Wie finanziere ich meinen Lebensunterhalt, wenn ich länger krank bin? Dabei geht es um den krankheitsbedingten Arbeitskraftverlust, für den wir eigentlich ein separates Cluster haben (siehe S. 135 ff.). Die kürzeste Form des Arbeitskraftverlustes ist die sogenannte Arbeitsunfähigkeit (5 und 25), die Vorstufe von Berufs- oder Erwerbsunfähigkeit, die regelmäßig im Kontext der Krankenversicherung abzusichern ist, durch das Krankengeld.

Für Arbeitnehmer zahlt in den ersten sechs Wochen der Erkrankung in der Regel der Arbeitgeber das volle Gehalt weiter; man nennt das auch Lohnfortzahlung im Krankheitsfall. Wenn die Krankheit länger als sechs Wochen anhält, haben gesetzlich Krankenversicherte Anspruch auf Krankengeld von ihrer Kasse. Arbeitnehmer erhalten 70 Prozent des beitragspflichtigen Bruttogehalts, höchstens jedoch 90 Prozent vom Netto, Selbstständige höchstens 70 Prozent ihres Arbeitseinkommens.

Dieser Anspruch gilt bis zu 78 Wochen innerhalb von drei Jahren, wenn der Verdienstausfall über den ganzen Zeitraum hin in derselben Erkrankung seine Ursache hat. Nach 78 Wochen musst du dann entweder wieder gesund im Job sein oder du beziehst eine Erwerbsminderungs- und Berufsunfähigkeitsrente – oder du bist arbeitslos.

Auch gesetzlich versicherte Selbstständige, Künstler und Publizisten sowie Empfänger von Arbeitslosengeld I können den oben beschriebenen Anspruch haben, wenn sie sich entsprechend versichert haben. Selbstständige müssen das bei ihrer Kasse beantragen, Künstler und Publizisten müssen in der Künstlersozialkasse versichert sein. In der Familie Mitversicherte, Studenten, Rentner, Minijobber und Empfänger von Bürgergeld haben keinen Anspruch auf Krankengeld.

Wenn du selbstständig und gesetzlich versichert bist, stellt sich für dich eine weitere Frage: Reicht es denn, wenn ich erst nach sechs Wochen Krankengeld von meiner Kasse bekomme? Du hast weiterhin Kosten – aber keine oder deutlich reduzierte Einnahmen. Wenn du für so einen Fall nicht ausreichend Rücklagen hast, können sogenannte Wahltarife der GKV Abhilfe schaffen. Mit diesen Tarifen kann das gesetzliche Krankengeld aufgestockt und der Zeitpunkt der Zahlung vorverlegt werden; etwa auf den 15. oder 22. Krankheitstag. Der Vorteil dieser GKV-Lösung gegenüber einer privaten Krankentagegeldversicherung besteht für dich darin, dass hierfür keine Gesundheitsprüfung erforderlich ist. Auch die Künstlersozialkasse bietet ihren Mitgliedern solche Tarife an.

Bist du privat versichert oder willst dich privat versichern, ist nicht automatisch ein Krankengeld im PKV-Tarif enthalten. Der Tarifbaustein muss extra in der für dich ausreichenden Höhe abgeschlossen werden. Die Norm schlägt hierfür 80 Prozent der Netto-Einnahmen als Orientierungswert vor. Als Angestellter wirst du das Krankengeld ab dem 43. Tag, also dem Beginn der siebten Woche vereinbaren, als Selbstständiger – wie gesetzlich versicherte Selbstständige – besser ab dem 15. oder 22. Krankheitstag.

Da Krankentagegeld ab dem ersten Krankheitstag teuer ist und Selbstständige auch nicht bei jedem Schnupfen oder jeder Grippe aufhören zu arbeiten, sichern sie die ersten zwei oder drei Wochen eines möglichen Ausfalls oft durch eine Krankenhaus-Tagegeldversicherung ab. Sollte also tatsächlich eine schlimmere Erkrankung oder Unfallsfolge den jobmäßigen Totalausfall und dann mit nicht geringer Wahrscheinlichkeit einen Krankenhausaufenthalt mit sich bringen, wäre mit dieser deutlich günstigeren Variante auch für eine halbwegs ordentliche Absicherung gesorgt.

Eine 32-jährige Arbeitnehmerin kann einen guten Krankentagegeldtarif für 40 Euro Tagegeld ab dem 43. Tag der Arbeitsunfähigkeit ab 10 Euro pro Monat erhalten. Ein Freiberufler, der 120 Euro am Tag ab dem 29. Tag der Arbeitsunfähigkeit erhalten möchte, bekommt eine gute Krankentagegeldversicherung bereits ab 45 Euro im Monat.[6]

Kostenrisiko Pflege: Grundschutz und private Vorsorge

Keine Angst, du musst das Thema nicht in allen Verästelungen durchdringen, um das Risiko Pflege verstehen und für dich absichern zu können. Du solltest dir allerdings klarmachen: Von den Über-80-Jährigen sind über ein Drittel in irgendeiner Form pflegebedürftig. Vorher ist das Risiko einer Pflegebedürftigkeit gering – in jungen Jahren sogar sehr gering. Da wir aber jederzeit durch Unfall oder Krankheit pflegebedürftig werden können und die Kosten für eine professionelle Pflege – ob ambulant zu Hause oder stationär im Heim – beträchtlich sind, haben wir alle, ohne gefragt worden zu sein, einen Pflegegrundschutz (6), und zwar über die Pflegepflichtversicherung, die Teil unserer gesetzlichen oder privaten Krankenversicherung ist.

Damit du eine Vorstellung von den Kosten entwickeln kannst, die auf Pflegebedürftige zukommen: Bewohner eines Pflegeheimes müssen trotz Pflegepflichtversicherung im Durchschnitt etwa 1900 Euro monatlich selbst zuschießen, wobei die Spanne von circa 1300 Euro bis weit über 2000 Euro pro Monat reicht. Häusliche professionelle Pflege ist oft noch teurer. Hier lassen sich die Kosten zwar durch Eigenleistungen von Familienangehörigen, Nachbarschaftshilfe, ehrenamtliche Besuchsdienste und Verzicht etwas steuern. Teuer wird das Ganze in der Regel trotzdem.

Zur Deckung der anfallenden Kosten dient eine Pflegetagegeldversicherung (31). Diese wird aufgrund vieler Ungewissheiten – etwa der Kostenentwicklung in der Pflege – womöglich deinen Lebensstandard im Pflegefall nicht verlässlich absichern können. Sie wird wohl wegen der in der Pflege stark ansteigenden Kosten im Laufe der Zeit immer teurer und die Lücke trotzdem immer größer. Eine Alternative zur Pflegetagegeldversicherung für die Schließung der Lücke gibt es allerdings auch nicht. Das ist ein Dilemma, dem in die Augen zu blicken wir dir nicht ersparen können.

Wissen solltest du aber auch, dass deine Pflege in einem Heim nach derzeitiger Rechtslage in jedem Fall abgesichert ist, auch wenn du keine zusätzliche Pflegetagegeldversicherung abgeschossen hast. Auch wenn du kein Geld haben solltest und die Möglichkeiten und Pflichten deiner Angehörigen erschöpft sind. Dann wird das Heim, in dem du gepflegt wirst, allerdings nicht unbedingt das deiner Wahl sein.

Wenn du im Laufe deines Lebens viel Geld zurückgelegt oder eine oder mehrere Immobilien erworben hast, die du deinen Kindern vererben möchtest, ist die Pflegetagegeldversicherung ein guter Weg, um dieses Vermögen nicht für deine Pflege aufbrauchen zu müssen, sondern für deine Erben zu erhalten.

Der erhöhte Schutz bei Pflegebedürftigkeit, den die Norm bei zusätzlichen 1800 Euro monatlich ansetzt, muss sowohl von GKV-, als auch von PKV-Versicherten zusätzlich abgesichert werden. Er rangiert auf Rang 31, weil Pflegebedürftigkeit zwar ein ernst zu nehmendes Risiko darstellt, dennoch aber ein Grundschutz Pflege unabhängig von deiner persönlichen finanziellen Situation gewährleistet ist. Die 1800 Euro entsprechen in etwa dem durchschnittlichen einrichtungseinheitlichen Eigenanteil für die Pflege im Heim plus Kosten für Investitionen, Verpflegung und Unterkunft. Die Pflege zu Hause durch professionelle Pflegekräfte muss in den Pflegegraden 4 und 5 etwas höher angesetzt werden, und zwar bei 2200 Euro. Für Pflegegrad 2 kann der Bedarf mit 500 Euro beziffert werden, für Pflegegrad 3 mit 1100 Euro.

Für die Pflegetagegeldversicherung, die diese Beträge absichern kann, sollte ein 45-Jähriger ein Budget in Höhe von 75 Euro, ein 55-Jähriger von 115 Euro pro Monat bereitstellen.[7]

Vorsorge für ärztliche Zusatzleistungen

Es gibt eine ganze Reihe von Zusatzleistungen aus Krankenversicherungen, die über den Grundschutz hinaus Mehrwerte bieten, die aber nicht jede und jeder von uns braucht oder haben will.

Wir haben gesehen, dass die PKV höhere Leistungen bieten kann als die GKV. Viele PKV-Tarife enthalten Leistungen wie Zahlungen für stationäre (34), ambulante oder umfassende Zahnleistungen (39). In der GKV sind oft eine Vielzahl dieser sogenannten Zusatzleistungen nicht enthalten.

Zusatzversicherungen stationär oder Krankenhauszusatzversicherung

Als GKV-Versicherter kommst du, wenn du einmal ins Krankenhaus musst und keine medizinischen Gründe für eine Unterbringung in einem Einzelzimmer sprechen, in ein Mehrbettzimmer. Behandelt wirst du dann von diensthabenden Assistenz-, Stations- oder Oberärztinnen oder Oberärzten. Chefärztinnen und Chefärzte kommen nur dann zum Einsatz, wenn ihr Spezialwissen erforderlich ist. Das ist völlig okay und deine medizinische Versorgung ist dadurch sichergestellt. Du bekommst die Versorgung, die du brauchst.

Wozu dann eine Krankenhauszusatzversicherung? Die Antwort ergibt sich, wenn du dir die Leistungen einer solchen Versicherung anschaust und dir überlegst, welchen Stellenwert diese für dich haben. Die wichtigsten sind:

1. Chefarztbehandlung,
2. Komfortablere Unterbringung,
3. Mehr Freiheit bei der Klinikwahl.

Chefarztbehandlung meint, dass du Spezialisten hinzuziehen kannst, die privat ihre Leistungen abrechnen. Das kann in manchen Fällen ein Vorteil sein; und die Zusatzversicherung gibt dir hierfür Handlungsspielraum. Besonders augenfällig kann das bei schwierigen Krebsbehandlungen sein. Da ist es gut, wenn du ohne Rücksicht auf den Geldbeutel die für dich beste Therapie in der für dich besten Klinik bei dem von dir gewünschten Arzt wählen kannst.

Vielen Menschen ist es wichtig, dass sie bei einem Klinikaufenthalt in einem

Einzelzimmer oder wenigstens in einem Zweibettzimmer untergebracht werden. Je nachdem wie psychisch belastend oder schmerzhaft eine Erkrankung und wie ausgeprägt dein Ruhebedürfnis ist, können schnarchende Mitpatienten oder zahlreicher und lauter Besuch bei Zimmergenossinnen zur echten Qual werden. Da wünscht man sich bisweilen ein Stück Einsamkeit. Da das nur in Einzelfällen medizinisch notwendig ist – etwa bei bestimmten Strahlenbehandlungen oder auf der Intensivstation – und Krankenzimmer und -betten rar sind, kann diesem Wunsch nicht immer Rechnung getragen werden. Außer du hast eine Krankenhauszusatzversicherung, die genau diesen Wunsch abdeckt.

Ein großer Vorteil der Krankenhauszusatzversicherung ist die Freiheit bei der Klinikwahl. Als GKV-Versicherter solltest du ins nächstgelegene geeignete Krankenhaus gehen, das einen Versorgungsvertrag mit den Krankenkassen hat. Wählst du hingegen eine andere Klinik, in der die Kassen mehr für die Behandlung bezahlen müssen, musst du mit einem Aufpreis rechnen. Du musst dennoch bei der Klinikwahl aufpassen: Reine Privatkliniken haben nämlich nicht immer einen Versorgungsvertrag mit Krankenkassen geschlossen. Dann bleibt ein Klinikaufenthalt trotz Zusatzversicherung mit hohen Kosten verbunden, weil du den Basispreis selbst bezahlen musst. Wir empfehlen deshalb unbedingt, dass du bei der Klinikwahl deine Kasse und auch deine Zusatzversicherung einbeziehst und die Sache mit der Kostenübernahme vorher abklärst.

Du solltest auf jeden Fall vor Abschluss verschiedene Angebote anfordern und genau vergleichen. Welche Leistungsmerkmale bei einem Hochleistungstarif vorhanden sein sollten, haben wir in der Checkliste auf S. 228 zusammengestellt.

Tarife, die Einbettzimmer und Chefarztbehandlung abdecken, kosten für 43-jährige Modellkunden zwischen 39 und 75 Euro pro Monat, wobei die Qualität der Produkte stark schwankt und du nicht einfach nach dem Preis gehen kannst. Denn hier stimmt das Prinzip, wonach ein höherer Preis eine höhere Leistung verspricht, nicht. Die drei besten Tarife in dem etwas zurückliegenden Test von *Finanztest* 7/2020 kosteten zwischen 39 und 48 Euro.[8]

Vorsorge ambulante Zusatzleistungen

GKV-Versicherte können für den ambulanten Bereich Zusatzversicherungen (39) abschließen, um auch hier Leistungen ersetzt zu bekommen, die die GKV nicht übernimmt. Dazu gehören Heilpraktikerleistungen wie homöopathische Behandlungen einer Allergie und Akkupunkturbehandlungen als Schmerztherapie. Ebenso spielen spezielle Brillenversicherungen eine Rolle, die die Kosten von Einstärkenbrillen oder Gleitsichtbrillen früher und in höheren Frequenzen übernehmen als die GKV.

Vorsorge Zahn-Zusatzleistungen

Ein gutes Beispiel für die Sinnhaftigkeit von Zusatzversicherungen ist auch das Thema Zahnersatz. Die GKV beschränkt sich grundsätzlich auf medizinisch notwendige Leistungen. Das ist auch sinnvoll: Es wird vermutlich nie lebensbedrohlich sein, wenn du diese Art von Absicherung nicht hast; aber möglicherweise ist dein Leben nicht mehr so angenehm und komfortabel, wenn du dir die teuren Brücken und noch teureren Implantate und damit das superattraktive Lächeln nicht leisten kannst, weil deine Krankenkasse hier die Kosten nicht übernimmt. Die GKV beschränkt sich nämlich bei teurem Zahnersatz (dazu gehören Kronen, Brücken und Implantate) auf die Finanzierung von oft weniger als 20 Prozent der Kosten. Für eine Krone auf Implantat muss man mit über 4 300 Euro Kosten rechnen. Der diesbezügliche Festzuschuss mit Höchstbonus (siehe »Randnotiz: Festzuschuss und Bonusheft«) betrug 2022 gerade mal 589 Euro. Der Eigenanteil beläuft sich folglich auf 3 711 Euro.

Festzuschuss und Bonusheft

Randnotiz

Als GKV-Versicherter erhältst du bei Zahnersatz keine volle Leitung, sondern lediglich einen Kostenzuschuss, den sogenannten Festzuschuss. Dieser beträgt 60 Prozent der in der Festzuschuss-Richtlinie festgelegten Regelversorgung. Diese sieht beispielsweise für eine Brücke aus Nicht-Edelmetall einen Betrag von 768 Euro vor. Der 60 prozentige Festzuschuss beläuft sich auf 461 Euro; den Rest trägst du selbst.

Wenn du allerdings über dein Bonusheft nachweisen kannst, dass du jedes Jahr mindestens einmal zur Kontrolle beim Zahnarzt warst, fällt der Kassenzuschuss bei Zahnersatz höher aus als ohne diese Kontrollen. Ist dein Bonusheft 5 Jahre lang lückenlos gepflegt, erhöht sich der Festzuschuss auf 70 Prozent; das sind in unserem Beispiel 538 Euro. Nach 10 Jahren erhöht er sich auf den Höchstbonus von 75 Prozent, also 576 Euro.

Um diese Kosten durch erhöhten Versicherungsschutz abzudecken, können GKV-Versicherte bei den privaten KV-Gesellschaften sogenannte Zusatzversicherungen abschließen. Eine Zahnzusatzversicherung verhilft GKV-Versicherten sogar zu einem besseren Schutz als PKV-Versicherten. Sehr gute Zahnzusatzpolicen übernehmen 100 Prozent des errechneten Eigenanteils. Eine 100-Prozent-Absicherung für Zahnersatz ist auch in den PKV-Volltarifen nicht üblich; dort sind bis zu 80 Prozent an der Tagesordnung.

> Die Beiträge für Zahnzusatzversicherungen liegen für 40-Jährige bei um die 50 Euro pro Monat. An den Prämien für alle Arten von Zusatzversicherungen beteiligen sich die Arbeitgeber nicht.

Risiko von nicht gedeckten Folgekosten von Krankheit und Unfall: Unfallversicherung

Gesundheitliche Beeinträchtigungen können Folgen nach sich ziehen, die über Behandlungen, Operationen, Rehabilitationsmaßnahmen et cetera, also deine möglichst weitgehende physische und psychische Wiederherstellung, und über den vorübergehenden oder dauernden Ausfall deines Einkommens hinausgehen. Wir sprechen hier von dem in der Norm aufgeführten Risiko von ungedeckten Folgekosten nach Unfall und Krankheit (35). Diese Folgen sind deshalb auch nicht durch die bisher vorgestellten Krankenvoll- und Zusatzversicherungskonzepte und auch nicht durch die im Cluster »Arbeitskraftverlust« beschriebenen Lösungen abgedeckt.

Da ist etwa an außergewöhnliche Heilbehandlungen oder Hilfsmittel oder an Aufwendungen für den Umbau deines Hauses oder deines Autos zu denken, wenn du nur noch mit dem Rollstuhl unterwegs sein kannst. Die Wahrscheinlichkeit, dass diese Situation durch einen Unfall auftritt, ist deutlich geringer als durch eine schwere Erkrankung, beispielsweise Multiple Sklerose. In Deutschland sind nur etwa 10 Prozent der Rollstuhlfahrer durch einen Unfall zu ihrem Handicap gekommen. Dennoch ist die einzige Versicherung, die entsprechende Kosten deckt, die Unfallversicherung. Diese wird allerdings, wie sich aus unserer Hinführung zum Thema unschwer ableiten lässt, in 90 Prozent der in Rede stehenden Notfälle nicht leisten – eben immer dann, wenn nicht ein Unfall die Ursache ist.

Du solltest also unbedingt in anderer Weise, das heißt schlicht: durch Sparen, für den Fall des Eintretens solcher Kosten durch Krankheit Vorsorge leisten. Diese Folgekosten stehen sehr wahrscheinlich in Abhängigkeit von deinem Lebensstandard: Wenn du eine große Wohnung besitzt, werden die Kosten für deren rollstuhlgerechten Umbau höher sein als bei einer kleineren. Dasselbe gilt für das gegebenenfalls auf die neue Lebenssituation umzurüstende Auto. Da wiederum dein Lebensstandard wahrscheinlich eine Ableitung deines Gehalts ist, geben wir dir als Orientierungswert für das notwendige Sparvolumen den Faktor 6 deines monatlichen Nettoerwerbseinkommens, mindestens aber 20 000 Euro an.

Auch wenn wie dargelegt die Unfallversicherung nur für einen eher kleinen Teil der Fälle dieses Kostenrisikos eine wirkliche Unterstützung darstellt, ist sie ein äußerst populäres Versicherungsprodukt, weshalb wir sie auch hier keinesfalls aus unserer Betrachtung ausschließen wollen und dürfen. Und auch wenn Krankheiten wesentlich häufiger sind als Unfälle: Es gibt sie – und nicht zu selten.

Im Jahr 2021 erfasste das Statistische Bundesamt über 2,3 Millionen Verkehrsunfälle. Dabei wurden über 300 000 Menschen verletzt; 2 562 starben.[9] Doch die meisten Unfälle passieren im Haushalt. Hier gibt es zwar keine statistische Erfassung wie bei den Verkehrsunfällen, weil nicht zu jedem häuslichen Unfall die Polizei oder der Rettungsdienst gerufen wird – doch die Zahl der Toten in Folge häuslicher Unfälle lässt keinen anderen Schluss zu: 2021 starben nämlich 13 595 Menschen bei Unfällen zu Hause. Diese Zahl übersteigt die der Verkehrstoten um das Fünffache! Arbeits- und Schulunfälle hatten in 2021 »nur« 312-mal eine Todesfolge, Sport- und Spielunfälle »nur« 165-mal. Fazit: Die meisten Unfälle passieren im Haushalt, also da, wo es jeden erwischen kann: Dachdecker und Finanzbeamte, Extremsportler und Sockenschläfer.

Deshalb lohnt sich hier auch die Befassung mit der Unfallversicherung und mit dem Phänomen Unfall. Dieses ist definiert als ein plötzlich von außen auf dich einwirkendes Ereignis, durch das du unfreiwillig eine Gesundheitsschädigung erleidest. Dafür gibt es eine Merkhilfe: PAUKE.

P = **P**lötzlich, zum Beispiel Zusammenstöße im Straßenverkehr. Stürze gehören nicht immer dazu.

A = (von) **A**ußen, beispielsweise der Ziegelstein, der dich trifft. Ein Umknicken beim unaufmerksamen Gehen gehört nicht zu den äußeren Ereignissen.

U = **U**nfreiwillig – das müssen wir nicht erläutern.

K und **E** = Das Unfallereignis muss direkt auf den **K**örper **E**inwirken und nicht etwa indirekt über die Psyche.

Als Angestellter und Beamter bist du bei der gesetzlichen Unfallversicherung versichert. Diese zahlt bei Unfällen bei der Arbeit, im Homeoffice und bei deinem Hin- und Rückweg zur Arbeitsstelle. Zur Arbeit zählt, wie noch im Februar 2023 das Hessische Landessozialgericht festgestellt hat, auch die Kaffeepause im Sozialraum sowie der Weg dorthin und wieder zurück an den Arbeitsplatz. In dem verhandelten Fall war die Mitarbeiterin eines Finanzamtes auf dem Weg zum Kaffeeautomaten auf dem nassen Boden ausgerutscht und hatte sich einen Lendenwirbelbruch zugezogen. Das Zurücklegen des Weges, um sich einen Kaffee an einem im Betriebsgebäude aufgestellten Automaten zu holen, habe im inneren Zusammenhang mit der versicherten Tätigkeit der Angestellten gestanden. Sei ein Beschäftigter auf dem Weg, um sich Nahrungsmittel zum alsbaldigen Verzehr zu besorgen, sei er grundsätzlich gesetzlich unfallversichert. Beim Kauf von Lebensmitteln für den häuslichen Bereich seien die insoweit zurückgelegten Wege hingegen nicht versichert. Ebenso sei die Nahrungsaufnahme selbst dem privaten Lebensbereich zuzurechnen und daher grundsätzlich nicht in der gesetzlichen Unfallversicherung versichert.

Die Abgrenzung von privat und »betrieblich veranlasst« ist offensichtlich ganz schön diffizil, und insofern ist es auch nicht empfehlenswert, sich allein auf die gesetzliche Unfallversicherung zu verlassen. Die Folgen der, wie wir gesehen haben, vielen Unfälle im privaten Leben sind über die gesetzliche Unfallversicherung nicht abgedeckt. Es kann also durchaus sinnvoll sein, eine private Unfallversicherung abzuschließen. Insbesondere für Hobbysportler ist eine Unfallversicherung sinnvoll.

Risikosportarten – dazu gehören Skifahren, Paragliding, Freeclimbing, Tauchen und Boxen – sind allerdings meist nicht so leicht versicherbar oder nur zu sehr hohen Preisen. In der Regel nicht versicherbar sind Unfälle infolge von Bewusstseinsstörungen, Infektionen und Heilbehandlungen sowie psychische Folgen von Unfällen. Ebenso gelten als grundsätzlich nicht versicherbare Unfallursachen die Folgen von Krieg oder Bürgerkrieg, Radioaktivität, Unfällen mit Luftfahrzeugen und von der Teilnahme an Rennveranstaltungen.

Das heißt freilich nicht, dass es für diese Risiken überhaupt keinen Schutz gibt; sie gehören nur nicht zum Leistungsumfang einer »normalen« privaten Unfallversicherung. Hierfür gibt es teilweise Spezialversicherungen, auf die wir hier nicht näher eingehen können, nach denen du deinen Finanzberater aber im Bedarfsfalle unbedingt fragen solltest.

Schauen wir gemeinsam die Funktionsweise einer Unfallversicherung genauer an. Eine Unfallversicherung zahlt bei einer dauerhaften Beeinträchtigung der Gesundheit durch einen Unfall. Dauerhaft bedeutet, dass der durch den Unfall verursachte Gesundheitsschaden länger als drei Jahre bestehen muss, damit eine Leistung aus dem Versicherungsvertrag fällig wird. Das bedeutet nicht, dass du so lange warten musst, bis die Versicherung zahlt. Es geht dabei vielmehr um einen Prognosezeitraum von drei Jahren, den ein Arzt attestieren muss. Innerhalb von 15 Monaten nach dem Unfallereignis muss die Invalidität eingetreten und der Prognosezeitraum ärztlich attestiert worden sein. In diesen 15 Monaten muss der Schaden der Versicherung gemeldet werden. Liegen alle skizzierten Voraussetzungen vor, zahlt die Versicherung. Wenn nicht, verfallen eventuell zuvor bestehende Ansprüche auf Leistung aus der Versicherung.

Kurz und stressfrei: Einen Unfall, der körperliche Beeinträchtigungen nach sich zieht, solltest du deiner Versicherung melden. Die dauerhafte Invalidität muss innerhalb von 15 Monaten nach dem Unfall eintreten und für einen Prognosezeitraum von mindestens drei Jahren ärztlich attestiert werden, damit du eine Leistung aus deinem Vertrag erhältst.

Wie viel deine Unfallversicherung an dich im Falle eines Falles auszahlt, hängt von folgenden Kriterien ab:

1. der vereinbarten Versicherungssumme,
2. der Gliedertaxe und dem Invaliditätsgrad und
3. der Progression.

Die für dich richtige Versicherungssumme legst du am besten dann fest, wenn du die folgenden Absätze gelesen hast.

Kommen wir zunächst zur sogenannten Gliedertaxe. Diese definiert Invaliditätsgrade und damit, wie viel Prozent der von dir festgelegten Versicherungssumme ausgezahlt wird, wenn bestimmte Körperteile – auch *Glied*maßen – nicht mehr funktionieren oder ganz verloren sind. Der Gesamtverband der Deutschen Versicherungswirtschaft GDV hat in seinen Musterbedingungen für Unfallversicherungen eine Gliedertaxe vorgeschlagen.

Die GDV-Gliedertaxe ist, das sei vorweg gesagt, für die Versicherer nicht verbindlich. So gibt es am Markt ganz unterschiedliche Gliedertaxen, und es ist nicht ganz einfach, aber sehr sinnvoll, sich diesbezüglich genau zu orientieren. Schließlich ist für einen Pianisten die Funktionsfähigkeit der Hand viel wichtiger und deren Verlust ein viel höheres Risiko als für einen Sänger. Wir empfehlen dir deshalb, bei Bedarf einen Experten hinzuzuziehen, der dich bei der Auswahl des passenden Tarifs unterstützt.

| Erläuterungen | **Gliedertaxe aus den GDV-Musterbedingungen** |

Arm	70 Prozent
Arm bis oberhalb des Ellenbogengelenks	65 Prozent
Arm unterhalb des Ellenbogengelenks	60 Prozent
Hand	55 Prozent
Daumen	20 Prozent
Zeigefinger	10 Prozent
anderer Finger	5 Prozent
Bein über der Mitte des Oberschenkels	70 Prozent
Bein bis zur Mitte des Oberschenkels	60 Prozent
Bein bis unterhalb des Knies	50 Prozent
Bein bis zur Mitte des Unterschenkels	45 Prozent
Fuß	40 Prozent
große Zehe	5 Prozent
andere Zehe	2 Prozent
Auge	50 Prozent
Gehör auf einem Ohr	30 Prozent
Geruchssinn	10 Prozent
Geschmackssinn	5 Prozent

Bei Teilverlust oder teilweiser Funktionsbeeinträchtigung gilt der entsprechende Teil der genannten Invaliditätsgrade. Beispiel: Ist ein Arm vollständig funktionsunfähig, ergibt das einen Invaliditätsgrad von 70 Prozent. Ist er um ein Zehntel in seiner Funktion beeinträchtigt, ergibt das einen Invaliditätsgrad von 7 Prozent (= ein Zehntel von 70 Prozent).[10]

Kommen wir zur sogenannten Progression: Unfallversicherungen zahlen typischerweise bei hohen Invaliditätsgraden deutlich mehr als den bloßen Prozentsatz der vereinbarten Versicherungssumme. Der Fachausdruck dafür lautet Progression. Üblich sind 350er- oder 500er-Progressionen. Das bedeutet, dass ab einem bestimmten Invaliditätsgrad – meist ab 50 Prozent – die Progression zu Anwendung kommt. Bei 100 Prozent Invalidität wird dann das 5-Fache der Versicherungssumme ausbezahlt. Angenommen, du hast eine Versicherungssumme von 40 000 Euro vereinbart. Bei 50 Prozent Invalidität bekommst du dann ohne Progression 20 000 Euro ausbezahlt. Erst bei 100 Prozent werden die 40 000 Euro fällig. Hast du hingegen einen 500er-Progressionstarif, werden bei 100 Prozent Invalidität 200 000 Euro fällig.

Auf der Grundlage aller dieser Informationen kannst du dir deine richtige und sinnvolle Versicherungssumme überlegen. Wir raten dir zu einem Progressionstarif – und hier gehen wir ein wenig über die Norm hinaus –, der den errechneten Orientierungswert vom 6-fachen Nettoerwerbseinkommen (siehe oben) bereits bei 50 Prozent Invalidität auszahlt.

Neben der Invaliditätsleistung bieten Unfallversicherungen weitere Leistungen, etwa Bergungsleistungen, Unfallrente, kosmetische Operationen, Übergangsleistungen, Hinterbliebenenschutz, Tagegeld/Krankenhaustagegeld. Diese Leistungen sind mehr oder weniger *nice to have*. Die Kernleistung – also die Zahlung eines einmaligen Betrages bei Invalidität – muss stimmen.

> Die Preisunterschiede sind gewaltig. So kosten in *Finanztest* 07/2021 mit »sehr gut« bewertete Tarife für eine niedrige Gefahrengruppen zwischen 100 und 450 Euro pro Jahr. Tarife für eine hohe Gefahrengruppe kosten zwischen 170 und 840 Euro pro Jahr. Für Kinder zwischen 50 und 210 Euro pro Jahr.

Von sogenannten Beitragsrückgewährsversicherungen solltest du die Finger lassen. Diese Produkte verkoppeln eine normale Unfallversicherung mit einer kapitalbildenden Lebensversicherung. Das ist teuer und bietet nur ganz selten einen Vorteil.

Andere Cluster: Es sei darauf hingewiesen, dass Überschneidungen aus diesem Bedarfsfeld über die Themen Krankengeld und Unfallversicherung zu den Clustern »Arbeitskraftverlust« sowie »Partner und Kinder« und über das Thema Krankenversicherungsschutz im Ausland zum Cluster »Mobilität und Reisen« bestehen.

Checklisten: Welche Mindestanforderungen Verbraucherschützer für Produkte für den Grundschutz Krankheit und Pflege, für KV-Zusatzversicherungen Stationär und Zahn, Auslandsreisekrankenversicherungen, Krankentagegeldversicherungen und Unfallversicherungen definieren, entdeckst du auf S. 222 ff.

Preise:

Versicherung	Kosten	Brauch ich!
PKV Erwachsener – bitte errechne mit kv-fux.de deine individuelle Prämie	Ab 300 Euro pro Monat	
PKV Kind	Ab 100 Euro pro Monat	
Auslandskranken	Ab 8 Euro p. a.	
Krankentagegeld Angestellter, ab 43. Tag 40 Euro	Ab 10 Euro pro Monat	
Krankentagegeld Selbstständiger, ab 29. Tag, 120 Euro	Ab 45 Euro pro Monat	
Pflegetagegeldversicherung für 45-Jährige	Ca. 60 Euro pro Monat	
Pflegetagegeldversicherung für 55-Jährige	Ca. 90 Euro pro Monat	
Krankenhauszusatzversicherung	Ab 40 Euro	
Zahnzusatzversicherung für 50-Jährige	Ab 50 Euro	
Unfallversicherung, niedrige Gefahrengruppe	Ab 100 Euro p. a.	
Unfallversicherung, hohe Gefahrengruppe	Ab 170 Euro p. a.	
Unfallversicherung für Kinder	Ab 50 Euro p. a.	

Aktivität

Trage nun deine vorhandene Kranken- und Pflegeversicherung und beim Thema »ungedeckte Folgekosten von Krankheit und Unfall«, deine Unfallversicherung sowie die zugehörigen Beiträge in das Tableau »Mein Aktivitätenplan« auf S. 261 ein.

Haftung und Rechtsschutz

Dieses Bedarfsfeld umfasst die Finanzthemen, die dem Schutz der Personen im Haushalt vor

- allgemeinen Haftungsrisiken (PHV, BHV et cetera),
- Haftungsrisiken aus Tätigkeiten etwa Organtätigkeiten wie Vorstand einer AG, aus Ehrenamt und Freizeitaktivitäten sowie vor
- Haftungsrisiken aus Sachen, beispielsweise Fahrzeugen, auch zu Wasser und in der Luft (auch ferngesteuerte Flugmodelle, Drohnen), Immobilien und Tieren

dienen.

Zum Cluster »Haftung und Rechtsschutz« gehört in der Übersicht der Finanzthemen

- zur Sicherung des finanziellen Grundbedarfs:
  - Rangplatz 2:   die Absicherung von allgemeinen Haftungsrisiken
  - Rangplatz 8:   die Absicherung von Haftungsrisiken aus dem Halten von Kraftfahrzeugen (+ MR)
  - Rangplatz 9:   Absicherung von Haftungsrisiken aus privater Tierhaltung
  - Rangplatz 10: Absicherung von Haftungsrisiken aus Haus- und Grundbesitz (+ HW)
  - Rangplatz 11: Absicherung von Haftungsrisiken bei Bau und Sanierung (+ HW)
  - Rangplatz 12: Absicherung von Haftungsrisiken durch Gewässerschäden (+ HW)
  - Rangplatz 13: Absicherung von Haftungsrisiken aus einer Photovoltaikanlage (+ HW)
  - Rangplatz 14: Absicherung von Haftungsrisiken bei der Jagd
  - Rangplatz 15: Absicherung von Haftungsrisiken durch Luftfahrzeuge
  - Rangplatz 16: Absicherung von Haftungsrisiken aus besonderer ausgeübter Tätigkeit oder Ehrenamt
  - Rangplatz 17: Absicherung von Haftungsrisiken durch Wasserfahrzeuge (+ MR)

- zur Erhaltung des Lebensstandards:
  - Rangplatz 36: Absicherung des Kostenrisikos für Rechtsschutz (+ MR, + HW)

Hinweis: Die in Klammern gesetzten Ziffern im folgenden Text erinnern dich an die Position des jeweiligen Finanzthemas im Ranking auf S. 74 ff.

Versicherungsvertreter, -vermittler und -berater neigen dazu, den Teufel an die Wand zu malen. Je dramatischer die Geschichte zu dem, was passieren kann, desto stärker die persönliche Betroffenheit und Angst, desto einfacher der Abschluss einer Police. Von daher ist immer Vorsicht geboten, Schreckensszenarien blind zu folgen. Wenn wir jetzt über Haftpflichtrisiken reden, so hört sich das genau so an. Doch hier ist die Dramatik berechtigt! Denn es geht natürlich darum, nüchtern ein realistisches und für dich stimmiges Bild deiner Risikosituation zu gewinnen. Wenn es um Haftungsrisiken geht, sollte man nicht spaßen.

Haftungsrisiken gehören nämlich zu den gefährlichsten und – wenn du so willst – hinterhältigsten Risiken, die dich im Alltag treffen können. Die statistische Eintrittswahrscheinlichkeit eines existenzbedrohenden Schadenereignisses ist zwar gering. Doch wenn eines eintritt – niemand weiß ob, wann, wo und in welcher Höhe – kann das tragisch sein, nicht nur in finanzieller Hinsicht. Das liegt daran, dass wir alle ausnahmslos nach § 823 BGB für Schäden, die wir »vorsätzlich oder fahrlässig« an Körper, Gesundheit, Freiheit, Eigentum oder einem sonstigen Recht eines anderen widerrechtlich verursachen, zeitlich und sachlich unbegrenzt bis zur Pfändungsfreigrenze auch mit künftigem Einkommen und Vermögen haften. Du kannst dir selbst ausmalen, was das für dich bedeuten würde.

Neben der Krankenversicherung zählt deshalb die Absicherung einiger Haftungsthemen zu den einzigen Versicherungen, die der Gesetzgeber verbindlich vorschreibt. Für uns alle selbstverständlich ist, dass wir kein Auto anmelden können ohne den Nachweis einer Kfz-Haftpflichtversicherung. Ähnlich strikt und klar sind die Regelungen bezüglich der Jagdhaftpflichtversicherung: Wer keine Versicherung nachweist, bekommt keinen Jagdschein und keine Verlängerung des Scheins. In Berlin, Hamburg, Niedersachsen, Sachsen-Anhalt und Thüringen gilt auch eine generelle gesetzliche Verpflichtung zum Abschluss einer Hundehalterhaftpflichtversicherung.

Haftpflichtversicherungen begleichen die von ihren Versicherungsnehmern verursachten Schäden übrigens nur, wenn Fahrlässigkeit oder grobe Fahrlässigkeit vorliegt. Vorsätzlich verursachte Schäden gehen immer auf die Kappe der Verursacher! Warum sollte auch ein anderer für etwas zahlen, was man selbst bewusst und entschlossen vorgenommen hat? Eine Versicherungsgesellschaft ist eine Solidargemeinschaft von Versicherten, die sich freiwillig zusammenfinden, um existenzbedrohliche Schadensfälle Einzelner gemeinsam abzufedern. »Alle für einen« ist im Schadensfall das Motto. Das darf nicht durch Vorsatz oder Betrug ausgenutzt werden.

Vorsätzliche Handlungen sind Handlungen, deren Folgen willentlich und bewusst herbeigeführt wird. Fahrlässig sind hingegen Handlungen, die die erforderliche Sorgfalt vermissen lassen und deren Ergebnisse, etwa die Schädigung anderer, nicht beabsichtigt sind. Das bedeutet, dass jeder grundsätzlich die Vorsicht und Sorgfalt aufbringen muss, die einer Situation objektiv angemessen ist. Wer kann schon von sich behaupten, dass das immer gelingt? Fahrlässig handelt zum Beispiel, wer bei Sichtbehinderung durch eine tief stehende Sonne einen Auffahrunfall verursacht. Definiert ist die in unserem Zusammenhang relevante Fahrlässigkeit ebenfalls im Bürgerlichen Gesetzbuch, § 276 (2).

Vielleicht hast du davon gehört, dass es auch im Strafrecht Fahrlässigkeit gibt. Die Definition im Strafgesetzbuch ist etwas anders gelagert und muss uns hier nicht weiter interessieren. Aber wichtig zu wissen ist: Strafrechtlich relevante Schäden, die du verursachst, sind nicht versicherbar.

Bevor wir dir die wichtigsten Haftpflichtrisiken erläutern, möchten wir dir eine gute Nachricht übermitteln: Haftpflichtversicherungen sind wegen der Seltenheit ruinöser Ereignisse verhältnismäßig günstig. Keiner muss wegen der Kosten für den Schutz darauf verzichten oder empfindliche Abstriche beim Versicherungsschutz machen. Von *Finanztest* mit »sehr gut« bewertete Tarife der privaten Haftpflichtversicherung (PHV) gibt es bereits für unter 100 Euro im Jahr.

Und eine weitere gute Nachricht haben wir an dieser Stelle für dich: Private Haftpflichtversicherungen sind in den letzten Jahren immer besser und gleichzeitig immer günstiger geworden. Hast du einen Vertrag, der älter als 3 bis 5 Jahre ist, kannst du dir fast sicher sein, dass du für den gleichen Preis einen besseren Vertrag erhalten kannst und wechseln solltest. Um schnell zu überprüfen, ob dein vorhandener Vertrag wenigstens noch gut ist, kannst du den kostenlosen PHV-Schnellcheck der Stiftung Warentest nutzen (schnellcheck.test.de) und selbstverständlich einen Blick auf die Liste der Mindestanforderungen in diesem Buch auf S. 231 ff. werfen.

Privathaftpflichtversicherung

So, mit dieser Gewissheit im Rücken, können wir etwas näher auf die Haftpflichtrisiken eingehen, die dich persönlich möglicherweise betreffen. Die PHV (2) deckt nämlich nur private Haftpflichtrisiken ab – und von denen längst nicht alle. Hast du ein Auto, brauchst du eine Auto-Haftpflichtversicherung. Hast du weitere Sachen, etwa ein Haus, Grundbesitz, eine Photovoltaikanlange, so entstehen daraus Haftungsrisiken, die abgedeckt werden sollten. Hast du ein oder mehrere Tiere, brauchst du unter Umständen eine Tierhalterhaftpflichtversicherung.

Dass du eine PHV brauchst, steht nicht zur Diskussion – auch wenn es sich nicht um eine gesetzliche Pflichtversicherung handelt. Um was es also jetzt geht, ist: Was soll sie über den Grundschutz (zu den Mindestanforderungen siehe Übersicht im Abschnitt »Haftung und Rechtsschutz« in »Schritt 4: Dein Produktcheck«) hinaus beinhalten? Die PHV bietet eine sogenannte All-Risk-Deckung, das heißt für jedes Schadenereignis wird gezahlt, zu dem man gesetzlich verpflichtet ist. Allerdings gibt es Ausschlüsse genauso wie andererseits auch Einschlüsse von Deckungen, die außerhalb gesetzlicher Regelungen liegen.

Sich gegen Haftungsrisiken abzusichern, hat jenseits der gesetzlichen Pflicht auch etwas mit gesellschaftlicher Verantwortung zu tun. Wenn nämlich genau der Fall eintritt, dass wegen deiner Fahrlässigkeit ein anderer Mensch nicht mehr arbeiten und kein Gehalt mehr beziehen kann oder das Dach über dem Kopf verliert, das womöglich noch mit einem hohen Darlehen belegt ist, dann – da sind wir uns sicher einig – hat dieser Mensch einen Anspruch darauf, dass er den ihm entstehenden Schaden ersetzt bekommt. Was nun, wenn du keine zu deinen Risiken adäquate Haftpflichtversicherung abgeschlossen hast und nichts auf dem Konto hast, um den Schaden selbst zu begleichen? Du wirst dann zwar dein Leben lang gepfändet werden und dir nicht mehr den geringsten Luxus leisten können. Aber das, was dabei herauskommt, wird, wenn du nicht gerade Topmanager oder erfolgreicher Unternehmer bist, den Verlust des Geschädigten auch nicht ausgleichen können. Setz dich einfach auf den anderen Stuhl und stell dir vor, jemand fackelt fahrlässig dein Hab und Gut ab und ist nicht versichert. Dann hilft dir keiner, und du wirst ohne jedes Verschulden gemeinsam mit deiner Partnerin oder deinem Partner und mit euren Kindern deines Lebens nicht mehr froh.

Wenn du selbst der Geschädigte bist und der Schädiger nicht zahlen kann und auch keine Versicherung hat, dann bleibst du nicht nur auf dem Schaden, sondern auch auf den Kosten sitzen – es sei denn, dein PHV-Vertrag beinhaltet eine Forderungsausfalldeckung. Eine solche Deckung springt dann ein, wenn alle rechtlichen Möglichkeiten zur Zahlung von Schadenersatz erfolglos ausgeschöpft wurden. Dein Vertrag sollte also unbedingt eine Forderungsausfalldeckung enthalten.

Woran du vermutlich nicht als Erstes bei einer PHV denkst, sind Schäden, die dir als Opfer von Straftaten entstehen können. Fast täglich lesen oder hören wir in den Nachrichten von Straftaten, bei denen Schäden an Menschen und/oder Sachen vorsätzlich verursacht werden. Solche Schäden können durch eine erweiterte Forderungsausfalldeckung versichert werden. Und auch für Schäden durch Straftaten, deren Täter nicht ermittelt werden können, gibt die PHV Deckung. Du findest das in deinen Versicherungsbedingungen unter dem Stichwort Opferhilfe oder Opferschutz.

Was viele nicht wissen: Auch Autofahrern bringt die PHV Vorteile. Stichwort: Mallorca-Deckung. Was verbirgt sich dahinter? Wer beispielsweise einen Mietwagen im Ausland mietet, muss davon ausgehen, dass die über den Autovermieter eingegangene Auto-Haftpflichtversicherung nur bis zu den im jeweiligen Vertrag definierten Grenzen leistet. Wenn du also im Ausland einen Mietwagen fahren möchtest, solltest du prüfen, ob deine PHV hier ergänzend ausreichend Deckung bietet – auch dann, wenn du ein Auto mit einer guten Auto-Haftpflichtversicherung mietest.

Immer wieder kommt es zu Schäden, die wir Menschen zufügen, die im gemeinsamen Haushalt wohnen. Solche Schäden sind nur dann abgedeckt, wenn deine Police eine entsprechende Deckungserweiterung enthält. Sachschäden sind hier grundsätzlich nicht versicherbar.

Zu guter Letzt sollte dein Vertrag auch eine Vorsorgeversicherung enthalten. Wenn du nämlich unversehens ein neues Haftpflichtrisiko eingehst, etwa indem du in deinem Sportverein ein Ehrenamt übernimmst, ist dieses dann zunächst über deinen PHV-Vertrag mit abgedeckt – maximal bis zu nächsten Hauptfälligkeit deines Vertrages. Bei vielen Versicherungsverträgen ist das der 1. Januar; das Versicherungsjahr deckt sich mit dem Kalenderjahr. Doch das ist nicht immer der Fall. Es gibt auch Versicherungen, bei denen das Versicherungsjahr des Vertrages individuell mit dem Abschlussdatum beginnt. Die Hauptfälligkeit ist dann dieses Datum.

Welche Absicherungshöhe ist bei Haftpflichtversicherungen sinnvoll? Die höchste in Deutschland jemals aus einer PHV gezahlte Sachschadensumme lag bei 450 000 Euro. Da wurde eine Bratpfanne auf dem Herd vergessen, was zu einem Hausbrand führte.[11]

Kommen Personen zu Schaden, kann die Schadenhöhe schnell in die Millionen gehen. Glücklicherweise gab es bisher keinen öffentlich bekannten Fall in dieser Größenordnung. Allerdings sind solche Fälle leicht vorstellbar. Etwa wenn zwei Radfahrer kollidieren und einer davon mit seinem Kopf gegen die Bordsteinkante schlägt und nach einer Schädelfraktur querschnittsgelähmt bleibt. Die Pflegekosten dürften grob geschätzt an die 10 Millionen Euro heranreichen oder sie gar übersteigen. Wir empfehlen deshalb für jede Art der Haftpflichtversicherung – auch als HV abgekürzt – eine Versicherungssumme von mindestens 10 Millionen Euro, möglichst mehr. Es ist generell richtig und sinnvoll, sich daran zu orientieren – mit einer einzigen Ausnahme, nämlich der Kfz-HV. Dort sind aus gutem Grund Deckungssummen von bis zu 100 Millionen Euro an der Tagesordnung. Dass ein Fahrzeug bei einer Geschwindigkeit von 200 Kilometern pro Stunde zur gefährlichen Waffe werden kann und dass damit viel größere Schäden angerichtet werden können als zu Fuß oder mit dem Fahrrad, leuchtet sehr leicht ein. 2005 kam es zum Beispiel auf der Autobahnbrücke Wiehtal zu einem Unfall, der zu einem Toten und 30 Millionen Euro Schaden führte. Mehr zum Thema Kfz-Haftpflicht findest du im Kontext der anderen Kfz-Versicherungen im Cluster »Mobilität und Reisen« (S. 196 ff.).

Sehr gute Privathaftpflichtversicherungen gibt es bereits ab 51 Euro pro Jahr.[12]

Spezielle Haftungsthemen

Weil Haftungsrisiken allgegenwärtige und existenzbedrohliche Risiken sind, stehen sie auf der Prioritätenliste der DIN-Norm ganz weit oben. Ihre Bedeutung, aber auch Komplexität wird eindrucksvoll durch den Umstand unterstrichen, dass die Haftungsrisiken mit insgesamt elf Positionen in der Rangliste unserer Finanzthemen auftauchen.

Dass die allgemeinen Haftungsrisiken weit vor den speziellen Haftungsrisiken rangieren, die regelmäßig nicht Teil der allgemeinen Haftungsdeckung sind, liegt daran, dass die allgemeinen Haftungsrisiken anders als die speziellen nicht vermeidbar sind. Niemand kann sich allgemeinen Haftungsrisiken entziehen. Das generelle Risiko, anderen Menschen unbeabsichtigt Schaden zuzufügen, kannst du, solange du lebst, niemals ausschließen. Spezielle Risiken schon – einfach dadurch, dass man den entsprechenden Risikobereich verlässt.

Also: Die Aufsplittung der Haftungsthemen in ein allgemeines und zehn spezielle Risiken hat ihren Grund darin, dass Haftungsrisiken überwiegend klar abgrenzbar sind und bestimmten von einzelnen ausgeübten und von anderen eben nicht ausgeübten Berufs- oder Freizeittätigkeiten zuzuordnen sind. Während man sich kaum nur gegen bestimmte Krankheiten versichern will – und übrigens auch nicht darf – und gegen andere nicht, weil man schwerlich vorherbestimmen kann, welche man im Laufe seines Lebens bekommt, kann man sich für das Eingehen von bestimmten Haftungsrisiken frei entscheiden.

Jäger zu sein, ist eine bewusste und freie Entscheidung. Niemand zwingt dich dazu. Mit dieser Entscheidung gehen allerdings Verpflichtungen einher, die du nicht abgeben kannst. Neben bestimmten Vorschriften zum Waffenerwerb und deren Lagerung bist du beispielsweise verpflichtet, eine Jagdhaftpflichtversicherung abzuschließen. Da beißt die Maus keinen Faden ab.

Wenn du dir dann irgendwann – aus welchen Gründen auch immer – die Jagdhaftpflichtversicherung (14) nicht mehr leisten kannst oder einfach darauf verzichten willst, kannst und musst du die Jagd aufgeben. Ohne Jagdhaftpflichtversicherung keine Jagd! Nebenbei bemerkt: Wir glauben nicht, dass die Ausübung der Jagd an den Kosten der Jagdhaftpflichtversicherung scheitert. Bei der Ausübung der Jagd fallen ganz andere Kosten an, gegen die die HV eher gering sind. Als einführendes Beispiel für unterschiedliche Haftungssphären ist es aber gut geeignet.

Was kostet nun so eine Jagdhaftpflichtversicherung? Nun, das hängt – wie bei jeder Versicherung – von individuellen Parametern ab, etwa davon, ob du beruflich Jäger bist oder nicht. Wie lange gilt dein Jagdschein noch?

> Dennoch können wir dir zumindest einen Orientierungswert sagen, mit dem du bei der Abdeckung der Mindestversicherungssumme von 10 Millionen Euro mindestens rechnen musst: 130 Euro pro Jahr.[13]

Ebenso oder ganz ähnlich verhält es sich mit den anderen speziellen Haftungsrisiken. Du benötigst sie nur, wenn bestimmte Sachverhalte vorliegen: Wenn du ein Auto anmeldest, brauchst du eine Kfz-HV (8). Dabei steht es dir – wie bei der Jagd – nicht frei, eine HV abzuschließen oder nicht. Die Auto-HV ist eine gesetzlich vorgeschriebene Pflichtversicherung. Du kannst entsprechend kein Auto anmelden, wenn du keinen entsprechenden Versicherungsschutz nachweisen kannst. Durch die Nutzung eines Autos unterliegst du der sogenannten Gefährdungshaftung. Das bedeutet, du haftest auch dann für Schäden, die durch das Führen des Fahrzeuges verursacht werden, wenn dich keine persönliche Schuld trifft. Das ist bei der Jagd genauso! Deshalb steht es dir bei der Ausübung dieser Tätigkeit auch nicht frei, eine Versicherung abzuschließen oder nicht.

Ganz ähnlich verhält es sich bei der Haltung bestimmter Tiere. Wenn du ein größeres Tier, Hund oder Pferd hältst, brauchst du eine Tierhalter-HV (9). Du haftest für die Schäden, die das Tier verursacht! Die Regelungen zur Haltung von Hunden ist Ländersache. Deshalb musst du nicht überall eine Hundehalterhaftpflicht abschließen. In sechs Bundesländern ist sie generell Pflicht: Berlin, Hamburg, Schleswig-Holstein, Niedersachsen, Thüringen und Sachsen-Anhalt. In anderen Bundesländern variieren die Regelungen zur Versicherungspflicht erheblich. So besteht in Baden-Württemberg, Brandenburg, Bremen, Hessen, Nordrhein-Westfalen, Rheinland-Pfalz, Saarland und Sachsen Versicherungspflicht für als gefährlich eingeschätzte Hunderassen. Wir raten dir unabhängig von der Versicherungspflicht zum Abschluss einer Tierhalterhaftpflicht, da du unbegrenzt für Schäden deines Tieres haftest. Wenn dir das zu teuer ist, solltest du eher darüber nachdenken, auf das Tier zu verzichten als über einen Verzicht auf eine passende Tier- beziehungsweise Hundehalterhaftpflichtversicherung.

Hundehaftpflichtversicherungen gibt es bereits ab 48 Euro pro Jahr.[14] Für eine Haftpflichtversicherung für Pferdehalter muss du mit 130 Euro pro Jahr rechnen.[15]

Wenn du ein Haus gebaut, erworben oder geerbt hast, dann haftest du für die Gefahren, die von diesem Haus und dem dazugehörigen Grundstück ausgehen. Bewohnst du dein Haus selbst, reicht eine gute PHV aus; diese deckt nämlich alle Haftungsfälle rund um das selbst genutzte Eigenheim. Wenn du das Haus vermietest, brauchst du eine separate Haus- und Grundbesitzer-Haftpflichtversicherung (10). Und auch wenn du nur ein unbebautes Grundstück hast, brauchst du in jedem Fall eine Haus- und Grundbesitzer-Haftpflichtversicherung, weil du etwa für Schäden durch umstürzende Bäume haftest.

Günstige Tarife gibt es ab 27 Euro im Jahr.[16]

Nur solange du gerade baust oder sanierst oder durch deinen begnadeten Elektriker-onkel bauen lässt, brauchst du die HV für Bau und Sanierung (11).

Eine gute Bauherrenhaftpflichtversicherung für eine Bausumme von 400 000 Euro bekommst du bereits ab 100 Euro Einmalbeitrag.[17]

Nur wenn du einen Öltank im Keller hast, benötigst du eine Gewässerschaden-HV (12). Selbst wenn dich keine Schuld trifft, wenn der Öltank ausläuft, haftest du! Für entstandene Schäden muss immer der Eigentümer bezahlen. Denn: Wer einen Öl-tank besitzt oder einbauen lässt, schafft ein Risiko für die Umwelt. Hier handelt es sich wieder um Gefährdungshaftung. Die gute Nachricht: Oftmals reicht die Privat-haftpflicht. Viele haben dieses Risiko standardmäßig eingeschlossen – allerdings nur in Grenzen. Du solltest in jedem Fall prüfen, bis zu welcher Tankgröße deine PHV bereits Deckung gibt und ob das für deinen Tank ausreichend ist. Eine gute und einfache Möglichkeit ist, von Beginn an zu sparen.

Separate Gewässerschaden-Haftpflichtversicherungen gibt es für einen oberirdischen Heizöltank mit 10 000 Liter bereits ab 30 Euro – für unterirdische Tanks der gleichen Größe gibt es Verträge ab 50 Euro.[18]

Und wenn du eine Photovoltaik-Anlage aufs Dach packst, die sich beim nächsten größeren Sturm losreißen und Menschen verletzen oder Gegenstände beschädigen kann, brauchst du ebenso dringend eine entsprechende HV (13). Allerdings benö-tigst du als Privatperson keine separate Betreiberhaftpflicht. Du kannst Haftungs-risiken für deine Photovoltaik-Anlage in der Regel beitragsfrei in deine PHV ein-schließen. Du solltest allerdings darauf achten, dass sie eingeschlossen ist.

Die Haftungsrisiken durch Luftfahrzeuge betreffen vor allem Drohnen. Diese können bei Gartenfesten oder Jahrmärkten leicht auch in die Hände unerfahrener, nicht hinreichend in die Handhabung eingewiesener und womöglich angetrunkener Zeitgenossen gelangen. Dann werden sie zu einer großen Gefahr für Menschen, Tiere und Sachen. Drohnen bedienen sollte nur, wer über eine entsprechende HV

(15) verfügt. Insbesondere für Drohnen, die nicht als Spielzeug deklariert sind, gelten besondere Pflichten, die du unbedingt einhalten musst. Informiere dich am besten vor dem Kauf einer Drohne, welche Pflichten das sind und welche Versicherung du benötigst. Drohnen, die als Spielzeug deklariert sind, können etwa meist über deine PHV abgesichert werden, andere nicht.

> Die Preise für spezielle Haftpflichtversicherungen für Drohnen sind unter anderem vom Gewicht der Drohne abhängig. Du solltest für eine gute Versicherung mit einer Prämie von rund 360 Euro pro Jahr rechnen.

Die Betrachtung des Haftungsrisikos aus Luftfahrzeugen im Sinne von Sport- und Reiseflugzeugen sparen wir an dieser Stelle aus. Wenn du Privat- oder Berufspilot bist, weißt du genau, was du zu tun hast. Ein Flugzeug aus einem Hangar zu ziehen und zu starten, ohne einschlägige Gesundheitschecks gemacht, eine entsprechende Ausbildung absolviert und eine Versicherung abgeschlossen zu haben, ist in Deutschland schlichtweg nicht möglich.

Da herrscht bezüglich der Nutzung von Paddel-, Ruder-, Segel- und Motorbooten mit und ohne Führerschein, von Jet-Ski und Kite-Surfen auf ruhenden Gewässern, fließenden Wasserstraßen oder in Küstengewässern deutlich mehr Unklarheit. Deshalb lohnt es sich immer, wenn man sich irgendein Boot leiht, beim Verleiher nach dem Vorliegen einer Haftpflichtversicherung zu fragen, und wenn man sich ein Boot kauft, selbst sorgfältig zu prüfen, auf welchen Gewässern man über die allgemeine HV abgesichert fahren kann und wo man gegebenenfalls eine spezielle Versicherung (17) benötigt.

> Für ein privat genutztes Boot solltest du mit mindestens 40 Euro pro Jahr rechnen.

Besondere Aufmerksamkeit verdient ein gern übersehenes Haftungsrisiko: das aus besonderer Tätigkeit oder einem Ehrenamt (16). Ehrenamtliche haften für ihre Fehler und sind nicht immer durch die Vereine oder Organisationen versichert, für die sie sich engagieren. Bevor du dich also in ein solches Amt wählen lässt und es antrittst, ist es empfehlenswert zu prüfen, welche Versicherungen deine Organisation abgeschlossen hat und ob diese dem von dir eingegangenen Risiko entsprechen. Eine gute PHV deckt im Übrigen die meisten Haftpflichtrisiken im Ehrenamt ab. Puh, also keine zusätzlichen Kosten.

Besondere Tätigkeiten üben neben Vorständen und Geschäftsführern, die nicht nur für angerichtete Schäden haften, sondern auch bis zu 10 Jahren nach dem Ende ihrer Tätigkeit »nachhaften«, auch Angestellte im Öffentlichen Dienst sowie Syndikusanwälte und Daten- oder Brandschutzbeauftragte in Unternehmen aus. Bei Letzteren liegen Haftungssummen im Prozentbereich der Unternehmenserlöse. Oftmals schließen Unternehmen entsprechende Versicherungen für ihre Manager und Mitarbeiter ab; garantiert ist das freilich nicht. Und in vielen Checklisten privater Berater fehlt der Punkt schlichtweg. Es heißt also: genau hinschauen und prüfen. Infrage kommen – wenn das Unternehmen dein persönliches Haftungsrisiko nicht abdeckt – persönliche Manager-Haftpflichtversicherungen. Sie werden auch Vermögensschaden-Haftpflicht oder D&O-Versicherungen genannt. Es ist allerdings nicht einfach, eine passende Versicherung zu finden Wir empfehlen bei Bedarf unbedingt die Hinzuziehung eines erfahrenen Beraters. Der Preis ist stark von der Versicherungssumme und der Funktion der versicherten Person abhängig.

> 10 Millionen Versicherungssumme für einen GmbH-Geschäftsführer kostet nach einer Recherche von *Finanztest* mindestens 10 000 Euro pro Jahr.[19]

Teilweise sind auch in den Bedingungen der allgemeinen Haftpflichtversicherungen Merkmale enthalten, die nicht auf jeden und nicht in jeder Lebensphase zutreffen – etwa deliktunfähige Kinder, auf die wir weiter unten nochmal kurz hinweisen werden. Dafür gibt es allerdings keine speziellen Versicherungsarten; du musst schlicht darauf achten, dass deine PHV alle für dich wichtigen Tarifmerkmale enthält. Das ist insbesondere dann von Relevanz, wenn sich deine private Situation verändert. Solange du allein bist, reicht dir beispielsweise ein sogenannter Single-Tarif; wenn dann Partner oder Partnerin bei dir einziehen, braucht ihr nicht zwei Versicherungen, müsst aber darauf achten, dass es sich bei eurer gemeinsamen Versicherung eben auch um einen Familientarif handelt.

Zu den wichtigsten Mindestanforderungen, die Haftpflichtversicherungen immer und unbedingt erfüllen sollten, kommen wir noch zu einem späteren Zeitpunkt (siehe S. 231 ff.).

Rechtsschutz

Dieser Abschnitt heißt »Haftung und Rechtsschutz«. Was hat die Rechtsschutzversicherung mit Haftungsrisiken zu tun?

Haftpflichtversicherungen sind – für viele Menschen überraschend – immer auch Rechtsschutzversicherungen. Ihre erste Aufgabe besteht darin, Haftungsansprüche auf ihre Berechtigung zu prüfen und gegebenenfalls abzuwehren. Eine Haftpflichtversicherung bieten also Abwehrdeckung – einen »negativen« Rechtsschutz. Familien mit Kindern suchen allerdings gezielt Haftpflichtversicherungen, die auch dann leisten, wenn beispielsweise ihre deliktunfähigen Kinder trotz Aufsicht einen Schaden anrichten. Man denke nur an den berühmten Ball in der Fensterscheibe. Eigentlich besteht in solchen Fällen gar keine Schadenersatzpflicht. Der Versicherer würde eventuell geltend gemachte Ansprüche zu Recht abwehren. Das ist vielen Eltern nicht recht. Deshalb findest du in vielen Haftpflichtversicherungen Deckungserweiterungen für deliktunfähige Kinder. Wenn du Kinder hast, kann das interessant sein. Allerdings zählen streng genommen solche Schäden nicht zu den Kernleistungen einer Haftpflichtversicherung. Da sie sich aber nicht spürbar auf den Preis auswirken, schaden sie auch nicht.

Eine Rechtsschutzversicherung hilft dir, die Durchsetzung deiner Rechte – auch gegen starke, finanzkräftige Gegner – zu finanzieren. Das solltest du nicht unterschätzen. Unser gesamtes Leben ist zu großen Teilen rechtlich strukturiert. Es vergeht kein Tag, an dem wir nicht Rechtsgeschäfte, zum Beispiel Kaufverträge, tätigen. Rechtliche Meinungsverschiedenheiten, die auf die ein oder andere Weise geklärt werden müssen, sind vorprogrammiert. Nicht immer geht es dabei um große Summen. Und nicht immer lässt sich das in einem vertrauensvollen Gespräch klären – nicht einmal unter engsten Freunden und Familienangehörigen. Das mag man bedauern und selbst versuchen, jedem Rechtsstreit aus dem Weg zu gehen. Doch sei nicht blauäugig! Die Rechtskarte ist schneller gezogen als gedacht und bringt dich in Zugzwang.

Die weitaus überwiegenden Fälle, für die echte Rechtsschutzversicherungen in Anspruch genommen werden, sind Nachbarschaftsstreitigkeiten oder die Abwehr von berechtigten, aber formal anfechtbaren Bußgeldbescheiden. Da die finanziellen Risiken aus diesbezüglichen Gerichtskosten und Anwaltsrechnungen in der Regel nicht ruinös sind, rangiert das Risiko der Rechtsdurchsetzung – jenseits der Abwehr von Haftungsansprüchen – auf einem der unteren Rangplätze der Finanzthemen, nämlich auf Rang 36.

Zu den Kosten für Rechtsdurchsetzung zählen neben den üblichen Verfahrenskosten für Anwälte und Gerichte auch solche für Gutachter und Sachverständige. Da kann auch schon mal – abhängig vom Streitwert – eine unangenehm hohe Summe zusammenkommen. Und nicht immer gewinnt man vor Gericht. In so einem Fall musst du dann auch die Anwaltskosten der Gegenseite und die vollen Gerichtskosten übernehmen. Wenn sich der Streit noch über drei Instanzen hinzieht, vervielfachen sich noch die Kosten. Wenn du über mögliche Kosten eine konkrete Vorstellung haben möchtest, kannst du verschiedene Fälle mit dem kostenlosen Prozesskostenrechner des Deutschen Anwaltsvereines durchrechnen: https://anwaltsblatt.anwaltverein.de/de/apps/prozesskostenrechner

Eine Absicherung in Höhe von 300 000 Euro solltest du deshalb nicht unterschreiten. Damit die Kosten für deine Rechtsschutzversicherung überschaubar bleiben, solltest du eine Selbstbeteiligung von 150 oder 300 Euro vereinbaren.

Gute Verträge gibt es ab 400 Euro pro Jahr.

Unabhängig vom finanziellen Aspekt geht es bei juristischen Auseinandersetzungen oft auch ums Prinzip. Das Recht muss auch dann funktionieren, wenn es im Einzelfall um vernachlässigbare Summen geht und es dir nicht weh tut, sie zu verlieren. Der Verbraucherzentrale Bundesverband vzbv kümmert sich beispielsweise um solche Missstände, wenn nötig durch Musterfeststellungsklagen oder Sammelklagen. Dadurch ebnet er für Verbraucher die Bahn, zu ihrem Recht zu kommen, ohne selbst vor Gericht ziehen zu müssen. Es lohnt sich deshalb, wenn du ab und zu nachschaust, ob der vzbv etwas für deine Rechte getan hat oder tun kann und was du nun selbst tun musst, um zu deinem Recht zu kommen. Der vzbv stellt Musterbriefe et cetera auf seiner Homepage zur Verfügung (www.vzbv.de).

Anders als bei der privaten Haftpflichtversicherung können wir dir bei der privaten Rechtsschutzversicherung nicht uneingeschränkt sagen: je neuer, desto besser.

Rechtsdurchsetzungskosten etwa bei Kapitalanlagestreitigkeiten werden in älteren Verträgen oft in viel größerem Umfang übernommen, als das bei neuen Verträgen der Fall ist. Das liegt daran, dass in den letzten Jahren gerade in diesem Bereich viel gestritten wurde, etwa über Widerrufsbelehrungen bei Lebensversicherungs- und Kreditverträgen oder über Beratungsfehler. Die Kosten für die Rechtsschutzversicherer sind dadurch deutlich gestiegen. Versicherer können darauf nur reagieren, indem sie entweder die Preise erhöhen oder bestimmte Leistungen in neuen Verträgen nicht mehr oder eingeschränkt anbieten. Bei der privaten Rechtsschutzversicherung gilt daher eher: je neuer desto teurer und »schlechter«.

Wenn du also bereits eine private Rechtsschutzversicherung hast, solltest du genau prüfen oder prüfen lassen, ob da Rechtsbereiche besser abgedeckt sind als bei denen, die derzeit angeboten werden. Am Ende ist es bei der Rechtsschutzversicherung ein mitunter schwieriger Abwägungsprozess, welcher Vertrag passt. Denn einen Nachteil hat die private Rechtsschutzversicherung immer: Keine bietet einen Rundumschutz; nicht jeder denkbare Rechtsärger ist abdeckbar.

Wenn du keine private Rechtsschutzversicherung hast, solltest du dir in jedem Fall im ersten Schritt klarmachen, welche Rechtsbereiche für dich überhaupt relevant sind. Mit einer privaten Rechtsschutzversicherung lassen sich vier große Lebensbereiche abdecken: Privat, Beruf, Verkehr und Wohnen. Viele Rechtsschutzversicherer bieten diese Rechtsbereiche als Paket an. Ob du alle brauchst, werden wir gleich gemeinsam prüfen. Durch eine kluge Zusammenstellung der für dich relevanten Module kannst du Kosten sparen.

Ganz wichtig: Diese Überlegungen solltest du frühzeitig anstellen und nicht erst dann, wenn Ärger bevorsteht. Denn für alle Rechtsschutzmodule gilt, dass in der Regel eine Wartezeit von drei Monaten zwischen Vertragsbeginn und erstem Schadensfall gilt. Eine bestehende oder kurz bevorstehende Auseinandersetzung ist nicht mehr versicherbar.

Privates und Straßenverkehr gehören zusammen. Jeder Mensch – egal ob Erwachsene oder Kinder und egal ob berufstätig oder nicht – ist von den hier angesprochenen Rechtsbereichen betroffen. Denn jeder Mensch nimmt irgendwie am Straßenverkehr teil, als Fußgänger, Rad-, Roller- oder Autofahrer. Und freilich geht es beim Verkehrs-Rechtsschutz nicht nur um Knöllchen, sondern auch um die Schuldzuweisung und somit auch um sowohl straf-, als auch zivilrechtliche Aspekte von Verkehrsunfällen. Da bei solchen Auseinandersetzungen der Streitwert, beispielsweise durch Personenschäden, sehr hoch sein kann, ist auch das Kostenrisiko besonders hoch.

Der Bereich Beruf und Arbeit ist dann für dich relevant, wenn du als nichtselbstständiger Arbeitnehmer, Beamter oder Richter tätig bist. Der Arbeitsrechtsschutz deckt Streitigkeiten mit dem Arbeitgeber oder Dienstherren ab. Selbst wenn du so eine Auseinandersetzung gewinnst, musst du in erster Instanz die Anwaltskosten selbst bezahlen, wenn du keine Rechtsschutzversicherung hast. Vielleicht fragst du jetzt: Über was sollte ich mich denn mit meinem Arbeitgeber streiten müssen? Zugegeben: Die allermeisten Arbeitnehmer haben nie eine juristische Auseinandersetzung mit ihrem Arbeitgeber. Dennoch zählte das Statistische Bundesamt 2021 289 000 erledigte Klagen vor deutschen Arbeitsgerichten. Dabei ging es etwa um ausbleibende Gehälter, Sonderzahlungen, Boni, Weihnachtsgeld, Vergütung geleisteter Überstunden, Abmahnungen, Kündigungen, Abfindungen, Jugend- und Mutterschutz.

Ob du den Schutz brauchst, hängt von deiner Abschätzung des Risikos ab. Hierfür ist es hilfreich, sich zu vergegenwärtigen, was eine Arbeitsrechtsschutzversicherung nicht abdeckt. Dazu gehört: rechtliche Beratung, noch bevor ein Rechtsschutzfall vorliegt, zum Beispiel nach der Androhung einer Kündigung, oder zur Beurteilung eines Aufhebungsvertrages oder der Kündigung wegen einer Straftat. Auch wenn dein Fall keine Aussicht auf Erfolg hat, wird dein Rechtsschutzversicherer die Deckung der Auseinandersetzung ablehnen.

Bist du Mitglied einer Gewerkschaft, besitzt du in aller Regel durch die Mitgliedschaft automatisch einen Arbeitsrechtsschutz. Ob dieser deinen Anforderungen genügt, solltest du vor Abschluss eines eigenen Vertrages prüfen.

Wenn du dich für einen Arbeitsrechtschutz entscheidest, so ist er meist nicht für sich allein abschließbar, sondern nur in Kombination mit der Privatrechtsschutzversicherung.

Als Schüler, Student oder Rentner brauchst du dich um diese ganzen Fragen nicht zu kümmern. Als Selbstständiger, Freiberufler oder Unternehmer betrachtest du das Thema in der betrieblichen Sphäre.

Kommen wir zum Wohnen. Bist du Mieter, kann eine Mietrechtsschutzversicherung sinnvoll sein. Bist du Mitglied in einem Mieterverein, ist sie wahrscheinlich verzichtbar. Schau in diesem Fall nach, was deine Mitgliedschaft an Rechtsschutz beinhaltet und entscheide, ob das für dich ausreicht. Du musst dich mit der Absicherung wohl und sicher fühlen!

Welche sind die häufigsten Streitigkeiten?

Hier lohnt ein Blick in die jährliche Statistik des Deutschen Mieterbundes:[20]

Die häufigsten Beratungsthemen der örtlichen Mietervereine im Jahr 2022

1.	Betriebskosten	41,7 %
2.	Wohnungsmängel	17,0 %
3.	Allg. Vertragsangelegenheiten	11,5 %
4.	Kündigungen durch den Vermieter Mieterhöhung (Vergleichsmiete)	7,9 %
5.	Mietkaution	4,9 %
6.	Kündigungen durch den Mieter	3,9 %
7.	Schönheitsreparaturen	2,6 %
8.	Modernisierung	1,8 %
9.	Umwandlung/Eigentümerwechsel	0,8 %

Streitgegenstände in Mietrechtsprozessen im Jahr 2022

1.	Vertragsverletzungen	29,5 %
2.	Mietkaution	17,3 %
3.	Mieterhöhung	15,4 %
4.	Nebenkosten	15,1 %
5.	Eigenbedarf	8,4 %
6.	Fristlose Kündigung	5,9 %
7.	Ordentliche Kündigung	1,9 %
8.	Schönheitsreparaturen	0,7 %
9.	Modernisierung	0,6 %
10.	Ohne Zuordnung, keinem der o. g. Themen zuzuordnen, Sonstiges	5,1 %

Auch wenn du Eigentümer deiner Wohnung oder deines Hauses oder Grundstücks bist, kommt das Modul Wohnung und Grundstück für dich infrage. Es geht jeden an, der für sich allein, seine Familie oder WG eine Immobilie mietet oder der Eigentümer einer selbstgenutzten oder vermieteten Immobilie ist. In allen diesen Rollen kannst du – auch unbeabsichtigt – in Streit mit Vermietern, Mietern oder Nachbarn geraten. Dabei kann es ebenso um zu hohe oder zu dichte Bepflanzung wie um Lärmbelästigung oder die unsachgemäße Nutzung von Räumen gehen.

Bist du Vermieter, brauchst du eine Vermieterrechtsschutzversicherung. Bist du Mitglied eines Grundeigentümervereins, hast du schon einmal die Möglichkeit, eine kostenlose Rechtsberatung in Anspruch zu nehmen.

Andere Cluster: Da Rechtsschutzfragen sich neben arbeitsrechtlichen oftmals auf miet- oder nachbarschafts- sowie straßenverkehrsrechtliche Themen beziehen, ist das Rechtsschutzrisiko auch den Clustern »Haus und Wohnung« sowie »Mobilität und Reisen« zugeordnet. Aus dem Haftungsbereich finden die Themen Kfz-Haftpflicht und Haftungsrisiken durch Wasserfahrzeuge auch im Cluster »Mobilität und Reisen« Erwähnung. Haus- und Grundbesitz, Bau und Sanierung, Gewässerschäden und Photovoltaik sind Haftungsrisiken, die ebenfalls im Cluster »Haus und Wohnung« Erwähnung finden.

Checklisten: Welche Mindestanforderungen Verbraucherschützer für Privat-, Tierhalterhaftpflicht- (Hunde und Pferde) und Rechtsschutzversicherungen definiert haben, entdeckst du auf S. 231 ff.

Preise: Was kostet die Absicherung in diesem Cluster? Wir stellen dir hier die oben bereits erwähnten Orientierungswerte übersichtlich zusammen. Sie sind ohne Gewähr und ersetzen kein individuelles Angebot.

	Haftpflichtversicherung	Kosten pro Jahr (in Euro)	Brauch ich!
1	PHV	52	
2	Kfz (plus Vollkasko)	300	
3	Hund	48	
4	Pferd	130	
5	Bauherrenhaftpflicht	100 einmalig	
6	Haus- und Grundbesitzer-Haftpflicht	27	
7	Gewässer (oberirdischer Tank)	30	
8	Gewässer (unterirdischer Tank)	50	

9	Photovoltaik	In PHV	
10	Jagd	130	
11	Drohnen	360	
12	Boot	40	
13	D&O	10 000	
14	Rechtsschutz	400	

Aktivität Trage nun deine Haftpflicht- und Rechtsschutzversicherungen sowie die zugehörigen Beiträge in das Tableau »Mein Aktivitätenplan« auf S. 261 ein.

Arbeitskraftverlust

Dieses Bedarfsfeld umfasst die Finanzthemen, die dem Schutz der Haushaltsverantwortlichen vor den Auswirkungen von Arbeits-, Berufs- oder Dienst- sowie Erwerbsunfähigkeit dienen.

Zum Cluster »Arbeitskraftverlust« gehören in der Übersicht der Finanzthemen

- zur Sicherung des finanziellen Grundbedarfs
  - Rangplatz 3: Grundschutz bei Erwerbsunfähigkeit
  - Rangplatz 4: Grundschutz bei Berufs-/Dienstunfähigkeit
  - Rangplatz 5: Grundschutz bei Arbeitsunfähigkeit

- zur Erhaltung des Lebensstandards
  - Rangplatz 23: Erhalt des Lebensstandards bei Erwerbsunfähigkeit
  - Rangplatz 24: Erhalt des Lebensstandards bei Berufs-/Dienstunfähigkeit
  - Rangplatz 25: Erhalt des Lebensstandards bei Arbeitsunfähigkeit

Hinweis: Die in Klammern gesetzten Ziffern im folgenden Text erinnern dich an die Position des jeweiligen Finanzthemas im Ranking auf S. 74 ff.

Wenn du einmal annimmst, du würdest über dein ganzes Arbeitsleben, welches wir hier mit 45 Jahren veranschlagen wollen – nämlich von 22 bis 67 –, im Durchschnitt 4 000 Euro netto verdienen, dann würde sich der Wert deiner Arbeitskraft am Ende auf 2 160 000 Euro aufsummieren. Dabei sind die Rentenansprüche, die du dir in dieser Zeit für den Rest deines Lebens erwirbst, noch gar nicht mit eingerechnet. Wenn du mehr oder vielleicht auch weniger verdienst, kannst du dir dein persönliches »Humankapital« sehr leicht hochrechnen. Das ist Wahnsinn: Den wenigsten Menschen ist wirklich bewusst, wie wertvoll ihre Arbeitskraft über all die Jahre des beruflichen Wirkens hin ist und wie schwerwiegend ihr Verlust sein kann.

Um das deshalb gleich zu Beginn dieses Abschnitts so festzuhalten: Zusammen mit deiner Gesundheit ist deine Arbeitskraft das Wichtigste, was du im Leben hast. Mit der Gesundheit steht und fällt auch deine Arbeitskraft. Die Arbeitskraft ist eine Ableitung deiner Gesundheit. Bist du körperlich, geistig und seelisch fit, kannst du gutes Geld verdienen, dich und deine Familie ernähren, deinen Kindern ein Dach über dem Kopf und eine vernünftige Ausbildung angedeihen lassen und dir einen gewissen Luxus gönnen. Ist die Gesundheit weg, ist auch die Arbeitskraft und mit ihr das Geld weg – es sei denn, du bist sowieso gar nicht auf ein Arbeitseinkommen angewiesen. Wenn du nicht zu den wenigen Ausnahmeerscheinungen gehörst, bei denen das der Fall ist, dann ist das Thema Arbeitskraftverlust für dich essenziell.

Unter dem Arbeitskraftverlust werden landläufig drei Begriffe subsummiert: Arbeitsunfähigkeit, Berufs- oder Dienstunfähigkeit und Erwerbsunfähigkeit.

Arbeitsunfähigkeit steht für das kurzfristig krankheitsbedingte Aussetzen der Berufstätigkeit. In den ersten sechs Wochen einer Erkrankung hält dich der Arbeitgeber durch die Lohnfortzahlung über Wasser. Danach tritt bis zu 78 Wochen innerhalb von drei Jahren die Krankenversicherung mit dem Krankengeld ein, wenn ein und dieselbe Erkrankung die Ursache der Arbeitsunfähigkeit während der gesamten Dauer ist. Wegen des Eintretens der Krankenversicherung bei Arbeitsunfähigkeit haben wir das Thema bereits im Cluster »Krankheit und Pflege« näher betrachtet und können es hier außer Acht lassen.

Berufs- beziehungsweise bei Beamten Dienstunfähigkeit meint die Unfähigkeit, weiterhin im bisherigen Beruf tätig zu sein. Berufsunfähigkeit ist die längerfristige Form der gesundheitlich bedingten Unfähigkeit, den eigenen Beruf auszuüben. Mit dem Abschied aus dem alten Beruf geht meistens nicht unbedingt der vollständige Verlust, aber eben doch eine deutliche Einschränkung des Einkommens einher. Erwerbsunfähigkeit meint die vollständige krankheitsbedingte Unfähigkeit, ein Einkommen zu erzielen.

Versicherungen gegen die finanziellen Folgen des gesundheitlich bedingten Arbeitskraftverlustes sind nicht günstig zu haben. Das hat mit der im Laufe eines langen Lebens möglicherweise sehr hohen Versicherungsleistung und auch mit der relativ hohen Eintrittswahrscheinlichkeit zu tun. Jeder vierte Berufstätige in Deutschland wird mindestens einmal im Leben berufsunfähig. Und rund jeder zwanzigste Berufstätige wird dauerhaft erwerbsunfähig, das heißt, unfähig, überhaupt noch selbst Geld zu verdienen.

In Krisenzeiten, wenn Energie- und sonstige Lebenshaltungskosten steigen, denkst du vielleicht auch darüber nach, ob nicht die eine oder andere Versicherung verzichtbar ist. Und da fällt der Blick ganz schnell auf die Versicherungen für den Arbeitskraftverlust – weil sie nun mal dicke Brocken im monatlichen Budget ausmachen. Da könntest du dir mit einem Schlag ein ordentliches Stück Entlastung verschaffen. Denkst du. Unser dringlicher Rat: Vergiss es! Das ist – wir müssen es so deutlich sagen – eine ganz schlechte Idee! Denn in Krisenzeiten steigt die Wahr-

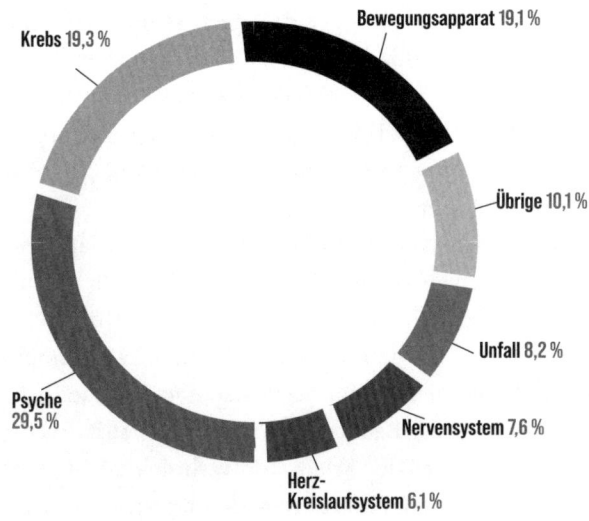

Abbildung 4: Häufigste Ursachen für Berufs- und Erwerbsunfähigkeit
Quelle: Gesamtverband der Versicherer (GDV)[21]

scheinlichkeit, krank zu werden, zusätzlich. Krisen lösen Stress aus, und Stress macht krank. Und wenn du krank bist, kannst du nicht arbeiten; also brauchst du genau die Versicherung am dringendsten, die dir bei deinem schnellen Überflüssigkeitscheck ins Auge springt. Und wenn du dich finanziell wieder besser aufgestellt fühlst und die Versicherung wieder neu abschließen willst, ist diese dann viel teurer; denn du bist älter geworden und nicht mehr so fit wie mit 20 oder 30.

Berufs- oder erwerbsunfähig kann jeder werden; es kann jeden treffen. Wirklich jeden! Also auch den nicht erwerbstätigen Partner, der etwa den Haushalt erledigt. Denn das Risiko des längerfristigen Arbeitskraftverlustes ist unabhängig vom ausgeübten Beruf gleichermaßen hoch. Ein Blick in die Statistik zeigt auch, warum: Nicht etwa die Unfälle von Dachdeckern oder in Schreinereien und Metzgereien, sondern psychische Erkrankungen stellen die Hauptursachen für Berufs- oder Erwerbsunfähigkeit dar.

Das war uns wichtig, allem anderen voranzustellen. Lass uns das Thema nun systematisch angehen.

In der Rangfolge unserer relevanten Finanzthemen steht die Absicherung des finanziellen Grundbedarfs bei Arbeitskraftverlust direkt hinter dem Grundschutz bei Krankheit (1) und dem allgemeinen Haftungsrisiko (2) auf den Plätzen 3 bis 5. Dabei hat es eine nachvollziehbare Logik, dass nach der potenziellen Schwere der finanziellen Einbuße die Erwerbsunfähigkeit auf Platz 3, die Berufs- beziehungsweise Dienstunfähigkeit auf Platz 4 und die Arbeitsunfähigkeit auf Platz 5 steht. Arbeitsunfähigkeit dauert entsprechend ihrer Definition nie länger als sechs Wochen, während Berufs-, Dienst- und Erwerbsunfähigkeit ein Leben lang, also bis zum Eintritt der Altersrente dauern können.

Grundschutz meint selbstverständlich nur eine Minimalabsicherung, die zum uneingeschränkten Weiter-so keinesfalls ausreicht. Deshalb tauchen die Arbeitskraftverlust-Themen nach einer Reihe anderer wichtiger Risiken und Notwendigkeiten in der Bedarfsstufe 2 auf den Rangplätzen 23 bis 25 nochmal auf – dann mit höheren Absicherungsbeträgen, die für den Erhalt deines persönlichen Lebensstandards hinreichen. Den Sinn der Bedarfsstufen hatten wir auf S. 69 f. erläutert.

Als Grundschutz für den Fall des Arbeitskraftverlustes haben die Norm-Experten eine monatliche Absicherung definiert, die sich am jeweils aktuellen gesetzlichen Mindestlohn orientiert. Diese sogenannte Mindestbedarfsgröße ist ein Wert, unter den deine Absicherung nie fallen beziehungsweise unter dem sie niemals liegen sollte. Darunter gibt es nur noch das soziale Netz, unfreiwillige und spaßbefreite

Straßenmusik, die Tafel und die Brücke. Die monatliche Mindestbedarfsgröße errechnet sich wie folgt (den jeweils aktuellen Mindestlohn findest du immer unter »Rechengrößen« auf financial-wellness.com/buch):

Mindestlohnsatz × 8 Arbeitsstunden × 21 Arbeitstage – 25 Prozent

Der 25-prozentige Abzug berücksichtigt, dass aus dem Nettolohn Steuern und Sozialversicherungsbeiträge abgeführt werden müssen, aus der Rentenzahlung im Falle des Arbeitskraftverlustes nicht. Die Mindestbedarfsgröße entspricht mithin dem Netto-Mindestlohn. Du musst entscheiden, ob dir das dauerhaft reichen soll. Klar, dass du davon die Raten für dein Haus oder deine Wohnung und die Beiträge in deine private Altersvorsorge nicht mehr wirst begleichen können.

Auf die Mindestbedarfsgröße musst du, wenn du als Arbeitnehmer, Beamter, Richter oder Selbstständiger privat kranken- und pflegeversichert bist, auf jeden Fall noch deine Kranken- und Pflegeversicherungsbeiträge aufaddieren; denn daran beteiligt sich keiner mehr, und die können dir nochmal eine richtige Schneise in die Liquidität hauen. Als Selbstständiger oder Freiberufler solltest du bei der Mindestabsicherung für Arbeitskraftverlust zusätzlich den halben Regelbeitrag zur gesetzlichen Rentenversicherung berücksichtigen.

Eine Absicherung in Höhe der Mindestbedarfsgröße sollten auch Personen haben, die sich »nur« oder überwiegend um Haushalts- und Erziehungsaufgaben kümmern, also kein oder nur ein geringes eigenes Einkommen in den Haushalt, die Familie beziehungsweise die Partnerschaft mit einbringen. Sollte die nicht zu unterschätzende Leistung einer solchen Person in deinem Haushalt durch deren Krankheit wegfallen, muss sie für teures Geld zugekauft werden, das du ohne entsprechende Absicherung im Zweifel nicht hast.

Wenn es dir wichtig ist, im Falle einer Erkrankung oder eines Unfalls mit der Folge der Arbeits-, Berufs- oder Erwerbsunfähigkeit dich und vor allem deine Lieben einigermaßen so weiterleben lassen zu können wie zuvor, kommst du nicht umhin, eine Absicherung in Höhe von 80 Prozent deines Nettoerwerbseinkommens vorzunehmen. Sonstige Einkommen wie Kapitaleinkünfte oder solche aus Vermietung und Verpachtung brauchst du nicht zu berücksichtigen, weil sie ja bei Verlust der Arbeitskraft nicht wegfallen. Den sporadischen Blick auf die Börse und das gelegentliche Kümmern um die vermietete Immobilie schaffst du oder schaffen deine Lieben hoffentlich auch im Falle des Falles noch.

Auch auf die für den Erhalt des Lebensstandards kalkulierte Rente musst du wie bei der Mindestbedarfsgröße die oben genannten Kranken-, Pflege- und Rentenversicherungsbeiträge addieren.

Gegen Berufs- beziehungsweise Dienst- und Erwerbsunfähigkeit bist du – als Arbeitnehmer – nach mindestens fünf Jahren Einzahlung mit geringer, aber bei fortlaufender Beitragszahlung auch regelmäßig steigender Rente durch die gesetzliche Rentenversicherung abgesichert. Die entsprechenden Bezugsrechte kannst du der jährlichen Renteninformation entnehmen und deiner Wunschabsicherung auf der Habenseite gegenüberstellen. Die Differenz solltest du über eine private Berufsunfähigkeitsrente abdecken. Da Berufsunfähigkeit als die Unfähigkeit, den bisherigen Beruf weiter auszuüben, wie oben deutlich gemacht, früher eintritt als Erwerbsunfähigkeit, also die Unfähigkeit, überhaupt noch Geld zu verdienen, da Berufsunfähigkeit mithin eine Vorstufe der Erwerbsunfähigkeit ist, schließen Berufsunfähigkeitsversicherungen das Risiko der Erwerbsunfähigkeit grundsätzlich mit ein.

Mit dem Abschluss einer Berufsunfähigkeitsversicherung, kurz auch einfach BU genannt, solltest du nach dem Einstieg ins Berufsleben nicht zu lange warten. Die Gefahr, dass die dokumentierte Diagnostik in jungen Jahren noch harmlos daherkommender Erkrankungen wie gelegentlicher Bluthochdruck oder durch sportlichen Übereifer ausgelöste Rückenschmerzen bei den Risikoprüfern in den Versicherungsgesellschaften die Alarmglocken schrillen lassen, ist nicht zu unterschätzen. Die Konsequenz sind dann Risikozuschläge auf den Beitrag oder gar Ausschlüsse genau der Erkrankungen aus dem Versicherungsschutz, an denen du mit der größten Wahrscheinlichkeit berufs- oder erwerbsunfähig werden kannst.

Außerdem verteilst du natürlich die für dein BU-Risiko als notwendig kalkulierte Beitragssumme auf mehr Monate und Jahre und reduzierst damit den regelmäßigen Liquiditätsabfluss, im Vergleich dazu, wenn du spät mit der Versicherung startest. Am besten und günstigsten ist eine BU-Absicherung dann, wenn du noch jung und kerngesund bist.

Doch auch dann bekommt nicht jeder eine bezahlbare BU. Wenn für dich die BU kostenmäßig oder aus gesundheitlichen Gründen nicht erreichbar ist, solltest du dir über Alternativen Gedanken machen. Als solche werden gehandelt: Erwerbsunfähigkeitsversicherungen, Grundfähigkeitsversicherungen, Dread-Disease-Versicherungen, Funktionsinvaliditätsversicherungen. Vorneweg: Keine dieser sogenannten Alternativen ist eine echte Alternative. Keine gibt auch nur annähernd den Schutz, den eine BU bietet. Dennoch sind manche dieser Lösungen viel besser als nichts.

Erwerbsunfähigkeitsversicherung (EU)

Die Erwerbsunfähigkeitsversicherung (EU) zahlt dann, wenn du kaum noch oder gar nicht mehr in der Lage bist, irgendeiner Erwerbstätigkeit nachzugehen. Hier merkst du schon den Unterschied zur BU. Es geht um die Erwerbsunfähigkeit – nicht um die Berufsunfähigkeit, also die Unfähigkeit, deinen zuletzt ausgeübten Beruf weiter zu betreiben. Wie bei der BU sind folgende Risiken abgedeckt: mittel- bis längerfristige Arbeitsunfähigkeit wegen Krankheit, Unfall oder Kräfteverfall. Gezahlt wird im Leistungsfall eine Rente bis zum jeweils vereinbarten Datum. Im direkten Vergleich bei ein und demselben Versicherer ist die EU günstiger als die BU. Das muss allerdings nicht unbedingt gelten, wenn du den ganzen Markt ver- gleichst. Da gibt es durchaus leistungsfähige BU-Tarife, die nicht wesentlich teurer sind als EU-Verträge. Nimmt man noch hinzu, dass ein EU-Vertrag kaum leichter zu bekommen ist als ein BU-Vertrag – die Risikoprüfung ist ähnlich oder oft sogar gleich –, besteht kein Grund, auf die EU auszuweichen, wenn auch ein BU-Vertrag erhältlich ist. Als Sparmaßnahme lohnt sich das in den allermeisten Fällen jedenfalls nicht. Und bezüglich des Schutzumfangs ist es sogar unvernünftig. Zur Preisindika- tion verweisen wir deshalb auf die BU (siehe S. 149).

Arbeitslosenversicherung

Randnotiz

In Abgrenzung zum Arbeitskraftverlust ist die Arbeitslosigkeit nicht gesundheitlich bedingt. Arbeitslosigkeit tritt ein, wenn deine Firma ihre Tätigkeit einstellt oder wenn sie dich aus betrieblichen Gründen, also weil es ihr wirtschaftlich nicht gut geht, oder wegen nicht zufriedenstellender Leistung oder wegen Differenzen zwischen dir und deinem Chef oder der Chefin kündigt. Oder wenn du kündigst, weil du in dem Unternehmen nicht mehr arbeiten willst oder kannst und nicht unmittelbar eine Anschlussstelle gefunden hast – aus ethischen, atmosphärischen oder sonstigen Gründen, etwa weil die Bezahlung zu schlecht oder der Weg von zu Hause zum Arbeitsplatz zu weit ist.

In dem Wissen, dass der Staat sich ohnehin um die in Not geratenen Menschen im Lande kümmern und ihnen eine staatliche Mindestversorgung zukommen lassen muss, hat der Gesetzgeber eine staatliche Arbeitslosenversicherung eingeführt, aus der arbeitslos gewordene Menschen für eine Zeitlang über Wasser gehalten werden. Damit das gewährleistet ist, werden immer dein Arbeitgeber und du, solange du angestellt tätig bist, je zur Hälfte verpflichtend einen Beitrag in die sogenannte AL leisten.

Wenn du selbstständig bist, tut keiner etwas für dich, wenn die Umsätze ausbleiben. Da bist du auf dich gestellt. Auch für Beamte wird nicht in die gesetzliche AL eingezahlt; sie werden ja in der Regel nicht arbeitslos. Und wenn doch, dann erhalten sie ein Übergangsgeld als eine Art Abfindung.

Nun fragst du dich womöglich, warum die AL in der Norm und in unserem Tableau keine weitere Bearbeitung erfährt, andere gesetzliche Versicherungen aber doch, nämlich Kranken-, Pflege- oder Rentenversicherung, also die Altersvorsorge. Alle diese Themen verbindet mit der AL, dass dir die gesetzlich vorgeschriebenen Beiträge für die Grundabsicherung direkt vom Gehalt abgezogen werden und dass sich dein Arbeitgeber mit der Hälfte der Beiträge beteiligen, also sie auf dein Bruttoeinkommen oben draufpacken muss. Das sind die sogenannten Lohnnebenkosten.

Was die AL von den drei anderen gesetzlichen Versicherungen unterscheidet, ist der Umstand, dass es da keinen Spielraum für eigene Entscheidungen und eigenes Handeln gibt: Bei der Krankenversicherung kannst du unter bestimmten Voraussetzungen zwischen der gesetzlichen (GKV) und der der privaten Versicherung (PKV) wählen und du kannst Zusatzversicherungen für besondere Leistungen abschließen. Auch bei der Vorsorge für Pflege und Alter hast du vielfältige Möglichkeiten aufzustocken – bei der Altersvorsorge beispielsweise in der Betrieblichen oder der Privaten Vorsorge – oder unter bestimmten Umständen zwischen den Systemen zu wechseln.

Das Risiko der Arbeitslosigkeit ist im privatwirtschaftlichen Sektor, das heißt über eine der bekannten Versicherungsgesellschaften, nicht oder nur ganz selten versicherbar. Der Grund liegt in dem Missbrauchspotenzial, das einer solchen Versicherung innewohnt. Es gibt eine ganze Reihe von Menschen, denen wir zutrauen müssen, dass sie nach ein paar Jahren der Beitragszahlung in eine private Arbeitslosigkeitsversicherung Neigung verspürten, diese doch auch mal in Anspruch zu nehmen, sich vom Arbeitgeber kündigen zu lassen oder eine Kündigung herbeizuführen, um dann zumindest mal für eine Zeitlang ohne Arbeit von den Leistungen der Versicherung zu leben.

Die Beispiele von Menschen, die sich selbst schwere gesundheitliche Schäden zufügen, um von der Erwerbs- oder Berufsunfähigkeitsrente zu leben, unterstreichen, dass derlei Szenarien nicht absurd oder an den Haaren herbeigezogen sind.

Nach der Erwerbsunfähigkeitsversicherung stellen wir hier zunächst weitere Lösungen vor, die das Risiko in immer geringerem Maße wirklich abdecken. Danach gehen wir nochmal umfassender auf die Details der BU ein.

Grundfähigkeitsversicherung (GF)

Grundfähigkeitsversicherungen (GF) werden erst seit der Jahrtausendwende von Lebensversicherern in Deutschland angeboten. Versichert sind darin bestimmte Fähigkeiten, bei deren Verlust die vereinbarte Rente gezahlt wird. Auch dann, wenn du noch arbeiten kannst. Um welche Fähigkeiten geht es hier? Sprechen, Hören, Sehen, Treppensteigen oder der Gebrauch der Hände sind Beispiele. Welche Fähigkeit versichert werden soll, legst du zusammen mit dem Versicherer fest. Es gibt auch Verträge, die ab Pflegegrad II oder III leisten.

Die GF ist keine wirkliche Alternative zur BU, da sie nur einen Bruchteil der Risiken abdeckt, die zum Arbeitskraftverlust führen können. Der Abschluss einer GF kann deshalb vor allem interessant sein, wenn du keine Berufsunfähigkeits- oder Erwerbsminderungsversicherung bekommst. Auch bei psychischen Vorerkrankungen ist sie eine Alternative, weil du wenigstens den Verlust körperlicher Grundfähigkeiten absichern kannst. Die Voraussetzungen, tatsächlich eine Rente aus einer GF zu erhalten, sind extrem hoch. Dafür ist sie verhältnismäßig günstig.

> In einem risikoarmen Beruf kosten 1500 Euro monatliche GF-Rente mindestens 562 Euro Jahresbeitrag, ein Musiker muss dafür mindestens 685 Euro und ein Fliesenleger mindestens 796 Euro aufbringen.[22]

Funktionsinvaliditätsversicherungen (FI)

Quasi verwandt mit der GF ist die Funktionsinvaliditätsversicherung (FI). Sie leistet bei schweren Erkrankungen, Unfällen oder dem Verlust einer oder mehrerer Grundfähigkeiten. Die FI zahlt nur bei dauerhaften und irreversiblen oder mindestens drei Jahre anhaltenden Beeinträchtigungen. Vereinbart werden kann die Zahlung einer monatlichen Rente bis zu einem vereinbarten Alter oder bis zum Lebensende – oder eine einmalige Kapitalzahlung.

Auch die FI stellt keine wirkliche Alternative zur BU dar. Der Leistungsumfang ist deutlich reduziert, das Ziel der Arbeitskraftabsicherung kann damit nur sehr unzureichend erreicht werden, und die Hürden, die Leistung zu erhalten, sind auch hier extrem hoch. Wenn du allerdings weder eine BU noch eine EU noch eine GF bekommen kannst, findest du hier einen minimalen Schutz.

In einem risikoarmen Beruf kosten 1 500 Euro monatliche FI-Rente mindestens 405 Euro Jahresbeitrag, ein Musiker muss ebenfalls mindestens 405 Euro und ein Fliesenleger mindestens 362 Euro aufbringen.[23]

Dread-Disease-Versicherungen

Eine weitere Versicherung, die am Markt als Alternative zur BU angeboten wird, ist die sogenannte Dread-Disease-Versicherung. Diese Versicherung zahlt dann, wenn bei dir eine im Vertrag festgelegte schwere Krankheit diagnostiziert wird. Beispiele sind: Herzinfarkt, Multiple Sklerose, Schlaganfall, Querschnittslähmung, Krebs. Teilweise kann auch der Verlust von Grundfähigkeiten abgesichert werden. Auch diese Versicherung ist, wie du unschwer erkennen kannst, keine wirkliche Alternative zur BU. Sie kann interessant werden, wenn du weder eine BU noch eine EU noch eine GF noch eine FI bekommst.

Allerdings sind die Hürden hier oft extrem hoch, um überhaupt eine Leistung aus dem Vertrag zu erhalten. Das liegt daran, dass die versicherte Erkrankung im Vertrag genau definiert wird und nur kleine Abweichungen davon im tatsächlichen Krankheitsbild dazu führen können, dass keine Leistung erfolgt. Erkrankt jemand beispielsweise an einer Herzmuskelschwäche, muss für eine Leistung auch Herzmuskelschwäche im Vertrag stehen. Steht da aber Herzinfarkt oder Herzklappenerkrankung, ist das nicht abgedeckt.

Du musst sorgsam abwägen, ob du eine Dread-Disease-Versicherung wirklich brauchen kannst. Wenn du keine Alternative hast, überlege dir genau, für den Fall welcher Erkrankung(en) du die Absicherung haben möchtest.

Unfallversicherungen

Wir kommen zu einer letzten Versicherung, die im Zusammenhang des Risikos Arbeitskraftverlust oft in Beratungsgesprächen auftaucht: die Unfallversicherung. Wir haben sie bereits im Rahmen des Clusters »Krankheit und Pflege« auf S. 92 ff. im Detail beschrieben. Sie passt allerdings auch ganz gut in die Reihe der bisher behandelten sogenannten BU-Alternativen, da sie für die Folgen eines Unfalls, die auch zum Arbeitskraftverlust führen können, Einmal- oder Rentenzahlungen leistet. Aber – und das ist wichtig nochmals hervorzuheben: nur im Falle eines Unfalls. Wir haben in der Abbildung 4 gesehen, dass nur 8,2 Prozent der Fälle von Berufs- oder Erwerbsunfähigkeit durch Unfälle hervorgerufen werden.

Unfallversicherungen sind auch anders konstruiert als die anderen beschriebenen Versicherungstypen. Gezahlt wird nicht einfach die vereinbarte Versicherungssumme, sondern – je nach Invaliditätsgrad – ein Anteil oder ein Vielfaches davon. Grundlage für die Feststellung des Invaliditätsgrades ist die sogenannte Gliedertaxe (siehe S. 114), die von Gesellschaft zu Gesellschaft, aber auch von Vertrag zu Vertrag variieren kann. Als Pianist wirst du eine andere Gliedertaxe vereinbaren denn als Marathonprofi. Auf jeden Fall sollte eine akzeptable Unfallversicherung bei Vollinvalidität mindestens 500 000 Euro auszahlen – und bei 50 Prozent mindestens 100 000 Euro. Preisindikationen findest du im Cluster »Krankheit und Pflege«.

Eine echte Alternative zur BU ist auch die Unfallversicherung nicht. Sie kann dennoch sinnvoll sein. Besonders wenn du selbstständig bist und nicht durch die gesetzliche Unfallversicherung abgesichert bist, solltest du dir eine private Unfallversicherung zumindest anschauen.

Berufsunfähigkeitsversicherung (BU)

Die BU ist also nach all dem Gesagten zu vermeintlichen Alternativen die Versicherung, die das Invaliditätsrisiko abzudecken vermag. Auf einen Einwand müssen wir noch eingehen.

Oft hört man, dass die BU-Versicherung, wenn es darauf ankommt, nicht zahlt. Deshalb könne man auch ganz darauf verzichten und sich das Geld sparen. Das ist trügerisch. Tatsache ist, dass BU-Versicherer nicht ungeprüft BU-Renten an Antragsteller auszahlen – und auch nicht auszahlen dürfen. Im Zuge solcher Prüfung kommt es auch zu Ablehnungen. Der Gesamtverband der Deutschen Versicherungs-wirtschaft (GDV) gibt an, dass über 50 Prozent der Ablehnungen darin gründen, dass der erforderliche BU-Grad nicht erreicht wurde.

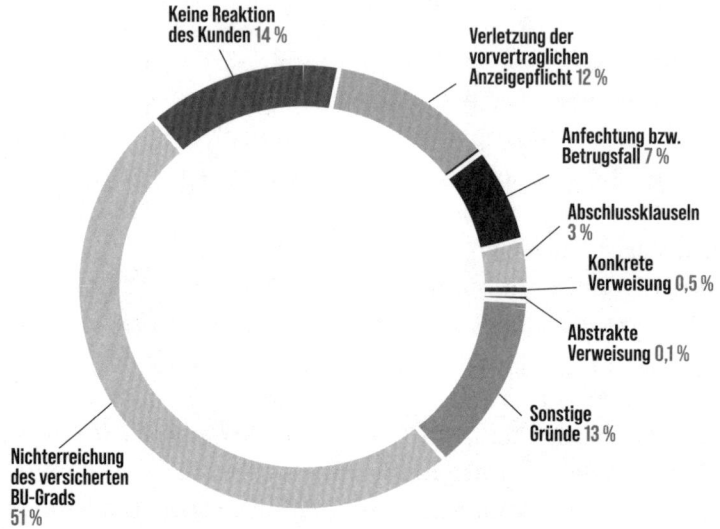

Abbildung 5: Ablehnungsgründe in der Leistungsprüfung der Berufsunfähigkeitsversicherung
Quelle: Gesamtverband der Versicherer (GDV)[24]

Wenn man mit der Entscheidung des Versicherers nicht einverstanden ist, kann man die Sache gerichtlich klären lassen. Der GDV gibt auf seiner Homepage an, dass 2021 nur 2,2 Prozent der Ablehnungen vor Gericht landeten. 60 Prozent davon seien mit einem Vergleich beendet worden. In 10 Prozent der Fälle ging das Urteil zugunsten des Versicherungsnehmers aus, und den Rest der Fälle gewann der Versicherer. Das ist natürlich eine Momentaufnahme.

Finanztest hat 2017 143 Gerichtsurteile analysiert, die zwischen 2010 und 2016 er-gingen.[25] In diesem Zeitraum hielten sich die Urteile zugunsten der Versicherungs-nehmer zu denen der Versicherer in etwa die Waage. Allerdings gab es Unterschiede bei verschiedenen Streitpunkten. Ging es um den Eintritt oder Fortbestand der Berufsunfähigkeit, waren 52 Prozent der Versicherungsnehmer erfolgreich. Ging es um die Verweisungsbefugnis des Versicherers[26], gewannen 67 Prozent der Kunden.

Beim Streit um vorvertragliche Anzeigepflichtverletzungen gewannen vor Gericht überwiegend die Versicherer (62 Prozent).

Randnotiz

Vorvertragliche Anzeigepflicht und Risikoprüfung

Bevor die Versicherung mit dir einen Vertrag abschließt – also deinen Antrag auf Abschluss eines Versicherungsvertrages annimmt –, prüft die Versicherung, ob sie und wenn ja zu welchen Konditionen sie dir Versicherungsschutz geben kann. Das gilt für alle Versicherungen.

Dabei bist du verpflichtet, alle dir bekannten Tatsachen, nach denen du vom Versicherer in Textform gefragt wirst, anzuzeigen. Das ist im Versicherungsvertragsgesetz (VVG § 19 Abs. 1 S. 1) geregelt. Der Versicherer soll dadurch in die Lage versetzt werden, Risiken richtig einzuschätzen, um dann im Schadenfall auch leisten zu können. Machst du hier bewusst falsche Angaben, kann das schwerwiegende Folgen haben. Denn: Versicherer prüfen spätestens im Schadenfall, ob bereits bei Antragsstellung sogenannte gefahrenerhebliche Tatsachen verschwiegen oder falsch dargestellt wurden. Ist dies der Fall, muss der Versicherer nichts zahlen und dein Versicherungsschutz ist dahin.

Deshalb beantworte die Fragen immer vollständig und nach bestem Wissen und Gewissen. Auf der Grundlage deiner Angaben führt dann der Versicherer eine Risikoprüfung durch. Das Ergebnis dieser Prüfung kann sein:

1. die Annahme des Vertrages wie beantragt,
2. eine Ablehnung,
3. eine Annahme mit Ausschlüssen,
4. eine Annahme mit Zuschlägen und
5. eine Annahme mit Ausschlüssen und Zuschlägen.

Die Diagnose Diabetes führt etwa bei der Privaten Krankenversicherung regelmäßig zur Ablehnung. Bei der Risikolebensversicherung werden für dieselbe Erkrankung in der Regel »nur« Zuschläge erhoben. Bei anderen Versicherungen werden unter Umständen Schäden, die durch die Diabetes verursacht wurden, ausgeschlossen.

Du siehst also, dass das pauschale Urteil, BU-Versicherer würden im Ernstfall nicht zahlen, nicht stimmt. Es kommt vielmehr darauf an, dass du bei der Auswahl eines passenden Tarifs auf bestimmte Merkmale achtest. Wir haben für dich eine Checkliste zusammengestellt, die dir bei der Suche eine passenden BU-Versicherung hilft und mit der du die Qualität eines eventuell schon vorhandenen Vertrages prüfen kannst (siehe S. 238). Wichtig ist, dass du bei der Antragstellung wahrheitsgemäße und vollständige Angaben zu deiner Gesundheit machst (siehe »Randnotiz: Vorvertragliche Anzeigepflicht und Risikoprüfung«). Dann bist du diesbezüglich auf der sicheren Seite.

(siehe S. 238)

Randnotiz Nettobeitrag-Bruttobeitrag

Dir ist bestimmt schon aufgefallen, dass bei manchen Versicherungen zwei Beiträge genannt sind: Bruttobeitrag und Nettobeitrag oder Tarifbeitrag und Zahlbeitrag. Diese Unterscheidung findest du bei Berufsunfähigkeits- und Risikolebensversicherungen.

Was verbirgt sich dahinter? Zunächst: Zu zahlen ist der Zahlbeitrag oder Nettobeitrag. Was soll dann aber die Angabe eines weiteren Beitrages? Beim Brutto- oder Tarifbeitrag handelt es sich um den nach den anerkannten Regeln der Versicherungsmathematik kalkulierten Beitrag. Dieser Beitrag mindert sich durch zum Beispiel aus Vergangenheitswerten prognostizierten Überschussbeteiligungen, die durch Gewinne der Kapitalanlage oder eine günstige Schadenentwicklung entstehen können – also weniger Schäden als in der Kalkulation angenommen. Das ist ein Vorteil für dich.

Es gibt aber auch einen Nachteil oder ein Risiko: Der Versicherer darf, wenn die Annahmen nicht mehr zutreffen, den Zahlbeitrag maximal bis zum Brutto- beziehungsweise Tarifbeitrag anheben, ohne dass er dazu deine Zustimmung benötigt. Es handelt sich also um den Beitrag, den du im Zweifel für deine Versicherung maximal zahlen musst. In der Vergangenheit gab es hier keine Überraschungen. Was die Zukunft bringt, kann jedoch niemand wissen.

Wir empfehlen, dass du dich bei deiner Budgetbetrachtung am Nettobeitrag oder Zahlbeitrag orientierst. Den Bruttobeitrag solltest du dennoch nicht ganz ignorieren und im schlimmsten Fall zahlen können.

Einzelne Versicherer, die ihren Sitz im europäischen Ausland haben, kalkulieren anders: Dort wird von Anfang an nicht zwischen diesen Beiträgen unterschieden. Wenn du jetzt denkst, dass diese Versicherer teurer sind, täuschst du dich. Oft haben sie günstige Angebote und können mit so manchen Zahlbeiträgen mithalten. Der Vollständigkeit halber wollen wir darauf hinweisen, dass diese europäischen Versicherer nicht der Aufsicht der Bundesanstalt für Finanzdienstleistungsaufsicht BaFin unterliegen. Aus unserer Sicht stellt das aber kein Problem dar, da die Versicherungsaufsicht in Europa weitgehend einheitlich geregelt ist.

Wie anfangs schon gesagt: Der BU-Schutz ist teuer! Da der Preis von vielen Faktoren abhängt – Rentenhöhe, Beruf, Alter, Gesundheitszustand, Laufzeit et cetera – können wir dir hier nur ein paar grobe Orientierungswerte geben, die dir ein Gefühl der Größenordnung vermitteln können. Das reicht natürlich noch nicht. Du solltest unbedingt individuelle Angebote, die deinem Bedarf entsprechen, über einen Berater deines Vertrauens oder bei verschiedenen Versicherungsgesellschaften anfordern oder mit Online-Rechnern erstellen und vergleichen. Nur dann kannst du dein Trainingsziel mit dieser »Muskelgruppe« wirklich erreichen. Ran ans Gerät und Gewichte heben!

Bei der Absicherung der Erwerbs- und Berufsunfähigkeit ist es besonders wichtig, darauf zu achten, dass die Laufzeit der einschlägigen Versicherung bis zum Eintritt in die Altersrente reicht. Da ist Gefahr im Verzug, wenn dir ein Vermittler eine besonders günstige Absicherung anbietet: Diese reichen oft nur bis zum 45. Lebensjahr.

Orientierungswerte für BU-Versicherungs-Prämien:[27]

- 30-jähriger Controller, 2 000 Euro BU-Rente, Endalter 67: Nettobeitrag zwischen 750 und 3 600 Euro pro Jahr; Bruttobeitrag zwischen 830 und 4 100 Euro.
- 25-jähriger Industriemechaniker, 1 500 Euro BU-Rente, Endalter 67: Nettobeitrag zwischen 790 und 3 200 Euro pro Jahr; Bruttobeitrag zwischen 1 200 und 5 600 Euro.
- 25-jähriger medizinischer Fachangestellter (früher Arzthelfer), 1 000 Euro BU-Rente, Endalter 67: Nettobeitrag zwischen 520 und 1 200 Euro, Bruttobeitrag zwischen 710 und 2 700 Euro.

Andere Cluster: Wenn du Kinder hast, solltest du auch darüber nachdenken, frühzeitig Vorsorge für den Fall der Invalidität beziehungsweise der Erwerbs- oder Berufsunfähigkeit deiner Kinder zu treffen. Kinder sind unbekümmert und deshalb bisweilen weniger vorsichtig als die meisten Erwachsenen. Wenn sie durch einen Unfall, was gerade im Kindesalter nicht abwegig ist zu denken, oder auch durch eine Erkrankung eine dauerhafte Beeinträchtigung ihrer körperlichen oder geistigen Funktionstüchtigkeit erleiden, können sie gegebenenfalls für ihr ganzes Leben lang von Ausbildung und Beruf ausgeschlossen sein. Auf dieses Thema gehen wir im nächsten Bedarfsfeld »Partner und Kinder« näher ein.

Checklisten: Welche Mindestanforderungen Verbraucherschützer für Berufsunfähigkeitsversicherungen definiert haben, entdeckst du auf S. 237 f.

Preise: Um dir eine grobe Orientierung über die Kosten zu geben, die eine Absicherung in diesem Cluster mit sich bringen, geben wir dir hier – beispielhaft für Menschen in der Altersklasse der Endzwanziger – einfache Rechengrößen, mit denen du dann die von dir errechnete Lücke einfach multiplizieren kannst. Beachte, dass es sich um erste, modellorientierte Annäherungen handelt, die kein individuelles Angebot oder Beratung ersetzen. Die tatsächlichen Werte können höher oder niedriger sein.

	Mtl. Preis pro 1 Euro-Rente – mit diesem Faktor multiplizierst du im Tableau »Mein Aktivitätenplan« deine errechnete Lücke	Brauch ich!
BU für risikoarme Berufsgruppe (bspw. Controller) – gleicher Faktor bei EU	0,4	
BU für handwerklichen Beruf (bspw. Industriemechaniker) – gleicher Faktor bei EU	0,5	
BU für risikoreiche Berufsgruppe (bspw. Medizinischer Fachangestellter) – gleicher Faktor bei EU	0,6	
GF für risikoarme Berufsgruppe (bspw. Controller)	0,4	
GF für künstlerischen Beruf (bspw. Musiker)	0,5	
GF für risikoreiche Berufsgruppe (bspw. Fliesenleger)	0,6	
FI für risikoarme Berufsgruppe	0,25	
FI für künstlerischen Beruf	0,3	
FI für risikoreiche Berufsgruppe	0,25	
	Preis pro Jahr	
Dread-Disease-Versicherung (300 000 Euro Versicherungssumme)	1 100 Euro	
Unfallversicherung	80 Euro	

Aktivität Trage nun die Versicherungen, die du zur Absicherung des Arbeitskraftverlustes abgeschlossen hast, sowie die dazugehörigen Beiträge in das Tableau »Mein Aktivitätenplan« auf S. 261 ein.

Partner und Kinder

Dieses Bedarfsfeld umfasst die Finanzthemen, die dem Schutz der wirtschaftlich abhängigen Personen des Haushaltes etwa durch den Todesfall eines Haushaltsverantwortlichen sowie der Vorsorge für die Kinder dienen.

Zum Cluster »Partner und Kinder« gehören in der Übersicht der Finanzthemen

- zur Sicherung des finanziellen Grundbedarfs
  - Rangplatz 7: Grundschutz im Todesfall

- zur Erhaltung des Lebensstandards
  - Rangplatz 26: Erhalt des Lebensstandards bei Tod eines Haushaltsverantwortlichen
  - Rangplatz 28: Vorsorge für den Fall der Invalidität beziehungsweise Erwerbs- oder Berufsunfähigkeit von Kindern
  - Rangplatz 37: Sparen für die Ausbildung der Kinder (+ SV)

Hinweis: Die in Klammern gesetzten Ziffern im folgenden Text erinnern dich an die Position des jeweiligen Finanzthemas im Ranking auf S. 74 ff.

Wer jemals unserem Partner oder der Partnerin oder unseren Kindern Schaden zufügen wollte, der würde uns von einer – euphemistisch formuliert – ganz engagierten Seite kennen lernen. Der Schutz unserer Familien vor Schaden ist den meisten von uns das größte Herzensanliegen. Für die uns am engsten verbundenen Menschen sind wir bereit, ganz viel, wenn nicht alles zu tun.

Klug ist freilich, nicht nur situativ und reaktiv zu handeln, sondern sinnvolle Vorsorge für mögliche Schadensereignisse zu treffen, die unsere Liebsten in der weiteren Entwicklung ihres Lebens einschränken könnten.

Todesfallschutz

Das schlimmste denkbare Ereignis dieser Art ist für uns alle, wenn eines Tages mitten im Leben ein Partner uns verlässt, wenn sie oder er stirbt. Für deine Partnerin oder deinen Partner heißt das: wenn du stirbst. Neben dem Schmerz und der Herausforderung, das bisher geteilte Leben, etwa die Erziehung der Kinder, die Instandhaltung und Pflege von Haus und Garten et cetera, nun allein bewältigen zu müssen, bringt der Tod eines Haushaltsverantwortlichen immer auch gravierende finanzielle Implikationen mit sich. Wie soll der Lebensunterhalt für die hinterbliebene Familie finanziell gestemmt werden? Wie sollen die Zinsen und Tilgungsraten für die Immobilienfinanzierung aufgebracht werden? Steht zu aller Trauer für die Kinder nun der Verlust ihres Zuhauses an? Wie bald kann der hinterbliebene Partner, der sich vorübergehend auf Haushalts- und Erziehungsaufgaben konzentrierte, gerade jetzt vertreten, die Kinder mehr sich selbst zu überlassen und wieder einem Job nachzugehen? Wie schnell lässt sich überhaupt eine adäquate Beschäftigung finden? Diese Fragen werden auch dich quälen, wenn es deinen Partner oder deine Partnerin von deiner Seite reißt.

Damit du alle diese finanziellen Beschwernisse für den schlimmsten denkbaren Fall der Fälle abmildern kannst, empfehlen wir dir, direkt hinter dem Grundschutz für Krankheit und Pflege, der Absicherung des allgemeinen Haftungsrisikos und der Vorsorge für den Arbeitskraftverlust, zumindest einen Grundschutz für deinen Todesfall (7) und ebenso für den Todesfall deines Partners vorzusehen.

Beim Thema Arbeitskraftverlust hast du bereits die Mindestbedarfsgröße kennen gelernt, die den jeweils aktuellen Mindestlohn als Berechnungsbasis zugrunde legt und darüber eine Mindestabsicherung garantiert, die zumindest deinen und/oder den Absturz deiner Lieben auf Sozialhilfeniveau verhindert. Diese Mindestbedarfsgröße (Mindestlohn × 8 Arbeitsstunden × 21 Arbeitstage pro Monat − 25 Prozent) nehmen wir auch für den grundlegenden, also minimalen Todesfallschutz als Grundlage. Die Jahres-Mindestbedarfsgröße soll mit 5 multipliziert die Minimalabsicherung für deinen Partner sein, mit 3 multipliziert die Mindestabsicherung für jedes eurer Kinder. Zusätzlich sollen die Konsumentenkredite und das Darlehen für die selbstgenutzte Immobilie abgesichert werden, damit diese abbezahlt werden kann und nicht aufgegeben werden muss.

Nehmen wir als Beispiel an, du und deine Partnerin, ihr habt zwei Kinder, den Dispo in Höhe von 10 000 Euro eher häufiger als selten ausgeschöpft und zusätzlich noch 250 000 Euro Darlehen auf eurer selbstgenutzten Eigentumswohnung habt. Dann ergäbe sich daraus folgende Berechnung für die notwendige Minimalabsicherung bei einem angenommenen gesetzlichen Mindestlohn von 12 Euro und einer daraus abgeleiteten Mindestbedarfsgröße von 1 512 Euro pro Monat und 18 144 Euro pro Jahr:

Für den Partner: 5 × 18 144 Euro =	90 720 Euro
Für 2 Kinder: 2 × 3 × 18 144 Euro =	108 864 Euro
Für den Dispo:	10 000 Euro
Für das Immobiliendarlehen:	250 000 Euro
Summe:	459 584 Euro

Wenn du deiner Partnerin oder deinem Partner und den Kindern im Falle deines Ablebens mittelfristig den Erhalt des Lebensstandards garantieren willst, dann solltest du statt der Mindestbedarfsgröße 80 Prozent deines Nettoerwerbs- und/oder Nettorenteneinkommens ansetzen. Dieser Grad der Absicherung nimmt in unserer Rangfolgelogik Platz 26 ein.

Um in unserem Beispiel zu bleiben, würdest du bei 3 000 Euro Nettoerwerbseinkommen pro Monat beziehungsweise 36 000 Euro pro Jahr auf folgende Beispielrechnung kommen:

Für den Partner: 5 × 80 % × 36 000 Euro =	144 000 Euro
Für 2 Kinder: 2 × 3 × 80 % × 36 000 Euro =	172 800 Euro
Für den Dispo:	10 000 Euro
Für das Immobiliendarlehen:	250 000 Euro
Summe:	576 800 Euro

Mit einer Absicherung in dieser Höhe kannst du dafür sorgen, dass dein Partner mit den Kindern im eigenen Haus oder in der eigenen Wohnung wohnen bleiben und sich schuldenfrei um deren Erziehung und positive Entwicklung kümmern kann, ohne sich finanziell oder bezüglich der Bereitschaft für die Kinder einzuschränken.

Orientierungsgrößen für Beiträge:[28]

- 35-jähriger Dachdecker, Versicherungssumme: 300 000 Euro, Laufzeit bis 60 Jahre, Nettobeitrag zwischen 230 und 870 Euro pro Jahr, Bruttobeitrag zwischen 250 und 1 100 Euro pro Jahr.
- 35-jähriger Controller, Versicherungssumme: 450 000 Euro, Laufzeit bis 67 Jahre, Nettobeitrag zwischen 430 und 1 600 Euro pro Jahr, Bruttobeitrag zwischen 530 und 2 000 Euro pro Jahr.

Kinderinvalidität

Vorsorge für die Familie und für die Entwicklung der Kinder ohne ein allzu enges finanzielles Korsett bedeutet nicht nur, an den krankheits- oder todesfallbedingten Ausfall eines Elternteils oder gar beider Eltern zu denken, sondern auch eine Erkrankung oder Behinderung der Kinder selbst für möglich zu halten. Auf Rangplatz 28 geht es deshalb auch um die »Invalidität und Erwerbs- oder Berufsunfähigkeit von Kindern«.

Wenn ein Kind aufgrund einer dauerhaften Behinderung nach einer Krankheit oder einem Unfall keinen Beruf erlernen und ausüben kann, wird es ein Leben lang auf die Unterstützung der Familie oder eine Rente angewiesen sein. Nach Unfällen hilft die gesetzliche Unfallversicherung. Aber nach den einschlägigen Statistiken sind Krankheiten auch bei Kindern zu einem hohen Anteil Ursachen für Behinderungen. Deshalb tut hier unbedingt private Vorsorge not. Eine Absicherung ist fast so wichtig wie die BU-Versicherung für dich. Die hilft im Falle des Falles nicht nur dem Kind dabei, im Erwachsenenalter über die Runden zu kommen, sondern auch den Eltern, wenn die sich vermehrt um die Pflege des Kindes kümmern und nicht mehr im bisherigen Umfang berufstätig sein und Geld verdienen können. Wir empfehlen deshalb eine Absicherung in Höhe der bereits mehrfach genannten Mindestbedarfsgröße.

Eine passende Versicherung zu erhalten, ist allerdings gar nicht so einfach. In die Risikoprüfung für den Vertrag deines Kindes wird auch dein Gesundheitszustand einbezogen. So fragen Versicherer beispielsweise nach chronischen Krankheiten wie Diabetes, da solche Krankheiten oft vererbt werden. Kinderinvaliditätsversicherungen leisten nämlich auch bei Invalidität infolge von Krankheiten. Da sind eventuell vorhandene Veranlagungen relevant, um das Risiko für die Versicherung einzuschätzen. Zudem ist das Angebot am Markt begrenzt. *Finanztest* konnte für Kinderinvaliditätsversicherungen gerade einmal elf Angebote identifizieren und untersuchen.[29]

> Für 1 000 Euro lebenslanger Rente musst du mit Jahresbeiträgen ab 100 Euro rechnen.

Sparen für die Ausbildung der Kinder

Schließlich gehört in den Kontext der Vorsorge für die Kinder auch ein erfreuliches Thema: das Sparen für die Ausbildung (37) der Kinder. Eine gute Ausbildung, egal ob zum Handwerker, Arzt oder Piloten, ist die Basis jedes beruflichen Erfolgs. Da sollte man sich als Eltern, soweit man kann, nicht lumpen lassen.

Auf die Frage, wie man sinnvoll spart, wenn man im besten Falle einen 18 Jahre langen Anlagehorizont hat, gehen wir im Bedarfsfeld »Sparen und Vermögensbildung« ein.

Viele Eltern denken über die Ausbildung ihrer Kinder gar nicht als ein Sparziel nach, für das sie gezielt Rücklagen bilden könnten oder sollten. Zu leicht geht man davon aus, dass das Leben schon irgendwie immer weitergehen wird: von der Kita zur Schule zur Uni oder so ähnlich. Und hoffentlich wird dann alles nicht so viel kosten. Das Kind kann ja vielleicht im Studium auch zu Hause wohnen.

Aber Achtung: Oberhalb bestimmter Gehaltsgrenzen der Eltern – die Einkommensfreigrenze der Eltern liegt nach der BAföG-Reform 2022 bei 2 415 Euro – haben Kinder einen Anspruch auf die Finanzierung ihrer Erstausbildung durch die Eltern. Da sollte man es nicht auf einen Streit ankommen lassen. Wenn ein Kind BAföG beantragt, weil die Eltern die Unterstützung verweigern, kann das BAföG-Amt die Finanzierung der Ausbildung durch die Eltern einklagen. Wenn das passiert, kann es ganz schnell ans Eingemachte gehen, und dann ist der vorherige Lebensstandard dahin, weil man die Finanzierung der Ausbildung aus dem Laufenden bestreiten muss.

Wir wollen nicht unerwähnt lassen, dass im Koalitionsvertrag der Bundesregierung, die 2021 ins Amt gekommen ist, von einem elternunabhängigen BAföG die Rede ist. Die Bundesregierung weist im Zusammenhang mit der BAföG-Reform 2022 darauf hin, dass diese elternunabhängige Förderung nur im Zusammenspiel mit der Kindergrundsicherung geplant werden könne und hierfür eine interministerielle Arbeitsgruppe gegründet worden sei, die an einem entsprechenden Gesetzentwurf arbeite. Zum Redaktionsschluss (Sommer 2023) war noch nicht absehbar, wann dieses Gesetzesvorhaben umgesetzt wird. Bis auf weiteres musst du also davon ausgehen, dass du deine Kinder ab der genannten Einkommensfreigrenze beim Studium finanziell unterstützen musst. Über aktuelle Entwicklungen informieren wir dich selbstverständlich unter »Rechengrößen« auf financial-wellness.com/buch.

Laut dem Deutschen Studierendenwerk kostet ein zehnsemestriges Studium zwischen 36 000 und 75 000 Euro je Kind; das entspricht einer Aufwendung pro Monat zwischen circa 600 und 1 300 Euro. Wir empfehlen als optimalen Wert für das vorzuhaltende Vermögen den BAföG-Höchstsatz (aktuell 934 Euro pro Monat) für sechs Semester Bachelor- und vier Semester Masterstudium, mithin für insgesamt 5 Jahre. Dabei kommt das erkleckliche Sümmchen von 56 040 Euro heraus. Da mag mancher spontan »Auweia« denken und zusammenzucken.

> Wenn man allerdings bei der Geburt eines Kindes zu sparen beginnt und 18 Jahre lang durchhält, erzielt man den Betrag, indem man jeden Monat 260 Euro, also etwa das aktuelle Kindergeld, zurücklegt – ohne Zins und Zinseszins und einfach unter dem Kopfkissen.

Das klingt doch schon wieder versöhnlich und vertretbar für einen so guten Zweck und auch dafür, dass man nicht später viel gravierendere Einschränkungen hinnehmen muss.

Andere Cluster: Es sei darauf hingewiesen, dass Überschneidungen aus diesem Bedarfsfeld über das Thema Kinderinvalidität zum Cluster »Arbeitskraftverlust« sowie über das Sparen für die Ausbildung der Kinder auch zum Cluster »Sparen und Vermögensbildung« besteht.

Checklisten: Welche Mindestanforderung Verbraucherschützer definieren, entdeckst du auf S. 239.

Preise: Hier eine grobe Orientierung für die möglichen Kosten aus diesem Cluster. Beachte, dass es sich um erste, modellorientierte Annäherungen handelt, die kein individuelles Angebot oder eine Beratung ersetzen. Die tatsächlichen Werte können höher oder niedriger sein.

	Preisfaktor pro 10 000 Euro Versicherungssumme	Brauch ich!
Risikoleben risikoreicher Beruf, Laufzeit bis 60	7,7	
Risikoleben risikoarmer Beruf, Laufzeit bis 67	9,6	
	Preis pro Jahr	
Kinderinvaliditätsversicherung	275 Euro	
	Sparrate pro Monat	
Sparen für die Ausbildung der Kinder, je Kind mindestens	260 Euro	

Trage nun deine für den Todesfall und für den Fall der Kinderinvalidität relevanten Versicherungen und die zugehörigen Beiträge sowie mögliche Sparaktivitäten für die Ausbildung der Kinder in das Tableau »Mein Aktivitätenplan« auf S. 261 und die Sparaktivitäten ebenfalls in das Tableau »Meine Sparziele« auf S. 262 ein.

Aktivität

Liquidität und Vermögensbilanz

Dieses Bedarfsfeld umfasst die Finanzthemen, die dem Schutz des Haushaltes vor einer Zahlungsunfähigkeit, beispielsweise durch Überschuldung, sowie dem angemessenen Aufbau einer Liquiditätsreserve dienen.

Zum Cluster »Liquidität und Vermögensbilanz« gehören in der Übersicht der Finanzthemen

■ zur Sicherung des finanziellen Grundbedarfs
  – Rangplatz 18: Verhinderung der kurzfristig drohenden Zahlungsunfähigkeit
  – Rangplatz 19: Schuldenrisiko aus Dispositions- und Konsumentenkrediten

■ zur Erhaltung des Lebensstandards
  – Rangplatz 27: Aufbau einer Liquiditätsreserve
  – Rangplatz 30: Vorsorge für das Zinsänderungsrisiko bei Immobilienfinanzierungen (+ HW)

Hinweis: Die in Klammern gesetzten Ziffern im folgenden Text erinnern dich an die Position des jeweiligen Finanzthemas im Ranking auf S. 74 ff.

In den vorausgegangenen Abschnitten haben wir uns vorrangig und überwiegend mit wirklich existenzbedrohlichen Risiken wie Krankheit, Haftungsrisiken, Arbeitskraftverlust oder dem Tod von im Haushalt wirtschaftliche Verantwortung tragenden Menschen befasst. Bei den meisten dieser Risiken handelt es sich um allgegenwärtige Risken, also solche, denen man sich nicht entziehen kann. Das Risiko, krank oder verletzt zu werden, zu sterben oder unbeabsichtigt jemand anderem einen Schaden zuzufügen, kannst du zwar durch gesunde oder umsichtige Lebensweise mindern, aber niemals gänzlich ausschließen. Und das Risiko des Arbeitskraftverlustes ist nur für denjenigen nicht relevant, der seine Arbeitskraft nicht oder nicht mehr zum Lebensunterhalt benötigt. Wohl dem, der das von sich sagen kann. Sich mit diesen Risiken und ihrem finanziellen Abfedern zu befassen, ist mithin von hoher Wichtigkeit.

Drohende Zahlungsunfähigkeit und Liquiditätsreserve

Wir haben – außer bei den Haftungsrisiken – immer unterschieden zwischen der Absicherung dieser Risiken auf Grundschutzniveau und der Erhaltung des Lebensstandards. Dir ist sicher dabei deutlich geworden, dass die Erhaltung des Lebensstandards in allen Fällen denkbarer Schäden oder Schicksalsschläge eine ganz schön kostspielige Angelegenheit werden kann. Und damit kommen wir zu einem anderen Risiko, nämlich dem, dass du dir in deinem Absicherungsstreben, aber ebenso durch Konsum liquiditätsmäßig die Luft abschnürst und für die kleinen, regelmäßigen und kalkulierbaren Schäden wie den Ersatz des kaputten Kühlschranks oder die Autoreparatur keine Reserven vorhältst. Deshalb solltest du, zumindest bevor du dich auf die Absicherung der bisher behandelten Risiken auf einem Niveau oberhalb des Grundschutzes einlässt und bevor du dich mit den Zukunftsthemen wie Altersvorsorge und Sparen für die eigene Immobilie befasst, sehen, wie es um deine kurzfristige Liquiditätsreserve und um deren Pendant auf der Sollseite, also deine Dispositions- und Konsumentenkredite, steht.

Die Themen »Verhinderung der kurzfristig drohenden Zahlungsunfähigkeit« oder anders formuliert »Risiko mangelnder Liquidität« (18) unserer Finanzthemenliste und der »Aufbau einer Liquiditätsreserve« (27) sind zwei Seite einer Medaille, nur – auch hier – mit unterschiedlicher Prägung: nämlich dem »Grundschutz« vor der Privatinsolvenz einerseits und der Vorsorge auf dem Giro- oder dem Tagesgeldkonto andererseits, alle Liquiditätsschwankungen ohne Schweißperlen auf der Stirn übersthen zu können, auch wenn mal eingeplante Einnahmen ausbleiben. Dadurch soll auch verhindert werden, dass Absicherungs- und Vorsorgemaßnahmen ausgesetzt oder gar eingestellt werden müssen.

Als Mindestwert für die Verhinderung der kurzfristig drohenden Zahlungsunfähigkeit ist zu empfehlen, die dreifache – wir erinnern uns: aus dem jeweils aktuellen Mindestlohn mit Faktor 126 errechnete – Mindestbedarfsgröße multipliziert mit der Anzahl der im Haushalt wirtschaftlich verantwortlichen Personen, also derjenigen, die entweder Einkommen erzielen oder Haushalts- und Erziehungsaufgaben wahrnehmen. Bei einem Mindestlohn von 12 Euro pro Stunde kommen wir da auf eine Mindestreserve von 4 536 Euro pro Person. Diesen Betrag solltest du also jederzeit griffbereit haben; dabei kann die Hälfte davon vorübergehend getrost durch nicht ausgenutzten Dispositionskredit gedeckt werden.

Als echte Liquiditätsreserve, die dich allen Unwägbarkeiten des Alltags einschließlich ein paar Monaten Kurzarbeit oder einem gänzlichen Ausfall von Einnahmen gelassen entgegensehen lässt, betrachten Experten das 6-Fache des Nettogesamteinkommens, das in eurem Haushalt erzielt wird. Gesamteinkommen meint, dass auch mögliche Mieteinnahmen oder Kapitaleinkünfte zu berücksichtigen sind. Um es einfach zu machen, unterstellen wir im Beispiel einmal mehr, dass du 3 000 Euro netto verdienst und dein Partner ebenfalls. In diesem Falle solltet ihr optimalerweise gemeinsam 36 000 Euro im Zugriff haben, wovon wiederum die Hälfte durch nicht ausgenutzten Dispo gedeckt werden kann.

Bei der Berücksichtigung von Dispolinien für die Liquiditätsreserve muss bedacht werden, dass Dispos im Falle von Arbeitslosigkeit und damit des Wegfalls von Einkommen ganz schnell in sich zusammenfallen können. Deshalb ist es klüger, Dispolinien nicht in die Liquiditätsreserve mit einzukalkulieren und sie bei notgedrungener Inanspruchnahme schnellstmöglich zurückzuführen. Dispokredite sind, wie jedermann weiß, wegen der hohen Zinsen gleich nach dem Pfandleihhaus die zweitteuerste Möglichkeit der Geldbeschaffung.

Wenn dir die hier kalkulierten Reserven unangemessen hoch erscheinen, dann bedenke, dass wir in diesem Buch gewisse Arten der Versicherung wie etwa die zur Reparatur oder Wiederbeschaffung von Mobiltelefonen oder anderen elektronischen Hilfsmitteln nicht auf dem Plan haben. Derlei Schäden zu versichern, macht nur einen reich und glücklich: die Versicherungsgesellschaft. Deshalb sei klug und halte dafür lieber ein bisschen mehr Geld auf der hohen Kante vor und spare dir überflüssige und tatsächlich unangemessene Versicherungsbeiträge für Bagatell-schäden!

Kennst du jemanden, der während der Corona-Krise vorübergehend in Kurz-arbeit war und keine Liquiditätsreserve hatte, aber sich stattdessen bis Oberkante Unterlippe Media-Markt-Kredite ans Bein gebunden hatte? Kannst du dir vorstel-len, wo dein Blutdruck in der Situation wäre? Dann doch lieber eine ordentliche Liquiditätsreserve, oder?

Konsumenten- und Dispositionskredite

Apropos Konsumentenkredite (19): Sie stellen gemeinsam mit Dispositionskrediten das höchste Überschuldungsrisiko für alle Privathaushalte dar. Sie sind sehr ver-lockend und werden gerne genommen, weil sie konsumtive Anschaffungen ohne die eigentlich notwendigen vorherigen Ansparvorgänge ermöglichen. Sie täuschen uns Konsum ohne Anstrengung vor. Die wird allerdings nur von vor dem Kauf auf nach dem Kauf verlagert – und dramatisch erhöht. Denn Konsumenten- und Dispositi-onskredite sind immer durch hohe Zinsen und kurze Laufzeiten gekennzeichnet. Das führt zu hohen Liquiditätsbelastungen, derer man sich nur selten durch eine Wiederveräußerung der erworbenen Konsumgüter entledigen kann, da diese regel-mäßig nicht wertbeständig sind.

Deshalb achte darauf, dass die Summe deiner respektive eurer Schulden aus Kon-sumenten- und Dispokrediten niemals das Zehnfache eurer Nettogesamteinkom-men übersteigt. In unserem Beispiel heißt das: Mit 3 000 Euro Nettoeinkommen solltest du auf jeden Fall nie mehr als 30 000 Euro, wenn du und dein Partner zu-sammen 6 000 Euro netto verdient, solltet ihr zusammen nie mehr als 60 000 Euro Konsumenten- und Dispo-Kredite haben. Wenn dieser Wert bei euch überschritten sein sollte, legt alle Scham ab und nehmt einen guten und vertrauenswürdigen (Schuldner-)Berater in Anspruch.

Zinsänderungsrisiko bei Immobiliendarlehen

Freilich eher selten, aber unter schlechten Rahmenbedingungen können auch Immobiliendarlehen zur Schuldenfalle werden. Wer zu sehr niedrigen Zinsen finanziert hat und sich hoch verschuldet hat, kann am Ende der Zinsfestschreibung von hohen Zinsen eingeholt (30) werden. Hier ein Beispiel: Wer 500 000 Euro mit 10 Jahren Zinsfestschreibung bei 1 Prozent finanziert hat, startet mit einer Zinsbelastung von 5 000 Euro pro Jahr beziehungsweise 417 Euro pro Monat. Nehmen wir an, dass nach 10 Jahren noch 400 000 Restdarlehen stehen und sich der Zinssatz inzwischen auf 4 Prozent erhöht hat. Dann steigt allein die Zinsbelastung – ohne Berücksichtigung der Tilgung – auf 16 000 Euro im Jahr oder 1 333 Euro im Monat. Das macht bei unserem Beispiel mit einem Nettogehalt von 3 000 Euro schon einen mehr als nur spürbaren Unterschied.

Zinsänderungsrisiken sind immer dann besonders gefährlich, wenn mit geringem Eigenkapitalanteil finanziert wurde. Dann nämlich kann der Wert der Immobilie leicht auch zwischendurch mal unter die Darlehenssumme sinken, so dass auch eine Veräußerung der Immobilie nicht wirklich Rettung verheißt. Und fatalerweise haben Immobilienpreise gerade dann die unangenehme Angewohnheit zu sinken, wenn die Zinsen steigen. Dann nämlich können sich weniger Menschen den Erwerb einer Immobilie leisten; folglich sinkt die Nachfrage und damit sinken auch die Preise. Also Achtung! Lass dich nicht von niedrigen Zinsen zu übermütigen Finanzierungen verleiten.

Mit Bedacht finanzieren heißt: Kalkuliere, dass am Ende der Zinsfestschreibung deine Restdarlehenssumme das 24-Fache deines oder eures Haushalts-Nettoeinkommens nicht übersteigt. Noch einmal unser Beispiel: Auf der ganz sicheren Seite seid ihr, wenn ihr mit 6 000 Euro Nettoeinkommen beim Auslaufen der Zinsfrist nicht mehr als 144 000 Euro Restdarlehen habt. Wenn das nicht zu machen ist, habt auf jeden Fall die Zinsentwicklung im Auge und verlängert euer Darlehen vorzeitig. Da lohnt es sich, immer einen Blick auf den Markt zu haben und lieber einmal öfter nachzurechnen, um nicht die letzte Chance zu verpassen.

Andere Cluster: Unmittelbare inhaltliche Überschneidungen von diesem zu den anderen Clustern gibt es nicht. Allerdings kommt diesem Cluster eine große Bedeutung auch für alle anderen Themenfelder insofern zu, als diese nur bedient werden sollten, wenn Risiken wie das der Überschuldung oder der kurzfristigen Zahlungsunfähigkeit ausgeschlossen sind.

Checklisten: Zu den Lösungsmöglichkeiten und Produktkategorien dieses Clusters haben die Verbraucherschützer noch keine Mindestanforderungen definiert.

Preise: Wie hoch deine Konsumenten- und Dispositionskredite sind, wie zügig und mit welchen monatlichen Tilgungsraten du diese abbauen und mit welchen Sparraten du eine adäquate Liquiditätsreserve aufbauen kannst, musst du selbst entscheiden. Nimm das Thema vorrangig in Angriff.

Trage nun deine für die Verhinderung von Überschuldung, zum Aufbau einer hinreichenden Liquiditätsreserve sowie zur Vermeidung des Risikos aus Zinsänderungen laufenden und geplanten Sparaktivitäten in das Tableau »Meine Finanzthemen« auf S. 260 und ebenfalls in das Tableau »Meine Sparziele« auf S. 262 ein.

Aktivität

Vorsorge für das Alter

Dieses Bedarfsfeld umfasst die Finanzthemen zum Aufbau der für dich angemessenen Altersvorsorge.

Zum Cluster »Altersvorsorge« gehören in der Übersicht der Finanzthemen

- zur Sicherung des finanziellen Grundbedarfs
  - Rangplatz 20: Grundschutz für die Altersvorsorge

- zur Erhaltung des Lebensstandards
  - Rangplatz 29: Altersvorsorge auf dem Niveau des aktuellen Lebensstandards

Hinweis: Die in Klammern gesetzten Ziffern im folgenden Text erinnern dich an die Position des jeweiligen Finanzthemas im Ranking auf S. 74 ff.

Jede und jeder Berufstätige, Student, Hausmann, aber auch Erwerbs- oder Berufsunfähigkeitsrentner sollte frühzeitig beginnen, sich darüber Gedanken zu machen, wie es finanziell weitergehen soll, wenn die Zeit der aktiven Sorge um den Lebensunterhalt oder des Flusses der aktuellen Berufs- oder Erwerbsunfähigkeitsrente altersbedingt zu Ende geht. Der 1986 von Norbert Blüm über die gesetzliche Rentenversicherung formulierte Satz »Die Rente ist sicher« hat zwar grundsätzlich nach wie vor Bestand – allerdings nur, solange wir nicht über ihre Höhe und über das Renteneintrittsalter reden.

Die DIN-Norm hilft dir hierbei, die richtigen Werte zu ermitteln, um dann auf dieser Grundlage das für dich passende Trainingsprogramm aufzusetzen. Kostenlose Beratung zu deinen gesetzlichen Ansprüchen erhältst du auch über das Beratungsangebot der Gesetzlichen Rentenversicherung.[30]

Wahrscheinlich werden die Generation Z und nachfolgende Generationen deutlich länger als bis 67 arbeiten müssen und trotzdem weniger Rente bekommen. Sie müssen länger arbeiten, schon allein um »nur« genauso lange Rente zu erhalten wie ihre Eltern und Großeltern, weil ihre Lebenserwartung steigt. Lag die durchschnittliche Lebenserwartung 1986 für Frauen noch bei 78,0 und für Männer bei 71,7, so war sie bis 2021 für die Frauen um rund 5 Jahre auf 83,4 und für die Männer um rund 7 Jahre auf 78,5 geklettert. Es hat mithin eine gewisse Logik, wenn heute das geregelte Renteneintrittsalter mit 67 Jahren etwa 5 Jahre höher liegt als in den 1980er und 1990er Jahren. Das tatsächliche durchschnittliche Renteneintrittsalter liegt in Deutschland bei Frauen bei 63,2 Jahren und bei Männern bei 63,1 Jahren. In der Durchschnittsbetrachtung sind auch Frührentner eingerechnet.

Tatsächlich wird der Anstieg des Rentenalters – für diese Prognose muss man kein Prophet sein – weitergehen: Die Lebenserwartung wird weiter steigen und mit ihr – zwangsläufig – auch das Renteneintrittsalter. Dazu kommt, dass immer weniger Beitragszahler immer mehr Rentenempfänger finanzieren müssen. Denn die geburtenstarken Jahrgänge – oft als Baby-Boomer oder, etwas abschätzig, nur als Boomer bezeichnet –, die in den 1950er und 1960er Jahren geboren wurden, gehen in den nächsten Jahren in Rente. Sie stellen etwa ein Drittel der heutigen bundesdeutschen Bevölkerung dar.

Würden wir das Renteneintrittsalter und die Rentenhöhe auf dem früheren oder aktuellen Stand belassen und einfach länger Rentner oder Pensionäre sein wollen als frühere Generationen, dann müsste die Frage beantwortet werden, wie das finanziert werden soll. Naheliegend wäre, die Beiträge in die gesetzliche Rentenversicherung kurzerhand kräftig zu erhöhen.

Ob das eine gute Idee ist, ist in einem Umlagesystem sehr fraglich. Der Wohlstand einer wachsenden Rentnergeneration wäre von einer ebenso drastisch schrumpfenden Anzahl aktiver Berufstätiger und Beitragszahler zu finanzieren. Die junge Generation durch immer höhere Beiträge zu belasten, bei gleichzeitiger Absenkung ihrer Rentenansprüche, ist allerdings nicht vermittelbar und auch nicht gerecht. Niemand will in ein System immer mehr einzahlen, das wegen in der Vergangenheit begangener Fehler ein Fass ohne Boden ist, während gleichzeitig die eigenen Ansprüche immer geringer werden. Das ginge nicht gut, weil es den sogenannten Generationenvertrag ad absurdum führen und seine Aufkündigung riskieren würde. Die geplante Aktienrente will dem entgegensteuern; welche Wirkung sie entfaltet, bleibt abzuwarten.

Randnotiz **Rentensysteme in aller Welt**

Die internationale Unternehmensberatung Mercer hat im Februar 2023 eine Studie über die Altersvorsorgesysteme in aller Welt veröffentlicht.[31] Mercer hatte die Systeme in 44 Ländern weltweit untersucht und einem Vergleich unterzogen. Im Ergebnis nimmt Deutschland auf Rang 17 einen eher mittelmäßigen Platz ein, wobei auch die USA mit Rang 20 und Österreich auf Rang 33 nicht gerade glänzen. Die Top-3-Plätze belegen Island, die Niederlande und Dänemark, auf den Plätzen 4 bis 10 gefolgt von Dänemark, Israel, Finnland, Australien, Norwegen, Schweden, Singapur und Großbritannien. Die Schweiz verpasst auf Platz 11 die Top-10 nur knapp.

Die Tester bewerten das deutsche Rentensystem in fast allen Kriterien als sehr gut bis gut – außer in puncto Nachhaltigkeit. Dabei meint Nachhaltigkeit in diesem Kontext die Zukunftsfähigkeit des Systems. Hier besteht nach Ansicht der Experten dringender Nachholbedarf. So wie es aktuell aufgestellt sei, könne das deutsche Rentensystem nicht aufrechterhalten werden.

Bei der schrittweisen Annäherung an die avisierte 67 ist Deutschland im Jahre 2022 bei einem gesetzlichen Renteneintrittsalter von 65,7 Jahren angekommen. Das tatsächliche Renteneintrittsalter liegt wie gesagt im Durchschnitt für Männer bei 63,2 und für Frauen bei 63,1 Jahren. Dabei ist die Gender-Pension-Gap, also die geschlechtsbezogene Lücke in der Altersvorsorge, nach Untersuchungen der Allianz Lebensversicherungs-AG in Deutschland mit am höchsten. Das hat viel zu tun mit Teilzeit, Elternzeit und Pflegezeit, aber auch mit in der Vergangenheit teilweise mangelndem Bewusstsein von Frauen für die selbstständige Altersvorsorge.

Das weltweit höchste Renteneintrittsalter mit 67 Jahren sowohl für Frauen als auch für Männer haben Island und Norwegen – beide unter den Top-10 –, das niedrigste hat Saudi-Arabien mit ebenfalls gleichermaßen für Frauen und Männer 47 Jahren. Im weltweiten Durchschnitt liegt das Eintrittsalter bei 62,8 Jahre. Dabei gehen die Frauen mit durchschnittlich 62,2 Jahren und die Männer mit 63,4 Jahren in den Ruhestand.

In Europa ziehen sich die Menschen im Durchschnitt mit 63,6 Jahren aus dem Arbeitsleben zurück. Die Mindestrentenalter liegen in den meisten europäischen Ländern bei 62 Jahren für Männer und bei 60 Jahren für Frauen. Die Türkei hat das Mindestalter für den Rentenbezug aufgehoben. Dort hat Rentenanspruch, wer mindestens 7 200 Tage, also rund 35 Jahre, berufstätig war. Dafür liegt nach einer Auswertung der OECD die Rente für Durchschnittsverdiener in der Türkei weltweit am höchsten, nämlich bei 103,3 Prozent.

Hohe Renten gibt es auch in (Brasilien, Rang 2: 97,3 Prozent), den USA (Rang 3, 95,8 Prozent) und Ungarn (Rang 4, 94,0 Prozent). Bezüglich der Rentenhöhe rangiert Deutschland auf Rang 25 mit 70,2 Prozent unter anderen hinter etlichen Ländern Nord- und Südeuropas und auch hinter Argentinien, Costa Rica und Kolumbien.

Im Alter über die Runden kommen

Es ist keine abwegige Überlegung, einen vor 67 liegenden Renteneintritt zu planen. Viele Menschen erwägen das und ergreifen entsprechende Vorsorgemaßnahmen, um die Abschläge zu kompensieren, die hinzunehmen hat, wer früher als zum gesetzlichen Renteneintritt aus dem Arbeitsleben ausscheidet. Wer mit 63 statt mit 67 in Rente geht, muss Abschläge in Höhe von 14,4 Prozent auf die gesetzliche Altersrente hinnehmen; lebenslang. Jeder Monat, den du vor dem geregelten Renteneintritt in Rente gehst, kostet 0,3 Prozent der Rentenanwartschaft, die du zum Zeitpunkt deines vorzeitigen Rentenbeginns für das gesetzliche Renteneintrittsalter erworben hast. Kurz: Die Lücke, die zu schließen ist, wird dann einfach größer.

Es gibt aber auch berufliche Tätigkeiten, die du locker über das 67. Lebensjahr hinaus ausüben kannst – und vielleicht gerne möchtest. Arbeit gibt ja auch Sinn und Befriedigung und die Vorstellung, in Rente gehen zu müssen, ist nicht unbedingt eine erhebende. Jedenfalls ist und bleibt es wichtig, dass du auch in den 60ern, 70ern, 80ern und 90ern sinnerfüllende Beschäftigungen hast oder findest – ob nun durch eine längere rentenversicherungspflichtige berufliche Tätigkeit oder durch Ehrenämter und sinnstiftende Hobbys.

Trotz aller Maßnahmen, die wir als Gesellschaft heute ergreifen, werden die Jungen weniger Rente aus dem gesetzlichen System beziehen, weil die Netto-Reproduktionsrate – was für ein kaltes Wort fürs Kinderkriegen! – in unserer Gesellschaft permanent sinkt und deshalb immer weniger junge berufstätige Menschen in das Umlagesystem einzahlen, aus dem heraus die Alten ihre Rente beziehen sollen. Die Rente hinwiederum steigt im aktuellen Rentensystem kontinuierlich, weil sie derzeit an die Lohnentwicklung gekoppelt ist.

Im Jahr 2023 gehen in Deutschland erstmals mehr Menschen in Rente als volljährig werden. Da hilft nur eins: Zusätzlich zu den Pflichtbeiträgen, die für Angestellte automatisch in das jeweilige staatliche Rentensystem eingezahlt werden, musst du auch selber aktiv vorsorgen – privat und durch die betriebliche Altersvorsorge.

Altersarmut ist nicht nur, aber auch und gerade bei Frauen ein Thema, dessen gesellschaftliche Relevanz stetig wächst. Der Grund dafür liegt darin, dass Menschen, die nach ihrer Ausbildung nicht dauernd oder nur in Teilzeit gearbeitet haben, später im Alter nur einen sehr niedrigen Rentenanspruch haben. Das ist bei Frauen nach wie vor häufiger der Fall als bei Männern – allen Gleichberechtigungsdebatten, Genderdiskussionen, Critical-Race-Theorien und Förderprogrammen zum Trotz. Wer da nicht zusätzlich privat vorgesorgt hat, kann im Alter von echter Armut betroffen sein. Und Frauen, Achtung! Männer taugen nicht als private Vorsorge.

Es entbehrt daher nicht der Logik, dass Altersvorsorge zu den wichtigsten zukunftsbezogenen Finanzthemen zählt, um die du dich auf jeden Fall kümmern musst, und dass die Minimalvorsorge in der ersten Bedarfsstufe den Rangplatz 20 einnimmt und die Vorsorge auf dem Niveau der Erhaltung des Lebensstandards bereits auf Platz 29 rangiert.

Um im Alter gut über die Runden zu kommen, das heißt, den Lebensstandard von vorher zu erhalten, solltest du eine Nettorente aus gesetzlicher, betrieblicher und privater Vorsorge in Höhe von rund 80 Prozent deines heutigen Nettoerwerbseinkommens ins Visier nehmen. Darauf musst du noch eine Pauschale von rund 25 Prozent für Steuern und Sozialabgaben packen, also brutto auf 100 Prozent von dem sparen, was du heute netto hast. Diese Ziffer ist ein Daumenwert und außerdem diskussionswürdig. Denn: Es ist kein Naturgesetz, dass du im Alter weniger Geld brauchst als jetzt.

Für den von uns vorgeschlagenen Orientierungswert spricht, dass vermutlich dann, wenn du in Rente gehen wirst, deine Kinder aus dem Gröbsten heraus sind, dass du also nicht mehr für sie aufkommen musst, dass Ausbildung oder Studium abgeschlossen sind, dass wahrscheinlich das Haus abbezahlt ist und dass gewisse

Vorsorgeaufwendungen wie die für die Berufsunfähigkeit und selbstverständlich auch für die Altersvorsorge nicht mehr notwendig sind.

Es gibt allerdings auch Zeitgenossen, die ins Feld führen, dass man im Alter endlich Zeit für Reisen, Golfspielen und all den anderen Luxus hat, den man während der Berufstätigkeit gar nicht im Kalender untergebracht hat, und dass man dafür mehr Geld braucht, als man vorher ausgeben konnte.

Wirtschaftswissenschaftler und Sozialrechtler haben allerlei theoretische Überlegungen zu sozialpolitisch wünschenswerten durchschnittlichen Netto-Rentenersatzquoten, Armutsgrenzen und so weiter angestellt. Unter Ersterem versteht man das Verhältnis der Rente zum individuellen, versicherungspflichtigen Arbeitsentgelt im Jahr vor Renteneintritt, unter Letzterem einen Schwellenwert für ein Einkommen oder eine Rente, unter dem ein halbwegs angemessener Lebensstandard nicht mehr möglich ist. Darüber könnten wir ein eigenes Buch schreiben, das um Einiges dicker wäre als dieses hier. Es würde dich an dieser Stelle aber kaum weiterbringen.

Hilfreich ist allein, dass du dir ehrlich überlegst, was du dir später leisten willst und wie bescheiden oder anspruchsvoll du dir dein späteres Leben vorstellst, um dann Maßnahmen zur Erreichung dieses Ziels ergreifen zu können. Du musst deinen eigenen Ansatz finden und dein Ziel fürs Alter definieren. Fakt ist, dass die Anstrengung, die du heute für später zu erbringen hast, umso höher ist, je höher deine Ansprüche für die Rente sind – und je älter du bist, wenn du mit dem Sparen startest.

Da sich nicht nur dein Einkommen über die Jahre – wenn du jung bist: Jahrzehnte – hin ändern wird, sondern vermutlich auch deine Einstellung zum Alter und zu deinen mutmaßlichen späteren Ansprüchen, solltest du gerade deine Altersvorsorgemaßnahmen immer wieder überprüfen und anpassen.

Natürlich musst du bei der Festlegung deines Sparziels für die Altersrente berücksichtigen, dass dein Zielwert der heutigen Kaufkraft entsprechen muss. Wenn du also – kommen wir wieder zu unserem Beispiel – heute 3 000 Euro netto verdienst und nach Steuern im Alter mit 2 400 Euro über die Runden kommen willst, dann meint das 2 400 Euro heutiger Kaufkraft. Es wird natürlich in den 10, 20, 30 oder 40 Jahren bis zu deinem Renteneintritt und in den 20 oder 30 Jahren deines Rentnerdaseins Inflation geben. Du musst also den tatsächlichen Wert, den du dir als Startrente vornimmst, nicht nur um die 25 Prozent Pauschale für Steuern und Sozialabgaben, sondern auch um die kalkulierte Inflation für die Zeit von heute bis zum Renteneintritt erhöhen.

Aktuell erleben wir eine für viele junge Menschen überraschende und beängstigende Inflation. Wir haben eine einschneidende Corona-Pandemie hinter uns, und während wir diese Zeilen schreiben, herrscht Krieg in Europa. Die russische Aggression verursacht unglaubliches Leid, stellt unsere Lebensart »at risk« und hat damit – zurückhaltend formuliert – negative Auswirkungen hier in Deutschland, die wir alle im Supermarkt genauso spüren wie auf unseren Energierechnungen. Allerdings: Ähnliche Raten gab es auch bereits in den 1970er und 1980er Jahren; und doch liegt die durchschnittliche Inflationsrate seit 1960 bei 2,6 Prozent. Auf lange Sicht gesehen darfst du diesbezüglich also sicher entspannter sein, als du in diesen Zeiten befürchtest. Wir empfehlen deshalb eine Hochrechnung deines Rentenzieles mit der durchschnittlichen Inflationsrate der vergangenen 10 Jahre: Wie hoch dieser Wert ist, findest du leicht immer aktualisiert auf financial-wellness.com/buch. Die Berechnung ist mit folgender Formel einfach:

Rente zum Zeitpunkt des Renteneintritts = geplanter Rentenwert heute $\times (1 + p : 100)^n$.

Dabei ist »p« die Inflationsrate; »n« ist die Anzahl der Jahre von heute bis zum geplanten Renteneintritt.

Angenommen du bist jetzt 30, hast noch 37 Jahre Berufstätigkeit vor dir und hast ermittelt, dass du mit 2 400 Euro heutiger Kaufkraft im Alter über die Runden kommen willst. Wie hoch muss dieser Betrag zum Renteneintritt bei einer angenommenen durchschnittlichen Inflation von 2,6 Prozent veranschlagt werden?

$$2\,400 \times (1 + 2,6 : 100)^{37} = 6\,200$$

Es ergibt sich ein Rentenwert in Höhe von rund 6 200 Euro pro Monat. Diese Rente musst du erreichen, wenn du mit 80 Prozent deines (jetzigen) Nettoeinkommens später auskommen willst. Wenn du Glück hast, erreichst du 50 Prozent davon mit der gesetzlichen Rente, die ja 2023 durch die Aktienrente ergänzt wurde. Den Rest musst du durch betriebliche Altersvorsorge, private Altersvorsorge, Sparverträge, eine eigene Immobilie et cetera auffüllen. Vorausgesetzt natürlich, du willst dieses Niveau auch erreichen. Oder du bereitest dich mental und praktisch auf ein entsprechend niedrigeres Alterseinkommen vor.

Selbstverständlich darfst du auch nicht vergessen, dass du – je nach Alter – noch große Karrierepläne hast und dass du mit diesen Plänen auch die Erwartung von

Gehaltssteigerungen verbindest. Das solltest du im Hinterkopf behalten, aber dich damit heute nicht belasten. Wer weiß schon, was kommt? Vielleicht wirfst du deine Karrierepläne über Bord und nimmst viel lieber als junge Mutter oder junger Vater eine ausgiebige Auszeit für die Kindererziehung. Oder vielleicht nimmst du ein Sabbatical für eine Weltreise, oder, oder … Wichtig ist dann, wenn Gehaltserhöhungen anstehen, dich an das Thema Altersrente zu erinnern und die Rentenziele entsprechend anzupassen. Wenn du einen guten Berater hast, wird der einen Blick darauf haben und dich jährlich ansprechen.

Wenn dir das ganze Thema heute noch eher lästig und die Sparrate viel zu hoch ist, die du aufwenden musst, um die Lücke zwischen dem Rentenziel 80 Prozent deines aktuellen Nettoeinkommens zuzüglich 25 Prozent Steuern und Sozialabgaben zuzüglich Inflation und deinen gesetzlichen, betrieblichen und privaten Rentenanwartschaften zu schließen, dann setze wenigstens einen Fuß in die Tür. Sorge wenigstens dafür, dass du für eine Rente in Höhe der heutigen Mindestbedarfsgröße vorsorgst. Du erinnerst dich: Mindestlohn × 8 × 21 abzüglich einer Pauschale von 25 Prozent, da ja kaum Steuern und keine Sozialabgaben anfallen.

Solltest du dich zunächst für die Minimalvariante entscheiden, bedenke, dass du alles, was du heute versäumst, später nachholen musst. Je kürzer du dir selbst die Ansparzeit machst, umso mehr musst du dann jeden Monat zur Seite legen, um noch auf eine anständige Rente zu kommen. Je länger du sparst, desto mehr verteilen sich die Sparraten auf die Zeit, desto höher ist der Zinseszins-Effekt und desto mehr Risiko kannst du bei deiner Anlage eingehen. Denn Risiko relativiert sich bekanntermaßen über die Länge der Laufzeit. Das gilt zumindest dann, wenn du bei einer Anlageform, etwa einen Investmentfonds oder einem Aktienindex bleibst und nicht unterwegs immer zwischen den Anlageformen hin und her springst.

Wenn du denkst, der Zeitpunkt sei zum Sparen fürs Alter gerade ungünstig, weil doch jetzt mit dem ersten verdienten Geld erstmal das pralle Leben im Vordergrund steht und die Freunde auch alle viel Geld ausgeben, dann lass dir gesagt sein: Es gibt keine günstigen Zeitpunkte zum Sparen. Später brauchst du Geld für die Kinder und für die monatlichen Raten zur Abbezahlung eures Einfamilienhauses und dann … Irgendwas ist immer.

Was dich vielleicht entspannt: Wenn du eine eigengenutzte Immobilie besitzt und stramm abbezahlst, so dass sie beim Renteneintritt schuldenfrei ist, so darfst du von deiner Zielrente 20 Prozent abziehen. So hoch sind etwa die durchschnittlichen Mietkosten, die wir in Deutschland in den Lebenshaltungskosten einzukalkulieren haben. Selbstverständlich können Nebenkosten für Energie, Wasser und Wärme sowie Kosten für die Instandhaltung des Hauses oder der Wohnung nicht abgezogen werden; denn die fallen auch in einer abbezahlten Immobilie an.

Wenn du eine oder mehrere fremdgenutzte Immobilien besitzt, von deren Mieteinnahmen du heute noch nichts hast, weil sie durch Zins und Tilgung aufgefressen werden, dann darfst du diese Mieteinnahmen ebenfalls von deiner Zielrente abziehen – sofern du planst, dass auch diese Immobilien bis zum Renteneintritt abbezahlt sind. Du machst in den beschriebenen Fällen das Tilgen der Immobilien zum Teil deiner Altersvorsorge. Das ist klug, sind doch Immobilien verhältnismäßig sichere Sachwert-Anlagen. Aber Diversifikation tut auch in der Altersvorsorge gut.

Wenn du anderes werthaltiges Vermögen in Form von Aktiendepots, Investmentfonds oder sonstigen Kapitalanlagen besitzt, die du eindeutig und ausschließlich der Zweckbindung für deinen Lebensunterhalt im Alter zugeordnet hast, dann kannst du selbstverständlich deine durch Sparen anzustrebende Zielrente auch dadurch reduzieren. Um Klarheit zu haben, was das ins Auge gefasste Vermögen im Alter in Rente umgerechnet wert ist, empfehlen wir dir, auf jeden Fall eine Lebenserwartung von 90 Jahren einzukalkulieren.

Hier die Vorgehensweise für eine super einfache Berechnung: Die Zeit zwischen dem 67. und dem 90. Lebensjahr beträgt 23 Jahre oder 276 Monate. Wenn du also über Kapitalanlagen verfügst, von denen du annimmst, dass sie bei deinem Renteneintritt 100 000 Euro wert sein werden, dann kannst du daraus eine monatliche Rente bis zum Alter von 90 in Höhe von mindestens 362,32 Euro machen; bei 0 Prozent Verzinsung. Hinweise zur Berechnung der Rente mit einer höheren Verzinsung des Kapitals findest du im Abschnitt »Sparen und Vermögensbildung«.

Wie sparst du nun – neben der möglichen Tilgung von Immobiliendarlehen – am besten fürs Alter? Wir haben bereits gesprochen über die, wenn du angestellt bist, unvermeidbaren monatlichen Abzüge für die gesetzliche Rentenversicherung. Das lässt sich teilweise durch die freiwillige Einzahlung in die Gesetzliche Rentenversicherung kompensieren. Wenn du selbstständig oder Vorstand oder Gesellschafter-Geschäftsführer einer Kapitalgesellschaft bist, kannst du auch freiwillig in die gesetzliche Rentenversicherung einzahlen. Damit bewältigst du nicht die ganze Herausforderung, aber doch den Aufbau eines sicheren Grundstocks. Dazu gleich mehr.

Den Rest musst du privat oder über die betriebliche Altersvorsorge erledigen. Hierfür gibt es verschiedene Möglichkeiten, die du zu deiner individuellen Strategie kombinieren kannst:

1. Freiwillige Beiträge zur gesetzlichen Rentenversicherung,
2. Versicherungen,
3. Sparpläne/Aktien-ETF,
4. Betriebsrenten,
5. Immobilien.

Bevor wir diese Punkte einzeln durchgehen: Wie sieht es mit erwarteten Erbschaften und Schenkungen aus? Können die fest eingeplant und entsprechend in deinen Trainingsplan verrechnet werden? Das sind wichtige Fragen! Sie können mit einem klaren Jein beantwortet werden. Es kommt darauf an. Testamente können geändert werden und Schenkungen ausbleiben. Vermögen können sich mehren, aber auch verschwinden. Du hast diese Dinge nicht selbst in der Hand und kannst auch kaum steuernd eingreifen.

Es kommt auch hier, wie bei so Vielem, auf deine Einschätzung an. Wenn du dir sicher bist, dass du ein bestimmtes Haus erben wirst, kann das für deine Vorsorgemaßnahmen natürlich eine zentrale Rolle spielen – vor allem dann, wenn du darin im Alter wohnen willst. Gehe in dich und überlege genau, inwiefern du Erbschaften und erwartete Schenkungen einbeziehen willst. Unsere Empfehlung lautet: Zunächst und im ersten Schritt zumindest nicht, eben nicht zu früh.

Die gesetzliche Rentenversicherung

Die gesetzliche Rentenversicherung (GRV) ist ein kompliziertes System. Nur so viel: Du erhältst für die von dir und deinem Arbeitgeber einbezahlen Beiträge Entgeltpunkte (EP). Der Punktwert pro Jahr ergibt sich, wenn du dein eigenes beitragspflichtiges Einkommen durch das im Sozialgesetzbuch (SGB VI § 63) jeweils festgelegte Durchschnittseinkommen teilst. Diese Punkte werden am Ende deines Arbeitslebens addiert und dann mit dem Rentenzugangsfaktor, dem Rentenartfaktor und dem Rentenwert multipliziert. Die Formel lautet:

Monatliche Rente = EP × ZF × aRW × RAF

Der Zugangsfaktor (ZF) beträgt bei einem regulären Renteneintritt 1, gehst du früher in Rente ist er kleiner 1, gehst du später, größer. Der aktuelle Rentenwert (aRW) wird durch die Bundesregierung mit Zustimmung des Bundesrats jeweils zum 1. Juli eines Jahres festgelegt Der Rentenartfaktor (RAF) unterscheidet verschiedene Rentenarten, etwa die Alters-, die Berufs- oder die Erwerbsunfähigkeitsrente. Für die Altersrente beträgt er 1.

Zum Glück gibt es seit einigen Jahren die Renteninformation, die alle für dich wichtigen Daten zu deinen Ansprüchen aus der gesetzlichen Rentenversicherung enthält. Sie enthält die bereits erdiente Rente, die mit den Steigerungssätzen 1 und 2 Prozent hochgerechneten prognostizierten Renten bei unterstellt gleichbleibendem Einkommen und entsprechenden Einzahlungen in das Rentensystem sowie deinen Beitragsverlauf. Du kannst davon ausgehen, dass die Berechnung stimmt, und brauchst dich nicht unnötig damit aufhalten.

Seit Ende Juni 2023 gibt es auch eine säulenübergreifende digitale Renteninformation vom Rentenversicherungsträger, die über ein Online-Portal aktuelle Ansprüche aus der gesetzlichen, privaten und betrieblichen Vorsorge zeigt. Die Nutzung ist laut ZfDR »freiwillig, kostenfrei und von jedem gängigen Internetbrowser aus möglich. Die Authentifizierung erfolgt mit dem elektronischen Personalausweis (oder der eID-Karte für Bürgerinnen und Bürger der EU und des EWR)«. Das Portal, das unter www.rentenuebersicht.de erreichbar ist, bietet zur Zeit (Sommer 2023) noch keine vollständige Renteninformation, da noch nicht alle Vorsorgeeinrichtung teilnehmen beziehungsweise angebunden sind. Über den aktuellen Stand des Portals und den Zugang zum Portal findest du auf der Seite der ZfDR[32]. Wir werden dich auf financial-wellness.com/buch darüber informieren, wie du die dort gelieferten Werte in deine Analyse und deinen Trainingsplan einbauen kannst. Du musst dir aber keine Gedanken über große Überraschungen machen. Wenn du unserem Plan gewissenhaft gefolgt bist, hast du alle Werte schon in der Tasche und adäquat berücksichtigt. In Zukunft wird die Erhebung der Analysedaten durch die digitale säulenübergreifende Renteninformation allerdings für dich erheblich einfacher.

Unter bestimmten Bedingungen kannst du freiwillige Beiträge zur gesetzlichen Rentenversicherung leisten. Wer in Deutschland lebt – gleichgültig ob mit deutschem oder anderem Pass –, mindestens 16 Jahre alt ist, noch keine Altersvollrente bezieht und in der gesetzlichen Rentenversicherung nicht versicherungspflichtig ist, kann sich bei der Deutschen Rentenversicherung freiwillig versichern. Dies gilt zum Beispiel für Selbstständige, Freiberufler oder nicht erwerbstätige Erwachsene, wie etwa Hausfrauen. Deutsche, die im Ausland wohnen, können ebenfalls freiwillige

Beiträge zahlen. Wer Pflichtbeiträge zur Rentenversicherung zahlt, kann sich nicht zusätzlich freiwillig versichern.

Für Pflichtversicherte besteht aber bei Vorliegen bestimmter Voraussetzungen die Möglichkeit, durch freiwillige Ausgleichszahlungen die Ansprüche aus der gesetzlichen Rentenversicherung zu erhöhen:

1. Wer mindestens 50 Jahre alt ist und die Abschläge für einen möglichen vorzeitigen Renteneintritt durch zusätzliche Einzahlungen ausgleichen möchte, kann sogenannte Ausgleichszahlungen leisten. Eine Verpflichtung, dann tatsächlich auch vor dem 67. Lebensjahr in Rente zu gehen, ist damit nicht verbunden. Wenn du trotzdem bis 67 arbeiten willst, steigt die Altersrente einfach entsprechend.

2. Wenn du noch nicht 45 Jahre alt bist, kannst du freiwillig Nachzahlungen für Schul- und Studienzeiten erbringen. Für die Berechnung des möglichen Nachzahlbetrages solltest du unbedingt die gesetzliche Rentenversicherung konsultieren; sie errechnet für dich, für wie viele Monate du eine Nachzahlung leisten kannst.

3. Nach einer Scheidung kannst du durch freiwillige Zahlungen in die gesetzliche Rentenversicherung Rentenverluste ausgleichen, die durch den Versorgungsausgleich möglicherweise entstanden sind. Auch hier empfehlen wir dir, die nötigen Berechnungen durch die Rentenkasse durchführen zu lassen.

Deine freiwilligen Beiträge kannst du zwischen mindestens 96,72 Euro und höchstens 1357,80 Euro selbst festlegen. Aus dem Mindestbeitrag ergeben sich ungefähr 4 Euro mehr Rente pro Monat, beim Höchstbeitrag rund 70 Euro[33]

Es ist eine gute Sache, dass es die Möglichkeit freiwilliger Einzahlungen in die gesetzliche Rentenversicherung gibt. Die Einzahlung kann zum Beispiel dann sinnvoll sein, wenn Wartezeiten noch nicht erfüllt sind und dadurch erfüllt werden können – etwa, wenn trotz Kindererziehungszeiten keine fünf Jahre für einen Rentenanspruch erfüllt sind. Wie immer solltest du aber auch hier Vor- und Nachteile einer Einzahlung abwägen. Vorteile sind etwa: lebenslange, jährlich steigende Rente, Unabhängigkeit vom Kapitalmarkt – was aber auch ein Nachteil sein kann – und steuerliche Abzugsfähigkeit der Einzahlung innerhalb der jeweils gültigen Grenzen. Nachteile sind: Verglichen mit einer Anlage am Kapitalmarkt etwa in einem Aktienfonds ist die Rendite eher gering – außer du wirst sehr alt. Außerdem können sich die Rahmenbedingungen innerhalb der GRV ändern, etwa die Regelaltersgrenze. Wird diese nämlich erhöht, bekommst du auch entsprechend später Rente. Ebenso ist ein flexibler Zugriff auf dein eingezahltes Geld ausgeschlossen. Kapitalauszahlungen sind nicht möglich. Auch müssen die Renten aus der GRV versteuert und verbeitragt werden, was bei einem Entnahmeplan zum Beispiel nicht der Fall ist – die Einzahlungen erfolgten da bereits aus dem Netto. Versteuert werden lediglich die Erträge des Fonds.

Private Altersvorsorge

Klassische Rentenversicherungen

Der gängigste Weg, Rentenlücken zu schließen, waren in der Vergangenheit klassische Rentenversicherungen. Sie investieren das Kundengeld nach denselben strengen gesetzlichen Regeln wie klassische Kapitallebensversicherungen. Versicherer müssen durch Art, Umfang und Qualität ihrer Vermögensanlagen die dauernde Erfüllbarkeit der Versicherungsverträge sicherstellen. Die strengen gesetzlichen Vorschriften, die es hierfür gibt, sind etwa das Versicherungsaufsichtsgesetz (VAG) oder der europäischen Regelung Solvency II. Bei klassischen Rentenversicherungen gibt es einen Garantiezins auf den Sparanteil des eingezahlten Beitrags. Der Garantiezins liegt aktuell bei Abschluss eines Neuvertrages bei 0,25 Prozent. In den 1990er Jahren lag er noch bei über 4 Prozent! Was ist der Sparanteil? Das ist der Betrag, der nach Abzug von Kosten und Provision übrigbleibt, in der Regel zwischen 80 und 90 Prozent. Von 100 Euro Beitrag werden also nur 80 bis 90 Euro mit 0,25 Prozent garantiert verzinst. Dazu kommen Überschussbeteiligungen, so dass es derzeit zu einer laufenden Verzinsung von circa 2 Prozent kommt. Du siehst leicht, dass das unter Rendite- oder Geldanlagegesichtspunkten kein gutes Geschäft für dich ist.

Diese klassischen Rentenversicherungen sind in den letzten Jahren in Verruf geraten, weil die Rendite der Geldanlage in der Niedrigzinsphase deutlich zu wünschen übrigließ und es wesentlich bessere Alternative gibt, um Kapital gewinnbringend anzulegen. Andererseits garantiert eine Rentenversicherung eine lebenslange, jährlich steigende Rente. Das ist von Vorteil, wenn du lange lebst; es kann wirtschaftlich von Nachteil sein, wenn du früh stirbst. Für diesen Fall sollte dein Vertrag eine Rentengarantiezeit beinhalten, damit wenigstens deine Erben noch für eine Zeitlang etwas von deiner Altersvorsorge haben.

Fondsgebundene Rentenversicherungen

Wenn du kapitalmarktnäher Geld sparen möchtest, kannst du das mit sogenannten Fondspolicen tun und dir einen Rentenfaktor für deinen Renteneintritt schon heute sichern.

Der Rentenfaktor gibt bei Fondspolicen den Wert deiner Rente pro 10 000 Euro Policenwert an. Beträgt er beispielsweise 23, so bekommst du 23 Euro pro 10 000 Euro. Hat deine Police einen Wert von 20 000 Euro, beträgt die Rente 46 Euro. In den Rentenfaktor fließen verschiedene Faktoren ein, die seine Höhe beeinflussen. Ganz zentral: die Sterbetafel. Die Sterbetafel enthält die durchschnittliche Lebenserwartung nach Geschlecht und vollendetem Alter und wird jedes Jahr aktualisiert. Eine wichtige Quelle ist – wenn du da mal nachschauen willst – das Statistische Bundesamt[34]. Versicherer verwenden allerdings oft eigene Sterbetafeln, die auf den Sterbetafeln der Deutschen Aktuarvereinigung beruhen. Wenn du die Entwicklung dieser Sterbetafeln beobachtest, erkennst du, dass wir in Deutschland immer älter werden. Das bedeutet aus Versicherersicht: Die Renten müssen immer länger bezahlt werden. Das schlägt sich im Rentenwert nieder. So kann bei einer weiteren Steigerung der Lebenserwartung der Rentenwert in unserem Beispiel in 20 Jahren von heute 23 Euro auf beispielsweise 19 Euro sinken. Bei gleichem Policenwert beträge die Rente nur noch 38 Euro. Es ist also durchaus vernünftig, wenn du dir einen Rentenwert heute sicherst, der dann in Zukunft nicht mehr verändert werden darf. Allerdings ist das nicht überall der Fall. Es gibt Fondspolicen, bei denen der Rentenwert nicht garantiert ist. Von solchen Produkten solltest du die Finger lassen.

Rentenversicherungen Neue Klassik

Rentenversicherungen mit dem Label »Neue Klassik« funktionieren ganz ähnlich wie klassische Rentenversicherungen. Allerdings ist bei ihnen der Garantiezins noch etwas niedriger als bei den klassischen Rentenversicherungen und eine Beitragsgarantie entfällt, das heißt, der Vertrag kann am Ende auch weniger Geld enthalten, als du eingezahlt hast. Die Garantiegrenze ist dabei von Vertrag zu Vertrag verschieden. Durch diesen Verzicht auf Garantien kann der Versicherer das Geld etwas freier anlegen und dadurch auch eine höhere Überschussbeteiligung erwirtschaften. Im Vergleich schnitt die neue Klassik tatsächlich ein wenig besser ab als die klassische Rentenversicherung – allerdings nur um wenige zehntel Prozent.

Rentensparpläne

Natürlich kannst du auch Sparprozess und Rentenphase trennen und ab jetzt sukzessive einen Spartopf befüllen, über den du zum Renteneintritt verfügen kannst. Dafür eignen sich etwa Aktien-ETFs. Mehr dazu im Abschnitt »Sparen und Vermögensbildung«. Die sind kostengünstiger und erzielen mit hoher Wahrscheinlichkeit einen höheren Ertrag als Fonds im Versicherungsmantel. Auch stehen dir bei diesem Vorgehen zum Rentenbeginn mehrere Optionen offen: Du kannst das angesparte Kapital in eine sofortbeginnende Rente einzahlen oder einen Entnahmeplan vereinbaren oder eine Kombination aus beidem gestalten. Oder du tilgst das Restdarlehen für dein vermietetes Mehrfamilienhaus und nimmst die Mieteinnahmen als Rente.

Das hat – wie alles im Leben – Vor- und Nachteile. Bei einem Entnahmeplan ist irgendwann der Topf leer. Das »Risiko« ist, dass du nicht weißt, wie lange du leben wirst; Versicherer nennen das Langlebigkeitsrisiko. Zahlst du dann dein Fondsvermögen in eine sofort beginnende Rente ein, wird ziemlich sicher ein anderer und wahrscheinlich ungünstigerer Rentenfaktor als heute angesetzt, weil sich die Kalkulationsgrundlagen und die Lebenserwartung verändert haben.

Denn mit jedem neuen Lebensjahr steigt deine durchschnittliche Lebenserwartung, will sagen: Je älter du wirst, umso höher steigt auch deine Lebenserwartung. Wenn du also mit 30 eine lebenslange Rente – beginnend mit 67 – abschließt, kalkuliert die Versicherung für dich eine niedrigere Lebenserwartung, als wenn du schon 67 bist. Das »Risiko«, dass du noch älter wirst, ist, wenn du schon alt bist, höher, als wenn du noch jung bist. Das fühlt sich irgendwie komisch an, ist aber logisch.

Also: Eine sofort beginnende Rente birgt das Risiko in sich, dass der später errechnete Rentenwert niedriger ist, als der heute errechnete. Das kann durch eine geschickte Geldanlage außerhalb eines Versicherungsproduktes vielleicht kompensiert oder sogar übertroffen werden. Ob du unterm Strich eine höhere Rente bekommen wirst, als wenn du heute eine fondsgebundene Rentenversicherung abschließt, ist also offen.

Auszahl- beziehungsweise Entnahmepläne

Wie gesagt: Entnimmst du aus deinem angesparten Vermögen monatlich einen Betrag, bist du zwar bei der Festlegung des Betrages frei und flexibel – du kannst ja mehr oder weniger entnehmen, je nach Bedarf – aber eine lebenslange Entnahme ist eben nicht garantiert. Dennoch kann ein Auszahlplan die richtige Entscheidung sein. Angenommen, du hast 100 000 Euro angespart, und angenommen du stehst zum Rentenbeginn vor der Entscheidung, dieses Geld in eine sofort beginnende Rente einzuzahlen und dafür eine lebenslange Rente garantiert zu bekommen oder das Geld weiter selbst zu verwalten und monatlich einen Betrag zu entnehmen.

Wir greifen zur Illustration auf eine Untersuchung von *Finanztest* zurück. Demnach bekommt ein 65-jähriger Modellkunde maximal 284 Euro lebenslange monatliche Rente, wenn er 100 000 Euro in eine Sofortrente einzahlt[35]. Im direkten Vergleich hat *Finanztest* einen Entnahmeplan aus einem Aktien-ETF simuliert und dabei zwei mögliche Entnahmezeiträume betrachtet: Die eine Entnahmephase von 1992 bis 2022 hätte über 30 Jahre im Mittel eine Entnahme von 1 123 Euro pro Monat, mindestens aber von 293 Euro pro Monat ermöglicht, die zweite von 2002 bis 2022 über 20 Jahre im Mittel 847 Euro pro Monat, mindestens 403 Euro[36]. Auch wenn es sich hierbei um eine Vergangenheitsbetrachtung handelt, zeigt dieser Vergleich das Potenzial eines Entnahmeplans für deine Altersvorsorge. Er zeigt aber auch, wie abhängig diese Vorgehensweise von den jeweiligen Kapitalmarktentwicklungen ist: Beim gleichen Ausgangskapital konnte in 30 Jahren, die den Boom des Kapitalmarktes in den 1990ern »mitnahmen«, monatlich mehr entnommen werden als in 20 Jahren im 21. Jahrhundert.

Wie du am besten für dich passend zu diesen 100 000 Euro im Beispiel kommst, zeigen wir dir weiter im Cluster »Sparen und Vermögensbildung«. Eine alte Börsenweisheit sei dir schon hier mitgegeben: Lege nicht alle Eier in einen Korb. Das heißt: fahre mehrgleisig. Nutze verschiedene Vehikel und kombiniere sie. Hier folgen weitere Optionen.

Betriebliche Altersvorsorge

Vielleicht bietet dein Arbeitgeber auch eine betriebliche Altersvorsorge (bAV) an – im Idealfall sogar finanziert durch Beiträge deines Arbeitgebers. Wenn das so ist, bekommst du darüber – künftig auch über das Online-Portal der ZfDR – jährlich Standmitteilungen, die deine Ansprüche daraus enthalten. Doch auch wenn dein Arbeitgeber nicht von sich aus eine betriebliche Altersvorsorge für dich finanziert, hast du einen Rechtsanspruch, eigenes Entgelt in eine betriebliche Altersvorsorge einzuzahlen. Das kann sehr attraktiv sein, weil die Einzahlung brutto erfolgt und der Arbeitgeber die eingesparten Sozialversicherungsbeiträge pauschal an dich weitergeben und in deinen Vertrag einzahlen muss. Erst bei Rentenbezug wird die Rente besteuert und es werden – wenn du nicht privat krankenversichert bist – Krankenversicherungsbeiträge darauf fällig. Das ist in vielen Fällen sehr lohnend. Zur Verfügung stehen verschiedene sogenannte Durchführungswege, die wir hier wenigstens kurz nennen, damit du sie einmal gehört hast. Wirklich wählen kannst du hier nicht. Der Arbeitgeber entscheidet, welcher Durchführungsweg in seinem Unternehmen angeboten wird.

Durchführungswege der betrieblichen Altersvorsorge

Die betriebliche Altersvorsorge (bAV) kann auf fünf Wegen von einem Unternehmen umgesetzt werden:

Direktversicherung: Bis Ende 2004 war die Direktversicherung der einzige Durchführungsweg mit vorgelagerter Besteuerung für Arbeitnehmer. In der Ansparphase mussten bis zu diesem Zeitpunkt lediglich 20 Prozent pauschale Steuern auf die Beiträge gezahlt werden. Rentenzahlungen werden dann lediglich mit dem sogenannten Ertragsanteil versteuert. Das ist ein von der Laufzeit des Vertrages abhängiger pauschaler Wert, der dem Einkommensteuergesetz entnommen werden kann. Seit 2005 wird die Direktversicherung steuerlich wie Pensionskassen und Pensionsfonds behandelt: Beiträge bis zu 4 Prozent der jeweiligen Beitragsbemessungsgrenze für die Rentenversicherung BBG (siehe Kasten »Randnotiz: Beitragsbemessungsgrenzen (BBG)« im Cluster »Krankheit und Pflege«) sind in der Einzahlungsphase steuer- und sozialversicherungsfrei. Renten müssen im Gegenzug voll versteuert und verbeitragt werden. Ein Vorteil ergibt sich dann, wenn der Steuersatz in der Rentenphase deutlich niedriger ist als in der Ansparphase. Privat Krankenversicherte müssen natürlich keine Sozialversicherungsbeiträge zusätzlich zu ihrem Beitrag in die PKV bezahlen.

Pensionskasse: Die Pensionskasse unterscheidet sich kaum von der Direktversicherung. Auch hier können bis zu 4 Prozent der jeweiligen BBG eingezahlt werden. Das ist im Einkommensteuergesetz § 3 Nr. 63 EStG geregelt. Eine Sonderregelung gibt es für Zusagen, die vor dem 1.1.2005 erteilt wurden: Für diese Zusage können Beiträge, die über die 4 Prozent BBG hinausgehen, pauschal mit 20 Prozent versteuert eingezahlt werden. Die Pensionskasse ist nicht darauf festgelegt, ausschließlich lebenslange Rente zu bezahlen; Kapitalzahlungen sind – sofern vereinbart – möglich.

Pensionsfonds: Die Besonderheit von Pensionsfonds liegt in der Möglichkeit, bis zu 100 Prozent in Aktien investieren zu können. Die Einzahlung ist bis 4 Prozent der BBG steuerfrei, und die Auszahlung wird nachgelagert besteuert und verbeitragt. Pensionsfonds müssen lebenslange Renten auszahlen. Eine Teilkapitalisierung zu Beginn der Rentenphase ist möglich.

Unterstützungskasse: Unterstützungskassen sind Versorgungseinrichtungen in der Rechtsform eines eingetragenen Vereins mit einem oder mehreren Mitgliedern, sogenannte Trägerunternehmen. Sie unterliegen weder speziellen Anlagevorschriften noch der staatlichen Aufsicht. In der Regel sind die Renten, die über eine Unterstützungskasse zugesagt werden, kongruent rückgedeckt. Das bedeutet, dass im Hintergrund eine Versicherung steht, die die lebenslange Auszahlung garantiert. Über die Unterstützungskasse können beliebig hohe Renten zugesagt werden. Deshalb wird sie oft zur Versorgung leitender Angestellter und Geschäftsführern und Vorständen eingesetzt. Auch hinter der Versorgungsanstalt des Bundes und der Länder, über die die betriebliche Altersvorsorge für den öffentlichen Dienst abgewickelt wird, steht eine Unterstützungskasse.

Direktzusage: Bei der Direktzusage gibt der Arbeitgeber direkt ein Versorgungsversprechen. Er trägt dabei das Langlebigkeitsrisiko, wenn er ein lebenslanges Versorgungsversprechen gibt, und weitere Risiken für das Unternehmen, die mit der Finanzierung des Versprechens verbunden sind. Der Arbeitgeber muss in seiner Bilanz hierfür Rückstellungen bilden, um ein Mindestmaß an Sicherheit zu gewährleisten. Rückstellungen sind Verbindlichkeiten, denen das Unternehmen im Idealfall dafür reservierte Vermögenswerte oder eine Versicherung gegenüberstellt. Das nennt man Ausfinanzierung. Verpflichtend ist diese nicht. Wenn keine Ausfinanzierung vorliegt, muss das Unternehmen die Renten aus den laufenden Erlösen finanzieren. Geht das nicht mehr, weil das Unternehmen in eine Schieflage geraten ist, tritt der Pensionssicherungsverein ein, in den jedes Unternehmen, das Direktzusage erteilt, Beiträge einzahlen muss.

Sprich am besten mit einem spezialisierten bAV-Berater über das Thema. Deine Personalabteilung oder auch dein Betriebsrat wissen, an wen du dich in deinem Betrieb wenden musst.

Von der Rentenlücke zum notwendigen Kapitalbedarf

Die individuelle Ermittlung deines Sparaufwandes, um die von dir ermittelte Rentenlücke zu schließen, ist kompliziert. Wir bieten dir deshalb ein vereinfachtes, aber zur Orientierung völlig ausreichendes Verfahren, damit du dir besser vorstellen kannst, was zu tun ist

Zunächst muss dein Kapitalbedarf bestimmt werden. Verwende hierfür folgendes Schema: Die ermittelte Rentenlücke geteilt durch den durchschnittlichen garantierten Rentenfaktor[37] für 2023 in Höhe von 22,78 ergibt den sogenannten Sparzielfaktor, der wiederum mit 10 000 multipliziert deinen Kapitalbedarf für eine garantierte lebenslange Rente ergibt. Beispiel für 1 000 Euro Rente:

1000 : 22,78 = 45,17 × 10 000 = rund 450 000 Euro

Jetzt bist du dran:

	Meine Werte
Rentenlücke	
Durchschnittlicher garantierter Rentenfaktor	22,78
Sparzielfaktor	
Kapitalbedarf ergibt sich aus der Multiplikation des Sparzielfaktors mit 10 000 Euro	

Hiervon kannst du das Vermögen abziehen, das du bereits für die Altersvorsorge reserviert hast.

Wie viel du nun monatlich zurücklegen musst, um dieses Sparziel zu erreichen und den errechneten Kapitalbedarf zu decken, hängt vom Anlagehorizont und der Rendite der Anlage ab. Damit befassen wir uns im Cluster »Sparen und Vermögensbildung«.

Andere Cluster: Aus dem Bedarfsfeld Altersvorsorge lohnt sich auf jeden Fall ein Blick in das Cluster »Sparen und Vermögensbildung«, in dem Hilfestellungen für die Berechnung von Kapitalbedarf und Sparraten gegeben werden.

Checklisten: Welche Mindestanforderungen Verbraucherschützer für die unterschiedlichsten Altersvorsorge-Produkte definieren, entdeckst du auf S. 241 ff.

Preise sind bezogen auf die Altersvorsorge-Sparraten, für die wegen unterschiedlicher Anlagefristen und Risikoneigungen nicht überblicksartig allgemeinverbindliche Orientierungen gegeben werden können.

Aktivität

Trag nun die für deine Altersvorsorge laufenden und geplanten Sparaktivitäten in das Tableau »Mein Aktivitätenplan« auf S. 261 und ebenfalls in das Tableau »Meine Sparziele« auf S. 262 ein.

Haus und Wohnung

Dieses Bedarfsfeld umfasst die Finanzthemen, die dem Schutz des Haushalts vor Haftungsrisiken, Vermögensverlust und Liquiditätsengpässen rund um den Besitz von Immobilien und Hausrat dienen, sowie zum Sparen für individuelle Ziele rund um Haus und Wohnung.

Zum Cluster »Wohnung und Haus« gehören in der Übersicht der Finanzthemen

■ zur Sicherung des finanziellen Grundbedarfs
– Rangplatz 10: Absicherung von Haftungsrisiken aus Haus- und Grundbesitz (+ HR)
– Rangplatz 11: Absicherung von Haftungsrisiken bei Bau und Sanierung (+ HR)
– Rangplatz 12: Absicherung von dem Haftungsrisiko Gewässerschäden (+ HR)
– Rangplatz 13: Absicherung von Haftungsrisiken aus einer Photovoltaikanlage (+ HR)
– Rangplatz 21: Risiko des Verlustes oder der Beschädigung einer Immobilie

■ zur Erhaltung des Lebensstandards
– Rangplatz 30: Vorsorge für das Zinsänderungsrisiko bei Immobilienfinanzierungen (+ LS)
– Rangplatz 32: Absicherung des Verlustes oder der Beschädigung von Hausrat
– Rangplatz 33: Rücklagen für die Instandhaltung der/von Immobilie/n (+ SV)
– Rangplatz 36: Absicherung des Kostenrisikos für Rechtsschutz (+ HR)
– Rangplatz 38: Sparen für wesentliche Ersatzinvestitionen (+ MR, + SV)

■ zur Erhöhung des Lebensstandards
– Rangplatz 41: Schaffung von Eigenkapital für den Erwerb von selbstgenutztem
– Wohneigentum (+ SV)
– Rangplatz 42: Sparen für weitere individuelle Ziele wie Sauna, Pool etc. (+ SV)

Hinweis: Die in Klammern gesetzten Ziffern im folgenden Text erinnern dich an die Position des jeweiligen Finanzthemas im Ranking auf S. 74 ff.

In diesem Cluster ist eine ganze Reihe von Finanzthemen zusammengefasst, die sich zwar, wie der Name sagt, rund um Haus und Wohnung drehen und zugleich doch auf ganz unterschiedliche Lebenssituationen beziehen.

Wenn du eine Immobilie besitzt, sind die Haftungsthemen für Haus- und Grundbesitz (10), für Gewässerschäden (12) und aus einer Photovoltaikanlage (13) für dich – je nach Situation – ebenso relevant, wie das Risiko des Verlustes oder der Beschädigung einer Immobilie (21), das Zinsänderungsrisiko (30) und die Notwendigkeit der Bildung von Rücklagen für die Instandhaltung des Objektes (33). Wenn du das Haus oder die Wohnung, die du besitzt, verschönern und deine Lebensqualität darin durch eine Sauna oder einen Pool noch weiter erhöhen möchtest, interessiert dich das Sparen für weitere individuelle Ziele (42).

Die genannten Haftungsthemen haben wir, weil sie wie alle Haftungsthemen in unserer Rangliste sehr hoch eingeordnet sind, bereits im Cluster »Haftung und Rechtsschutz« (S. 117 ff.), das Zinsänderungsrisiko im Cluster »Liquidität und Vermögensbilanz« näher betrachtet (S. 158 ff.). Das Thema Luxussparen verschieben wir zur näheren Einordnung in das Cluster »Sparen und Vermögensbildung« (S. 203 ff.). Es macht Sinn, dort alle Sparvorhaben in einen Kontext zu stellen und miteinander abzugleichen. Wie wichtig dir die Verschönerung deiner Immobilie wirklich ist, siehst du am besten, wenn du das Projekt gedanklich beispielsweise neben die Rücklagen für die bestmögliche Ausbildung deiner Kinder stellst (siehe S. 151 ff.).

Instandhaltung deiner Immobilie

Auf die Bildung von Rücklagen für die Instandhaltung deiner vorhandenen Immobilie (33) müssen wir hier einen kurzen, aber nicht abschließenden Blick werfen. Was wir an dieser Stelle nicht betrachten wollen, ist, wie du die notwendigen Rücklagen am besten bildest. Das vertagen wir in das Cluster »Sparen und Vermögensbildung« (siehe S. 203 ff.). Was wir allerdings hier klarstellen müssen, ist, ob und in welcher Höhe du Rücklagen bilden solltest.

Zunächst zum »ob«: Wenn du eine Immobilie besitzt, ist deren Instandhaltung kein Kann, sondern ein Muss. Eine Immobilie herunterzuwirtschaften und sie nicht in ordentlichem Zustand zu erhalten, ist großer wirtschaftlicher Blödsinn. Deshalb musst du den Aufwand für die Instandhaltung deiner Immobilie auch gar nicht anderen Aufwänden gegenüberstellen. Die Frage, ob du dir die Instandhaltung eines

Hauses oder einer Wohnung leisten kannst und willst, solltest du dir vor deren Bau oder Erwerb stellen. Immobilien stellen kein zu verbrauchendes Vermögen dar. Sie machen dich, solange du sie hast, nicht reich. Man kann sie nicht essen und nicht trinken und mit ihnen auch keinen Urlaub bezahlen. Sie sind vielmehr zu hegende und zu pflegende Güter, die insofern zu einer sehr großen Belastung werden können. Wenn du eine Immobilie hast und nicht erhalten kannst oder willst, dann verkaufe sie lieber, bevor sie verfällt und wertlos ist, und benutze das erlöste Geld für die schönen Dinge des Lebens.

Die Höhe der für die Instandhaltung zu bildende Rückstellung sollte sich am Alter beziehungsweise an der Zeit seit der letzten umfassenden Sanierung des Gebäudes orientieren. Wenn diese Frist kleiner als 10 Jahre ist, sollte sich die Rückstellung auf 5 Prozent des aktuellen Neuwertes (siehe Kasten »Erläuterung: Neuwert«) belaufen, bei 10 bis unter 20 Jahren auf 7,5 Prozent und bei mehr als 20 Jahren auf 10 Prozent des Neuwertes des Gebäudes.

Bedenke an dieser Stelle auch, dass schon in naher Zukunft eine energetische Sanierung mit einem klimaneutralen Heizsystem notwendig werden wird, wenn du noch mit fossilen Energieträgern heizt. Du solltest dir überlegen, wie dein Energiebedarf klimaneutral gedeckt werden kann und für die hierfür notwendigen Maßnahmen Geld zurücklegen.

Die oben stehende Definition impliziert, dass der Wert des Grundstücks, das zu der Immobilie gehört, nicht berücksichtigt werden muss. Wer ein Haus besitzt, welches einen Wert von 500 000 Euro besitzt, der hat nicht unbedingt auch eben mal 25 000 bis 50 000 Euro rumliegen – nur und ganz speziell zweckgebunden für die Instandhaltung. Umso wichtiger ist es, auch für diesen Zweck immer und regelmäßig etwas zurückzulegen.

Neuwert

Erläuterung

Der Neuwert ist der jeweilige Neubauwert. Dabei handelt es sich um den Preis, den du zahlen müsstest, wenn du dein Haus in gleicher Art und Güte wieder errichten würdest. Das ist also ein dynamischer Wert, der immer höher wird. Ein vielleicht sprechenderer Ausdruck ist »Wiederbeschaffungswert«, der allerdings üblicherweise im Zusammenhang von Hausrat verwendet wird. Davon zu unterscheiden ist der Verkehrswert. Der Verkehrswert ist das, was du bekämst, wenn du deine Immobilie heute verkaufen würdest.

Die Frage liegt nahe: Wie kannst du den Neubauwert deiner Immobilie seriös ermitteln? Es ist schwer zu kalkulieren, wie teuer die Wiedererrichtung nach einem Totalschaden sein würde. Viele Versicherer berechnen den Wert über die Wohnfläche. Sie legen einen Quadratmeterpreis für die Baukosten zugrunde, der je nach Standard der Ausstattung variieren kann, und multiplizieren diesen mit der Quadratmeterzahl.

Weit verbreitet ist auch die Herleitung des Neubauwerts über den »Wert 1914«. Vor Beginn des 1. Weltkriegs waren die Baupreise nämlich stabil, und es gab in Deutschland die Goldmark. Das gilt als guter Anker. Deshalb wird bei diesem Verfahren danach gefragt, was das Haus im Jahr 1914 wert gewesen wäre. Daraus wird mithilfe des jährlich angepassten Preisindex der heutige Neuwert abgeleitet. Jährliche Anpassungen sorgen dafür, dass auch bei stark gestiegenen Preisen der ermittelte Neuwert stets so ungefähr den Neubaukosten entspricht.

Du findest den Wert 1914 im Versicherungsschein deiner Wohngebäudeversicherung und kannst daraus leicht den aktuellen Neuwert selbst ermitteln: Du multiplizierst den Wert 1914 mit dem aktuellen Baupreisindex und teilst das Ergebnis durch 100. Den aktuellen Baupreisindex findest du auf der Seite des Statistischen Bundesamtes[38]. Am Ende ist es nicht entscheidend, welches Wertermittlungsverfahren du anwendest. Viel wichtiger ist die korrekte Anwendung.

Bleibt uns schließlich zur genaueren Betrachtung gemeinsam mit denen, die schon eine Immobilie besitzen, hier in diesem Abschnitt allein die Frage nach dem Umgang mit dem Risiko des Verlustes oder der Beschädigung einer Immobilie, im Volksmund Gebäudeversicherung genannt. Wir kommen gleich darauf zurück.

Wenn du zu denen gehörst, die noch nicht Bewohner ihrer eigenen Immobilie sind, sondern wenn du diese gerade erst baust oder renovierst, ist das Haftungsrisiko bei Bau oder Sanierung (11) für dich relevant (siehe »Spezielle Haftungsthemen«, S. 122 ff.).

Eigenkapital zum Immobilienerwerb

Wenn du noch gar keine Immobilie besitzt, aber gerne irgendwann eine haben möchtest, betrifft dich die Schaffung von Eigenkapital für den Erwerb von eigengenutztem Immobilienerwerb (41). Bevor du dich nämlich auf den Erwerb einer Immobilie einlässt, solltest du in hinreichendem Maße Eigenkapital gebildet haben. Damit musst du rechtzeitig beginnen; denn auf jeden Fall handelt es sich dabei um einen höheren fünfstelligen oder sogar sechsstelligen Betrag; der spart sich nicht von heute auf morgen.

Zwar gehören Immobilien zu den grundsätzlich wertstabilen Vermögensanlagen; aber auch sie können kurz- bis mittelfristigen Wertschwankungen unterworfen sein. Denke nur an die Finanzkrise in den Jahren von 2007 bis 2010, die durch den Einbruch von Immobilienpreisen ausgelöst wurde. Oder denke an die fallenden Immobilienpreise in Folge der Zinserhöhungen im Jahr 2022. Letztlich ergeben sich Immobilienpreise auch – wie alle Handelspreise – aus dem Verhältnis von Angebot und Nachfrage. In Zeiten niedriger Zinsen ist die Nachfrage regelmäßig hoch – nicht nur, weil es dann günstig ist, Immobilien auf Pump zu erwerben, sondern auch, weil Anleger mit sicheren festverzinslichen Wertpapieren wegen der niedrigen Verzinsung kein Geld verdienen können und dann auf die Anlage in Immobilien ausweichen. Wenn dann die Zinsen – in der Regel synchron mit der Inflation – steigen, wird Immobilienfinanzierung teurer, und zugleich sinkt die Attraktivität von Immobilieninvestments, weil andere Anlagen wieder interessant werden.

Wegen dieser möglichen Preisschwankungen solltest du eine Immobilie nie – auch wenn dir das von einer Bank angeboten wird – zu 100 Prozent finanzieren, also den vollständigen Kaufpreis aus einem Darlehen begleichen. Du würdest sonst riskieren, dass du vielleicht eines Tages mehr Darlehen hast, als deine Immobilie wert ist, wenn einmal die Immobilienpreise sinken. Wir empfehlen dringend, mit der Darlehenssumme nicht über 80 Prozent des Kaufpreises hinauszugehen. Nicht zu vernachlässigen sind beim Immobilienerwerb auch die im Moment des Kaufs entstehenden Nebenkosten: die Grunderwerbsteuer sowie die Gebühren für den Makler und den Notar.

Seit Ende 2020 gilt die gesetzliche Regelung, dass sich beim Kauf beziehungsweise Verkauf einer Wohnung oder eines Einfamilienhauses Verkäufer und Käufer die Maklerprovision je hälftig zu teilen haben. Dabei muss jede Seite rund 3 Prozent einkalkulieren. Bei Mehrfamilienhäusern muss der Käufer tiefer in die Tasche greifen als der Verkäufer. Die nur für den Käufer anfallenden Notarkosten belaufen sich auf zwischen 1,2 und 1,9 Prozent des Kaufpreises, im Schnitt also rund 1,5 Prozent. Dabei sind zwei Drittel für die Arbeit des Notars an sich und ein Drittel für den von ihm in deinem Auftrag veranlassten Grundbucheintrag. Die Grunderwerbsteuer schließlich beläuft sich je nach Bundesland auf zwischen 3,5 und 6,5 Prozent.

Grunderwerbsteuer in den Bundesländern

3,5 %	Bayern, Sachsen
4,5 %	Hamburg
5,0 %	Baden-Württemberg, Berlin, Bremen, Niedersachsen, Rheinland-Pfalz, Sachsen-Anhalt
6,0 %	Hessen, Mecklenburg-Vorpommern
6,5 %	Brandenburg, Nordrhein-Westfalen, Saarland, Schleswig-Holstein, Thüringen

Die Nebenkosten beim Erwerb einer Immobilie können sich also leicht auf 8 bis 12 Prozent aufsummieren. Wir empfehlen, bei der Planung eines zukünftigen Immobilienerwerbs vorsorglich von 10 Prozent Gebühren auszugehen. Diese Summe solltest du bei der Kalkulation deines Eigenkapitals auf die Differenz zwischen Kaufpreis und 80 Prozent Darlehen addieren. Summa summarum kommst du also auf rund 30 Prozent notwendiges Eigenkapital bezogen auf die Kaufsumme. Wenn du davon ausgehst, dass dein Traumhaus rund 500 000 Euro kosten wird, solltest du vorher rund 150 000 Euro ansparen, um 50 000 Euro Gebühren aus dem Guthaben bezahlen zu können und »nur« 400 000 Euro Darlehen aufnehmen zu müssen. Bei 1 Million Euro Kaufpreis reden wir entsprechend von 300 000 Euro Eigenkapital.

So viel zu den notwendigen Ansparsummen. Wie du am besten sparst, betrachten wir im Cluster »Sparen und Vermögensbildung« (S. 203 ff.).

Auf jeden Fall und unbeschadet, in welcher der genannten Situationen du dich befindest, sind für dich wichtig die Absicherung des Verlustes oder der Beschädigung von Hausrat (32), der Rechtsschutz (36) und das Sparen für Ersatzinvestitionen (38).

Hausrat, also Möbel und Hausgeräte hast du sowohl in einer gemieteten Wohnung als auch in der eigenen Villa. Und Ersatzinvestitionen, etwa in eine neue Waschmaschine, die neue Couchgarnitur, den Farbfernseher auf dem neuesten technischen Stand oder den neuen Herd mit stromsparendem Induktionskochfeld, musst du immer wieder mal tätigen, egal wie und wo du wohnst. Hier bleibt uns nur die Empfehlung, stets im Blick zu halten, was in absehbarer Zeit anstehen könnte und entsprechende Rücklagen zu bilden. Wie du am besten für Ersatzinvestitionen sparst, darauf gehen wir – wenig überraschend – im Bedarfsfeld »Sparen und Vermögensbildung« tiefer ein.

Rechtsschutz brauchst du im Ernstfall genauso als Mieter einer Wohnung oder als Nachbar in der Einfamilienhaus-Siedlung wie auch als Vermieter einer fremdgenutzten Wohnung. Das Thema Rechtsschutz haben wir bereits im Cluster »Haftung und Rechtsschutz« näher betrachtet. Im Zweifel wirf nochmal einen Blick auf S. 128 ff.

Kommen wir nun zur – aufgeschobenen – genauen Bearbeitung der Risiken des Verlustes oder der Beschädigung der Immobilie oder des Hausrats.

Wohngebäudeversicherung

Beginnen wir dabei mit dem Risiko des Verlusts oder der Beschädigung der Immobilie (21), das in unserer Themenliste vor dem Risiko des Verlusts des Hausrats rangiert. Diese Rangfolge ist damit zu begründen, dass in den meisten Haushalten die Immobilie einen höheren Wert hat als der darin befindliche Hausrat, dass mithin der Verlust der Immobilie ein höheres Potenzial der Existenzbedrohung in sich trägt als der Verlust des Hausrats.

Es mag Einzelfälle schlecht instandgehaltener – sic! – ländlicher Adelssitze geben, in denen mehr Vermögen in Form von alten Gemälden, Kristallglas und Tafelsilber schlummert, als das Gemäuer selbst wert ist. Diese Fälle haben die Norm-Experten nicht darin beirrt, den Verlust einer Immobilie grundsätzlich für bedrohlicher einzustufen als den ihres Inhaltes, eben des Hausrats.

Besonders gefährlich ist der Verlust ihrer Immobilie für die meisten Menschen dadurch, dass Immobilien fast immer mit geliehenem Geld erworben oder errichtet werden und über viele Jahre hin mit Darlehen belegt sind. Wenn also eine unversicherte Immobilie beispielsweise durch einen Brand zerstört würde, stünden die Eigentümer ohne Gebäudeversicherung mit großer Wahrscheinlichkeit von einem Tag auf den anderen mit hohen ungedeckten Darlehen auf der Straße – ein Schaden, von dem sich Normalverdiener kaum jemals wieder erholen. Doch auch dann, wenn deine Immobilie schuldenfrei ist, darfst du aus unserer Sicht auf keinen Fall auf eine Wohngebäudeversicherung verzichten. Auf jeden Fall nämlich wird deine Immobilie oder werden deine Immobilien einen beachtlichen Anteil an deinem Gesamtvermögen ausmachen. In Deutschland machen Immobilien rund zwei Drittel des privaten Vermögens aus. Eine wertvolle Immobilie durch einen unversicherten Schadensfall zu verlieren, wäre so oder so ein enormer Verlust, der den zukünftigen Lebensstandard dramatisch einschränken würde.

Was deckt eine Gebäudeversicherung ab? Neben einem Totalschaden, den wir eben besprochen haben, etwa durch einen Brand, deckt eine Wohngebäudeversicherung auch mitunter hohe Teilschäden am Haus ab. Solche entstehen durch Feuer, Leitungswasser, Sturm und Hagel sowie andere Naturgefahren. Es lohnt sich, wenn du dir kurz vergegenwärtigst, was sich hinter diesen Stichworten verbirgt.

<table>
<tr><td>Erläuterung</td><td>

Was deckt die Wohngebäudeversicherung ab?

</td></tr>
</table>

- Feuer: Hier geht es um Brand, Blitzschlag, Überspannung durch Blitz, Explosion und Folgeschäden daraus.
- Leitungswasser: Hier geht es um Schäden durch Rohrbruch, Frost, Nässe.
- Sturm und Hagel: Um was es hier geht, kannst du dir leicht vorstellen. Versichert sind Sturmschäden ab Windstärke 4 (circa 62 Kilometer pro Stunde).
- Naturgefahren: Hier geht es um Überschwemmung aufgrund von Starkregen oder Hochwasser, um Lawinen, Erdbeben, Erdsenkung und Erdrutsch, Schneedruck und Rückstau von Regenwasser aus dem Rohrsystem des versicherten Gebäudes.

Alle vier im Kasten genannten Gefahrenbereiche sollte deine Wohngebäudeversicherung abdecken. Standardmäßig sind in der Regel nur Feuer, Leitungswasser sowie Sturm und Hagel abgedeckt. Damit ist das Wichtigste schon mal erledigt; denn Leitungswasser verursacht jeden dritten Schaden. Und die Summe aller Schäden durch Leitungswasser ist genauso teuer wie die Folgen von Sturm, Feuer und Glasbruch zusammen.

Natur- oder auch Elementargefahren müssen dann extra eingeschlossen werden. Das solltest du unbedingt tun. Denn das Risiko, Schäden durch Naturkatastrophen zu erleiden, ist in den letzten Jahren extrem gestiegen und steigt weiter. Überall in Deutschland! Der Klimawandel zeigt hier seine hässliche und zerstörerische Seite. Hier ist nicht der Ort, darüber nachzudenken, wie wir dem Klimawandel begegnen, ihn verlangsamen oder umkehren können. Das ist ein ganz anderes Thema und Stoff für ein eigenes Buch. Wir wollen mit dir zusammen den Realitäten und ihren Entwicklungen ins Auge schauen, dich darauf einstellen und für den Ernstfall bestmöglich vorbereiten. Wohlgemerkt: Das sollte dich nicht daran hindern, dich für mehr Klimaschutz und alles, was damit zusammenhängt, zu engagieren. Das kann sehr bedeutsam sein für unser aller finanzielle und grundsätzliche Sicherheit in Zukunft. Nur: Das ist kein Thema für deine Financial Wellness heute. Wenn es gelingt, dass sich die Risiken durch Naturgefahren wieder verringern, umso besser. Für heute bist du mit diesem Fitness-Programm auf jedes Szenario bestens vorbereitet.

Wie sieht es nun mit den Naturgefahren aus? Betrachten wir zunächst das Risiko Hochwasser. Alle Adressen in der Bundesrepublik sind einer sogenannten ZÜRS-Zone zugeordnet. ZÜRS steht für Zonierungssystem für Überschwemmung, Rückstau und Starkregen, das der Gesamtverband der Deutschen Versicherungswirtschaft (GDV) entwickelt hat. Es werden vier Zonen unterschieden:

- ZÜRS-Zone 1: Hochwasser seltener als alle 200 Jahre,
- ZÜRS-Zone 2: Hochwasser alle 50 bis 200 Jahre,
- ZÜRS-Zone 3: Hochwasser alle 10 bis 50 Jahre,
- ZÜRS-Zone 4: Hochwasser einmal in 10 Jahren.

Der GDV stellt auch einen kostenlosen Rechner zur Verfügung, mit dem du deine ZÜRS-Zone ermitteln kannst: hochwasser-check.com. Auch für die anderen Naturgefahren gibt es einen Onlinerechner: naturgefahren-check.de.

Grobe Fahrlässigkeit

Erläuterung

Bei den Haftungsrisiken kamen wir schon einmal auf das Thema Fahrlässigkeit zu sprechen. Das ist auch im Zusammenhang mit der Wohngebäudeversicherung unbedingt beachtenswert. Denn viele Tarife dieser Produktgattung schließen Leistungen bei grober Fahrlässigkeit aus oder schränken diese drastisch ein. Das ist nicht akzeptabel! *Finanztest* bewertet deshalb Tarife, die nicht auf die Einrede grober Fahrlässigkeit verzichten, knallhart mit »mangelhaft« – egal, was die Tarife sonst an Leistungen versprechen.[39]

Warum eigentlich? Weil es im Einzelfall oft sehr schwer ist, zwischen leichter und grober Fahrlässigkeit zu unterscheiden. Hättest du gewusst, dass eine auch nur kurz unbeaufsichtigt brennende Kerze bereits als grob fahrlässig gilt? Gerichtliche Klärungen darüber können sich hinziehen. Das führt zu Verzögerungen bei der Leistungsprüfung und -auszahlung, die du etwa bei einem Totalschaden auf keinen Fall haben möchtest und mit hoher Wahrscheinlichkeit finanziell gar nicht durchstehen kannst. Hingegen ist die Unterscheidung zwischen Vorsatz und Fahrlässigkeit einfach. Eine Leistungszusage kann deshalb bei Verzicht auf die Einrede grober Fahrlässigkeit zügig erfolgen – was in so einer Situation auch nötig ist.

Es gibt zum Glück genügend Tarife, die auch bei grober Fahrlässigkeit leisten und dennoch nicht teurer sind als die anderen. Mithin gibt es auch gar keinen Grund, einen für dich schlechteren Tarif zu wählen. Wir denken, du solltest dich nicht bei allem, was du tust, mit der Frage belasten müssen, ob das nun schon grob fahrlässig ist und was das möglicherweise für deinen Versicherungsschutz bedeutet. Auf der anderen Seite wollen wir dich aber auch nicht zur Leichtsinnigkeit verleiten. Folge einfach deinem gesunden Menschenverstand und bleib vernünftig.

> Jetzt fragst du dich vielleicht: Was kostet der Spaß? Nun, die Preisunterschiede sind gewaltig. An einem günstigen Standort in der ZÜRS-Zone 1 (siehe oben) reicht die Preisspanne für ein neues Einfamilienhaus von unter 200 Euro bis fast 800 Euro pro Jahr. Altbauten sind je nach Baujahr mitunter mehr als doppelt so teuer. An teuren Standorten zahlst du locker für das gleiche Wohnhaus das Doppelte im Vergleich zu günstigen Standorten.[40]

Hausratversicherung

Jetzt kommen wir noch zu dem, was sich in deinem Haus befindet. Hausrat ist alles, was du in deiner eigenen oder der gemieteten Immobilie drin hast und was nicht so fest montiert ist, dass du es bei einem Umzug nicht mitnehmen könntest. Ob du tatsächlich planst, die Einbauküche mitzunehmen oder an den Nachmieter zu verkaufen, spielt dabei keine Rolle. Auch sie gehört zum Hausrat.

Durch Hausratversicherungen (32) ist dein Hausrat gegen Diebstahl und Vandalismus versichert, aber auch gegen den Wasserschaden durch die gebrochene Zuleitung zur Waschmaschine oder den Brand, den die vergessenen Kerzen am Adventskranz oder die heiße Herdplatte ausgelöst haben. Was alles zu den Anforderungen einer guten Hausratversicherung gehört, findest du in der Checkliste auf S. 250. Der Einschluss grober Fahrlässigkeit gehört – wie bei der Wohngebäudeversicherung – auf jeden Fall und unbedingt dazu.

Beim Abschluss einer solchen Versicherung musst du den Wert deines Hausrats angeben. Aus dem Wert ergibt sich die Versicherungssumme und daraus wiederum der zu zahlende Versicherungsbeitrag. Den Hausrat zu schätzen, ist freilich gar nicht so einfach. Weißt du, was sich alles in deinen Schränken und Regalen verbirgt – an Kleidern, Geschirr, Büchern? Und was das alles wert ist? Wichtig ist zu wissen, dass Hausratversicherungen grundsätzlich den Wiederbeschaffungswert aller Gegenstände versichern. Du musst also bei deinen Pullovern keinen Wertabschlag machen, sondern sie so in die Versicherungssumme einkalkulieren, wie du sie gekauft hast beziehungsweise wieder kaufen kannst. Wenn dir das alles zu umständlich ist, kannst du auch ganz einfach die Quadratmeterzahl deiner Wohnung heranziehen und mit dem Betrag multiplizieren, der in deinem Versicherungsvertrag für den Hausrat hinter dem Begriff »Unterversicherungsverzicht« steht.

Früher stand da verlässlich bei allen Gesellschaften 650 Euro pro Quadratmeter; heute kann der Betrag bis zu 700 Euro variieren. Damit ist man meistens auf der sicheren Seite, was den Gesamtwert des Hausrats anbelangt. Vor allem aber kannst du dich darauf verlassen, dass die Versicherungsgesellschaft, wenn du mal einen überschaubaren, unter der Versicherungssumme liegenden Schaden haben solltest, dir nicht vorrechnet, dass du insgesamt unterversichert bist und deshalb für den aktuellen Schaden nur eine entsprechend anteilige Erstattung erhältst.

Um das an einem Beispiel zu verdeutlichen: Nehmen wir an, du hättest eine Wohnung von 100 Quadratmetern Größe und darin Hausrat im Gesamtwert von 100 000 Euro. Nehmen wir weiter an, du hättest diesen bei Unterversicherungsverzicht mit 700 Euro pro Quadratmeter, also mit insgesamt 70 000 Euro Summe versichert. Ohne Unterversicherungsverzicht würde die Gesellschaft nun bei einem Schaden von 20 000 Euro aufrechnen, dass nur zu 70 Prozent Versicherungsschutz besteht, und würde nur 14 000 Euro begleichen. Mit Unterversicherungsverzicht zahlt sie alles – freilich nur maximal bis zu den 70 000 Euro. Bei einem Totalschaden würdest du also doch auf 30 000 Euro Schaden sitzen bleiben.

Die genannten Richtwerte sind selbstverständlich bedeutungslos, wenn du ein teures Mountainbike, Kunst und wertvollen geerbten Schmuck oder ein paar Uhren deiner Lieblingsmarke dein Eigen nennst und in der Wohnung aufbewahrst. Derlei außergewöhnlichen Hausrat musst du immer separat kalkulieren und unter Umständen auch separat versichern. Hierfür gibt es Spezialversicherungen – etwa fürs Fahrrad oder für Kunstgegenstände –, die wir hier nicht weiter betrachten. In jedem Fall solltest du solche Preziosen unbedingt fotografieren, um belegen zu können, dass du sie besessen hast, wenn sie gestohlen werden oder im schlimmsten Falle zum Beispiel ein Brand alles bis zur Unkenntlichkeit zerstört.

Preislich können wir dir an dieser Stelle auch wieder nur grobe Orientierungswerte geben. Der Preis für deinen Vertrag hängt nämlich nicht nur vom Wert deines Hausrates ab, sondern auch ganz wesentlich vom Ort, wo er sich befindet. Das Einbruchrisiko etwa ist nicht überall gleich, ebenso wenig das Risiko einer Überschwemmung. Deshalb berücksichtigen die Versicherer auch hier – wie bei der Wohngebäudeversicherung – die ZÜRS-Zone, in der sich dein Hausrat befindet. Wir empfehlen dir dringend – auch wieder wie bei der Wohngebäudeversicherung – den Einschluss von Naturgefahren (siehe dazu mehr oben).

> An einem günstigen Ort in der ZÜRS-Zone 1 musst du für 100 Quadratmeter mit einer Prämie zwischen 75 und 260 Euro pro Jahr rechnen. An einem teuren Ort in ZÜRS-Zone 3 oder 4 kommst du für die gleiche Wohnfläche auf eine Prämie zwischen 90 und 430 Euro pro Jahr. [41]

Andere Cluster: Zu den Haftungs- und Rechtsschutzrisiken rund um Haus und Wohnung wird auf das Cluster »Haftung und Rechtsschutz« verwiesen., zum Berechnen von Sparraten für die Bildung von Eigenkapital für den Immobilienerwerb sowie für die Instandhaltung und Verschönerung von Immobilien auf das Cluster »Sparen und Vermögensbildung«.

Checklisten: Welche Mindestanforderungen Verbraucherschützer für die unterschiedlichsten Wohngebäude- und Hausratversicherungen definieren, entdeckst du auf S. 247 ff.

Preise: Zusammenfassende Preisübersicht Wohngebäude- und Hausratversicherungen:

Wohngebäude	Standort	Preis pro Jahr ab	Brauch ich!
Neues Einfamilienhaus	Günstiger Standort	200 Euro	
Neues Einfamilienhaus	Teurer Standort	400 Euro	
Älteres Einfamilienhaus	Günstiger Standort	400 Euro	
Älteres Einfamilienhaus	Teurer Standort	800 Euro	
Hausrat			
100 m²	Günstiger Standort	75 Euro	
100 m²	Teurer Standort	90 Euro	

Trage nun die – falls vorhanden – Wohngebäudeversicherung und die Hausratversicherung sowie deine Sparmaßnahmen zum Erhalt deiner Immobilie und/oder zur Bildung von Eigenkapital zum Immobilienerwerb in das Tableau »Mein Aktivitätenplan« auf S. 261 und die Sparmaßnahmen ebenfalls in das Tableau »Meine Sparziele« auf S. 262 ein.

Aktivität

Mobilität und Reisen

Dieses Bedarfsfeld umfasst alle Finanzthemen, die dem Schutz der Personen des Haushaltes vor Haftungs- und Kaskorisiken aus dem Halten von Kraftfahrzeugen und Kostenrisiken aus Krankheit im Ausland dienen, sowie zum Sparen für individuelle Ziele rund um Mobilität und Reisen.

Zum Cluster »Mobilität und Reisen« gehören in der Übersicht der Finanzthemen

- ▪ zur Sicherung des finanziellen Grundbedarfs
    - – Rangplatz 8:   Absicherung von Haftungsrisiken aus dem Halten von Kraftfahrzeugen (+ HR)
    - – Rangplatz 17: Absicherung von Haftungsrisiken durch Wasserfahrzeuge (+ HR)
    - – Rangplatz 22: Kostenrisiko aus Krankheit im Ausland (+ KP)

- ▪ zur Erhaltung des Lebensstandards
    - – Rangplatz 36: Absicherung des Kostenrisikos für Rechtsschutz (+ HR)
    - – Rangplatz 38: Sparen für wesentliche Ersatzinvestitionen (Auto, Lastenrad et cetera) (+ SV)
    - – Rangplatz 40: Absicherung der Beschädigung oder des Verlustes von Kraftfahrzeugen

- ▪ zur Erhöhung des Lebensstandards
    - – Rangplatz 42: Sparen für weitere individuelle Ziele wie Reisen, schöne Autos

Hinweis: Die in Klammern gesetzten Ziffern im folgenden Text erinnern dich an die Position des jeweiligen Finanzthemas im Ranking auf S. 74 ff.

Auch das Cluster »Mobilität und Reisen« ist ein Konglomerat aus Themen, die zu unterschiedlichen Lebenssituationen gehören. Da sind zunächst die Themen der alltäglichen Mobilität: die Absicherung von Haftungsrisiken aus dem Halten von Kraftfahrzeugen (8), die Absicherung der Beschädigung oder des Verlustes von Kraftfahrzeugen (40) sowie die Absicherung des Kostenrisikos für Rechtsschutz (36). Die Kfz-Haftpflicht, die ohnehin bei jeder Kfz-Anmeldung obligatorisch nachzuweisen ist, und die Kfz-Rechtsschutz haben wir bereits im Cluster »Haftung und Rechtsschutz« näher betrachtet.

Die Absicherung der Beschädigung und des Verlustes von Kraftfahrzeugen gliedert sich in zwei Komplexe, die im Volksmund unter den Begriffen Teilkasko und Vollkasko firmieren. Kraftfahrzeuge sind übrigens nicht nur Personenkraftfahrzeuge, sondern auch Motorräder, Mopeds oder Roller.

Kaskoversicherungen

Im Gegensatz zur Auto-Haftpflichtversicherung ist die Kaskoversicherung keine Pflichtversicherung. Dennoch haben nach Angaben des Gesamtverbandes der Deutschen Versicherungswirtschaft GDV um die 85 Prozent der Autofahrer eine Kaskoversicherung. Die Kaskoversicherung bezahlt Schäden am eigenen Fahrzeug.

Innerhalb der Kaskoversicherung wird zwischen Voll- und Teilkaskoversicherung unterschieden. Die Teilkasko übernimmt notwendige Reparaturkosten am eigenen Auto. Ursachen können Brand, Diebstahl oder Elementarereignisse sein, beispielsweise:

- Kollisionen mit Haarwild,
- Schäden durch Marder,
- Glasbruch,
- Fahrzeugdiebstahl/Einbruchsversuch,
- Diebstahl/Beschädigung von Zubehör,
- Hagel/Sturm (ab Windstärke 8),
- Überschwemmung,
- Brand, Explosion oder Kurzschluss (Kabelbrand).

Die Vollkaskoversicherung übernimmt darüber hinaus Schäden durch selbst verursachte Unfälle und durch Vandalismus, etwa für die Reparatur von zerkratztem

Lack. Viele Anbieter offerieren bis zu 36 Monate nach Erstzulassung des Autos eine Neuwertversicherung. Das bedeutet, dass bei einem Totalschaden die Neuanschaffung desselben Fahrzeugtyps durch die Versicherung gedeckt ist. Danach zahlt die Kaskoversicherung im Schadensfall nur den Wiederbeschaffungswert, bei dem auch das Alter und die Abnutzung des Fahrzeugs berücksichtigt werden. Ob du eine Kaskoversicherung, vor allem eine Vollkaskoversicherung abschließt, solltest du unter Berücksichtigung des Alters und Zustandes deines Gefährts und mithin seines Wertes im Abgleich mit der anfallenden Versicherungsprämie abwägen. Bei alten Autos, insbesondere Kleinwagen, die nicht in die Rubrik Klassiker gehören und nicht das Potenzial zum wertvollen Oldtimer haben, kann es sinnvoll sein, auf Kaskoversicherungen zu verzichten.

Typklasse, Regionalklasse, Schadenfreiheitsrabatt

Die Beiträge für Kfz-Versicherungen berechnen sich aus folgenden Faktoren: der Typklasse deines Kfz, der Regionalklasse des Zulassungsbezirks, deinem Schadenfreiheitsrabatt und einer Reihe von Einzelkriterien wie zum Beispiel, ob dein Auto in der Garage oder auf der womöglich unbeleuchteten Straße vor deinem Haus steht und ob du es allein fährst oder deine ganze Familie das Auto nutzt. Auch deine persönliche jährliche Fahrleistung und dein Lebensalter können den Beitrag beeinflussen. Bei 80-Jährigen können die Beiträge doppelt so hoch sein wie bei 55-Jährigen, denn ältere Fahrer verursachen statistisch gesehen häufiger Schäden.

Die Typklasse wird aus der Schadensbilanz jedes einzelnen Fahrzeugtyps ermittelt. Klassische Dienstwagen, auch als Vertreterautos bezeichnet, aus der oberen Mittelklasse, die permanent unterwegs sind, finden sich regelmäßig in höheren Typklassen als Roadster, die als Zweit- oder Drittwagen meistens in der Garage stehen und nur bei schönem Wetter gelegentlich zu entspannten Ausfahrten herausgeholt werden. Die Zählung der Typklassen beginnt immer mit der 10; TK 10 ist somit die günstigste. Typklassenzuordnungen gibt es für alle drei Versicherungstypen: Bei der Haftpflicht sind es 16 Klassen – von 10 bis 25 –, bei der Teilkasko 24 – von 10 bis 33 – und bei der Vollkasko 25 – von 10 bis 34.

Die Regionalklasse wird durch einen Indexwert definiert, der sich aus der Abweichung der Schadensbilanz in deinem Zulassungsbezirk vom Durchschnitt der bundesweit 412 Zulassungsbezirke ableitet. Der Durchschnitt wird mit der Ziffer 100 belegt; bei einer besseren Schadensbilanz liegt der Wert deines Bezirks bei unter 100, bei einer schlechteren entsprechend bei über 100. Dabei wird nicht nur die Unfallstatistik berücksichtigt, sondern unter anderem auch die Schäden durch Diebstähle oder durch Sturm und Hagel. Wenn dein Auto in Brandenburg, Schleswig-Holstein, Niedersachsen oder Mecklenburg-Vorpommern zugelassen ist, bist du gut dran. Die beste Schadensbilanz gibt es im Zulassungsbezirk Elbe-Elster in Brandenburg, wo sonst? Wohnst du hingegen in einer Großstadt, musst du mit einer hohen Regionalklasse rechnen. Dabei gibt es in Berlin die meisten Schäden – die Hauptstadt liegt mit über 40 Prozent über dem Bundesdurchschnitt. Für Personen mit zwei oder mehr Wohnsitzen, etwa für Studenten, kann es deshalb sinnvoll sein, vor der Entscheidung für den einen oder anderen Zulassungsbezirk die Regionalklassen zu checken.

Die Vollkaskoversicherung und die Auto-Haftpflichtversicherung gewähren bei Leistungsfreiheit – also wenn keine Unfälle oder sonstigen Schäden gemeldet und abgerechnet werden – einen Rabatt auf die Prämie. Dieser sogenannte Schadenfreiheitsrabatt, kurz SFR, steigt mit der Anzahl der schadenfreien Jahre. In der Teilkaskoversicherung gibt es keinen SFR, weil Teilkaskoschäden (siehe oben) vom Verhalten des Fahrzeughalters kaum zu beeinflussen und nicht durch ihn vermeidbar sind.

Als Fahranfänger startest du mit der Schadenfreiheitsklasse SF 0 bei 100 Prozent des Beitrags. Mit jedem schadenfreien Jahr steigst du um eine Klasse weiter nach oben in SF 1, dann SF 2 und so weiter. Das kann sich bis in SF 50 steigern und mit jeder höheren Schadenfreiheitklasse sinkt der Beitrag – in SF 50, also nach 50 Jahren schadenfreien Fahrens bis auf 17 Prozent. Am Anfang sinken die Beiträge rasant, dann immer langsamer: von 100 auf 70, dann auf 60, auf 55, auf 51, auf 48 ... Ab SF 15 kann es zwischendurch sogar auch mal zwei Jahre dauern, bis die nächste Beitragsreduzierung erfolgt. Die Schadenfreiheitsklassen für Pkw unterscheiden sich von denen für Wohnmobile, Motorräder und übrige Kraftfahrzeuge wie Lieferwagen, Lkw, Leichenwagen, Krankenwagen, Omnibusse, Abschleppwagen et cetera.

Wenn du schon in SF 0 einen Unfall baust, kannst du auch in die sogenannte Malusklasse eingestuft werden. Für Pkw steigt dann etwa der Haftpflichtbeitrag auf 120 Prozent, für Motorräder auf 140 Prozent und für Wohnmobile sogar auf 222 Prozent.

Den Schadenfreiheitsrabatt erdient sich der Fahrzeughalter. Er ist nicht an das Fahrzeug gebunden und kann von einem Fahrzeug auf ein anderes übertragen werden. Allerdings muss beim Besitz mehrerer Fahrzeuge der Rabatt für jedes Fahrzeug separat erarbeitet werden. Wenn du dir also nach vielen Jahren unfallfreien Fahrens einen Zweitwagen leistest, musst du für diesen wieder bei SF 0 starten. Ein Tipp: Wenn du mit einem Kleinwagen gestartet bist und dir nach ein paar Jahren ein größeres und in der Versicherung teureres Auto kaufst, ist es höchstwahrscheinlich sinnvoll, den erworbenen SFR auf das neue Auto umzuschreiben und das alte kleine auf SF 0 zu setzen.

In bestimmten Fällen kann der SFR auch auf andere Personen übertragen werden. Das gilt insbesondere dann, wenn plausibel gemacht werden kann, dass nicht der Versicherungsnehmer, beispielsweise Mutter oder Vater, sondern eine andere Person, zum Beispiel Tochter oder Sohn, das Auto in den vergangenen – unfallfreien – Jahren überwiegend gefahren hat. Allerdings kann der Übernehmer einen SFR nur so weit angerechnet bekommen, wie sie oder er ihn selbst hätte erdienen können. Wenn du also beispielsweise nach dem Eintritt in den Beruf, die Nutzungskosten und die Versicherung für das Auto, das dir deine Eltern während des Studiums kostenfrei zur Verfügung gestellt haben, selbst übernehmen willst und wenn der Versicherungsvertrag für dieses 10 Jahre alte, stets unfallfrei gefahrene Auto SF 10 hat, du aber deinen Führerschein erst seit fünf Jahren besitzt, wird der SFR bei der Übernahme des Wagens und der Versicherung durch dich auf SF 5 umgestellt. Das liest sich kompliziert, ist aber ganz plausibel.

Auch wenn es aus geschilderten Gründen bei der Autoversicherung unmöglich ist, repräsentative Werte darzustellen, wollen wir doch versuchen, dir wenigstens eine grobe Preisvorstellung zu vermitteln. Damit du wenigstens einen ungefähren Eindruck von den Größenordnungen und Spannen erhältst; hier drei Beispiele, die *Finanztest*[42] mit SF 0 durchgerechnet hat:

- Elektroauto, Kfz-Haftpflichtversicherung plus Vollkaskoschutz für 30-jährige Fahrerin eines neuen Renault Zoe E-Tech R 110: der günstigste Tarif kostete am 1.09.2022 330 Euro, der teuerste 1092 Euro pro Jahr.
- Familie, Kfz-Haftpflichtversicherung plus Vollkaskoschutz für einen VW Touran, der von beiden Eheleuten gefahren wird: der günstigste Tarif kostete am 1.09.2022 272 Euro, der teuerste 997 Euro.
- Fahranfänger, Kfz-Haftpflichtversicherung plus Teilkasko für einen jungen Autofahrer, mit acht Jahre altem Opel Adam, Alleinfahrer: der günstigste Tarif kostete am 1.09.2022 483 Euro, der teuerste 1586 Euro.

Kündigung von Kfz-Versicherungen

Randnotiz

Achtung beim Abschluss und noch mehr bei der Kündigung von Kfz-Versicherungen. Früher endete deren Laufzeit immer verlässlich zum 31.12. Und du wusstest, du musst, wenn du wechseln willst, deinen alten Tarif bis zum 30. November kündigen. Das gilt heute nicht mehr. Einige Versicherer lassen die Laufzeit exakt ein Jahr nach dem Vertragsbeginn enden, auch mitten im Jahr, mitten in einem Monat. Da kann man eine unliebsame Überraschung erleben, wenn man am 30. November mit der Kündigung vorstellig wird.

Kfz-Versicherer sind nicht immer nett zu Dauerkunden. Manche belohnen nicht etwa deren Loyalität, sondern heben deren Prämien Jahr für Jahr an, während sie zugleich Neukunden mit viel niedrigeren Prämien zu ködern versuchen. Da kann es sich auch mal lohnen, seiner Lieblingsversicherung die Kündigung auszusprechen, um sogleich zu einem deutlich besseren Preis als Neukunde zurückzukehren. Frag deinen Vermittler oder Makler, wie du das am besten anstellst.

Das ebenfalls schon weiter oben (S. 92 ff.) im Cluster »Krankheit und Pflege« behandelte Thema Kostenrisiko aus Krankheit im Ausland (22) ist für Menschen, die beruflich viel unterwegs sind, eines der alltäglichen Mobilität, für die meisten von uns allerdings eher eines, das in die Kategorie Reisen gehört und situationsbezogen in Betracht genommen wird.

Ein eindeutiges Reise- und Freizeitthema ist das der Haftungsrisiken durch Wasserfahrzeuge (17). Kaum jemand bewegt sich wohl tagtäglich mit dem Ruder-, Segel- oder Motorboot zum Arbeitsplatz. Auch dieses Thema hatten wir schon im Cluster »Haftung und Rechtsschutz«.

Bleiben da schließlich noch die Sparthemen: für die Ersatzbeschaffung des irgendwann nicht mehr brauchbaren, alten Autos oder Lastenrades (38) oder das Luxussparen (42) für ein neues schnittiges Cabriolet, die lange ersehnte schöne Kreuzfahrt oder den regelmäßig teuren Skiurlaub. Ob diese Wünsche und Ziele im Wettbewerb mit den anderen anstehenden Sparprojekten hinten herunterfallen oder doch eher ganz oben stehen und wie du sie am besten verfolgst, das betrachtest du im Cluster »Sparen und Vermögensbildung«.

Andere Cluster: Aus dem Bedarfsfeld »Mobilität und Reisen« gibt es Verweise auf die Cluster »Haftung und Rechtsschutz« sowie auf »Krankheit und Pflege«. Hilfestellung zum Sparen für Ersatzbeschaffungen oder für Reisen gibt es im Cluster »Sparen und Vermögensbildung«.

Checklisten: Welche Mindestanforderungen Verbraucherschützer für Kfz-Haftpflicht- und -Kaskoversicherungen definieren, entdeckst du auf S. 251 ff.

Aktivität Trage nun Kfz-Versicherungen und deine mit Mobilität und Reisen in Verbindung stehenden Sparmaßnahmen in das Tableau »Mein Aktivitätenplan« auf S. 261 und die Sparmaßnahmen ebenfalls in das Tableau »Meine Sparziele« auf S. 262 ein.

Sparen und Vermögensbildung

Dieses Bedarfsfeld umfasst alle Finanzthemen zum Sparen und Vermögensaufbau etwa für die Altersvorsorge, die Kinderausbildung, den Immobilienerwerb sowie weitere individuelle Ziele und Wünsche.

Zum Cluster »Sparen und Vermögensbildung« gehören in der Übersicht der Finanzthemen

■ zur Sicherung des finanziellen Grundbedarfs

 – Rangplatz 20: Grundschutz für die Altersvorsorge (+ VA) zur Erhaltung des Lebensstandards

 – Rangplatz 29: Altersvorsorge auf dem Niveau des aktuellen Lebensstandards (+ VA)

 – Rangplatz 33: Rücklagen für die Instandhaltung der/von Immobilie/n (+ HW)

 – Rangplatz 37: Sparen für die Ausbildung der Kinder (+ FK)

 – Rangplatz 38: Sparen für wesentliche Ersatzinvestitionen (+ MR, + HW)

■ zur Erhöhung des Lebensstandards

 – Rangplatz 41: Schaffung von Eigenkapital für den Erwerb von selbstgenutztem Wohneigentum (+ HW)

 – Rangplatz 42: Sparen für weitere individuelle Ziele wie Reisen, schöne Autos oder ein Segelboot, Sauna, Swimmingpool (+ HW)

Hinweis: Die in Klammern gesetzten Ziffern im folgenden Text erinnern dich an die Position des jeweiligen Finanzthemas im Ranking auf S. 74 ff.

Für vieles, das wir in diesem Cluster zusammentragen werden, hast du in den vorhergehenden Abschnitten bereits den Grundstein gelegt. Denn viele der anstehenden und hier zu betrachtenden Sparthemen gehören ja einzeln und für sich genommen auch Themenclustern an: das Alter, die Ausbildung der Kinder, das Sparen für die Immobilie. In diesem Cluster wollen wir diese Themen in einen Zusammenhang stellen und, da beim Sparen wie auch sonst im Leben nicht alles auf einmal geht, feststellen, welche der hier angesprochenen Themen die wichtigsten für dich sind. Danach wollen wir dir Anhaltspunkte dafür geben, wie du die von dir definierten Herausforderungen am besten bewältigst und welche die geeigneten Produkte dafür sind. Lass uns mit dem Sortieren der Themen beginnen und dabei nicht nur festhalten, welche dir besonders am Herzen liegen, sondern auch, wie dein Zeithorizont für jedes einzelne Sparziel ist.

Bevor wir in diesem Cluster deine Sparziele betrachten, lass uns unbedingt nochmal kurz einen Blick zurück auf das Cluster »Liquidität und Vermögensbilanz« (S. 158 ff.) werfen. Du solltest nämlich tatsächlich nur dann für das Alter, ein neues Auto, Reisen oder das Eigenkapital für eine eigene Immobilie sparen, wenn du liquiditätsmäßig nicht am Limit fährst, wenn deine Vermögensbilanz nicht negativ ist oder auf der Kippe steht und du Reserven für Notfälle wie Kurzarbeit, Umsatzausfälle oder auch ganz trivial für Alltagsbesorgungen wie neue Reifen oder eine neue Waschmaschine hast.

Wenn da nicht alles stimmt, solltest du zunächst den von dir gepflegten Lebensstandard überprüfen und dich vergewissern, ob du womöglich über deine Verhältnisse lebst. Dich da ein wenig zurückzunehmen und deine Freunde durch einen klaren Lebens- und Finanzplan statt mit einem zu großen Auto und verzichtbaren Markenartikeln zu beeindrucken, ist der erste Schritt zu finanzieller Entspannung, also zu Financial Wellness und zu der Verfügbarkeit von Liquidität fürs Sparen. Wenn da alles klar ist und du über die flüssigen Mittel zum Sparen verfügst, können wir mit der Feststellung deiner Sparziele beginnen.

Betrachte für alle Sparziele, die du im Folgenden als für dich relevant identifiziert und in das Tableau »Mein Aktivitätenplan« eingetragen hast, was du zu deren Erreichung bereits tust, und trage die diesbezüglichen Anlagen im Tableau »Meine Sparziele« und »Vorhandene Anlagen« ein. Du kannst dann sehen, wie weit du damit kommst und was du noch zusätzlich tun musst.

Trage für die vorhandenen Anlagen auch ein, in welcher Risikoklasse du sie angelegt hast und prüfe über die App »Wertentwicklungsmatrix« (siehe Abschnitt

»Deine Vermögensbilanz«) auf financial-wellness.com/buch, wie hoch deine zweckbezogene Risikobereitschaft für das entsprechende Thema ist und ob die mit der Risikoklasse der zugehörigen Anlage matcht. Wenn nicht, kannst du bei möglichen neuen Anlagen zum selben Thema nachjustieren. Wir kommen gleich bei den Empfehlungen für die Auswahl der richtigen Produktkategorie darauf zurück.

Auf jeden Fall – egal ob jung oder schon älter, Single oder Familienvater, Angestellter oder Selbstständiger – musst du fürs Alter (20, 29) sparen. Wir haben uns damit oben schon beschäftigt, wie viel du brauchst (siehe Cluster »Vorsorge fürs Alter«). Lass uns hier betrachten, wie du es am besten anstellst, dahin zu kommen. Die wichtigste Information in diesem Zusammenhang ist die, wie viel Zeit du noch hast. Bist du 30, 40 oder 50 Jahre alt? Hast du noch 40, 30, 20 oder gar nur 10 Jahre, bis du in Rente gehen willst.

Halte die geplante Spardauer gemeinsam mit der angestrebten Sparsumme im Tableau »Meine Sparziele« **Aktivität** fest, damit wir sie später in den Kontext der anderen Sparziele setzen können. Trage dort im oben beschriebenen Sinne unter »Vorhandene Anlagen« ein, was du schon für die Erreichung des Ziels tust, und unter »Geplante Anlagen«, was du dir noch vornimmst.

Auf jeden Fall und unabhängig von deiner Lebenssituation brauchst du auch gewisse Rücklagen für Ersatzbeschaffungen (38). Denk darüber nach, was – jenseits von notwendigen Renovierungen an deiner Immobilie – alsbald neu angeschafft werden muss. Gibt demnächst dein Auto den Geist auf, oder zwingt euch die sich verändernde Familiensituation, ein größeres Auto anzuschaffen? Wird die Waschmaschine in Kürze ersetzt werden müssen, oder ist es sinnvoll, den Kühlschrank gegen einen auszutauschen, der weniger Strom verbraucht?

Es lohnt sich, eine Liste der absehbar notwendigen Anschaffungen zu erstellen – am besten im Tableau **Aktivität** »Meine Sparziele« – und, getrennt nach vorhandenen und geplanten Anlagen, die Höhe der jeweiligen Investition und den Zeithorizont dahinter zu vermerken.

Kommen wir zu Sparzielen, die du dir nur unter bestimmten Bedingungen vornehmen musst und wirst. Wenn du eine Immobilie dein Eigen nennst, musst du Rücklagen für ihren Erhalt (33) bilden. Eine Immobilie nicht zu erhalten, ist Kapitalvernichtung. Berechne nach den Angaben im Cluster »Haus und Wohnung«, was du dafür – im besten Falle – bereithalten solltest, und überlege dir, wie viel Zeit du brauchen wirst, um das Ziel zu erreichen.

Aktivität Trage Betrag und Zeithorizont in die Liste der Sparthemen im Tableau »Meine Sparziele« ein.

Wenn du Kinder hast, solltest du dich unbedingt auf den Zeitpunkt vorbereiten, wenn deren Ausbildung richtig teuer (37) werden kann. Solange die Kinder zu Hause leben und in der Nachbarschaft eine Schule besuchen, kosten Wohnung, Auto, Urlaub und so weiter zwar auch mehr, als wenn alles nur auf eine oder zwei Personen ausgelegt ist; aber wenn vielleicht gar mehrere Kinder gleichzeitig nach bestandenem Abitur an weiter entfernten Studienorten – vielleicht gar im Ausland – Miete für ein Studentenwohnheim oder ein WG-Zimmer und Lebensunterhalt bezahlen und Lernmittel kaufen müssen, dann kann es leicht noch ein Stück teurer werden. Da solltest du für den Zeitpunkt, wenn die Kinder 18 oder 19 Jahre alt werden, ausreichend Reserve vorhalten. Wie viel, haben wir im Cluster »Partner und Kinder« abgehandelt.

Aktivität Hol die Beträge von dort und integriere sie in deinen Zeitplan im Tableau »Meine Sparziele«.

Schließlich kommen wir zu Sparzielen, für die es keine Wenn-dann-Notwendigkeit gibt, sondern die du einfach wollen musst. Wenn du eine Immobilie bauen oder erwerben willst, dann musst du frühzeitig Eigenkapital (41) ansparen. In welchem Umfang, haben wir im Cluster »Haus und Wohnung« ausgeführt. Wann du das schmucke Eigenheim haben willst, musst du dir überlegen.

Aktivität Trage dann den notwendigen Betrag mit dem Zeithorizont in das Tableau »Meine Sparziele« ein.
Sammele schließlich im Tableau »Meine Sparziele« noch all die Dinge, die du dir gerne irgendwann leisten willst, die aber purer Luxus sind – das Sportcabriolet, den Pool oder die Sauna – und versieh sie ebenfalls mit den entsprechenden zeitlichen Vorgaben.

Du siehst selbst: Du hast viel vor; du hast etliche Ziele, für deren Erreichung du Geld anlegen willst und musst – und das bestmöglich. Deshalb lass uns jetzt, nachdem du zusammengetragen hast, für welche Ziele du wann wie viel Kapital benötigst, darauf schauen, wie du den Weg beschreitest und die geeigneten Produkte dafür findest.

Klar ist eins: Deine Pläne sind so groß, dass du es dir nicht leisten kannst und willst, Chancen auszulassen. Chancen gibt es nur zusammen mit Risiken. Du wirst also für die Erreichung deiner Ziele Risiken eingehen müssen. Aber du wirst das klugerweise nur kalkuliert und in dem Maße tun, das dich nachts noch ruhig schlafen und auch bei Schwankungen am Kapitalmarkt entspannt sein lässt, das dir mithin deine Financial Wellness bewahrt. Einen wichtigen Grundstein für alles, was uns in diesem Sinne weiter beschäftigen wird, hast du bereits in »Schritt 1: Dein Profil – was du hast und was du bist« gelegt.

Damit du das am besten austarieren und in die richtige Balance bringen kannst, ziehe die Ergebnisse heran, die du nach Schritt 1 im Tableau »Dein Profil« dokumentiert hast:

1. Wie steht es um deine Risikotragfähigkeit, das heißt um deine Einnahmen-Ausgaben-Rechnung und um deine Vermögensbilanz? Je besser deine Risikotragfähigkeit ist, umso mehr Risiko wird deine Bank bei der Auswahl der Anlageprodukte zur Erreichung deiner Sparziele akzeptieren.
2. Wie hoch ist deine generelle Risikobereitschaft in finanziellen Angelegenheiten? Es ist wichtig, dir diese in Erinnerung zu rufen, damit du keine zu riskanten und auch keine zu chancenarmen Produkte für die Zielerreichung auswählst.
3. Was gibt es für die Produktauswahl bezüglich deiner Nachhaltigkeitspräferenzen zu beachten? Prüfe, ob du im Tableau »Mein Profil« festgehalten hast, ob und inwieweit Nachhaltigkeitsfaktoren in deinen Sparanlagen Berücksichtigung erfahren sollen.

Ein Hinweis zum Thema Nachhaltigkeit, bevor wir uns im Folgenden intensiver mit den Risiken von Anlagen und der Risikobereitschaft beschäftigen. Vielleicht hast du früher bei Finanzanlagen noch nicht an Nachhaltigkeit gedacht. Prüfe die vorhandenen Produkte, ob sie deinen Ansprüchen in dieser Hinsicht noch gerecht werden, und tausch sie gegebenenfalls aus.

Mach im Tableau »Meine Sparziele« ein Häkchen hinter den Anlagen, die deinen Nachhaltigkeitsansprüchen gerecht werden.   Aktivität

Was die Kenntnisse und Erfahrungen über bestimmte Anlageprodukte anbelangt, so befasse dich damit, wenn dir dein Berater konkrete Vorschläge unterbreitet. Du kannst ihm ja das Tableau vorlegen; dann weiß er, zu welchen Produkten er dich noch in angemessener Weise instruieren muss. Auch die Erfassung deiner Kenntnisse und Erfahrungen dient letztlich nur dazu zu gewährleisten, dass du mit deinen Anlagen entspannt zurechtkommst und nicht eines Tages in Panik verfällst, weil dir die Mechanismen der Produkte, mit denen du sparst, nicht vertraut sind. Du sollst so erfolgreich wie möglich und zugleich so entspannt wie möglich sparen und anlegen können.

Wenn du dir über die oben genannten Punkte Klarheit verschafft hast, kannst und solltest du dir für jedes einzelne Ziel auch deine zweckbezogene Risikobereitschaft anschauen. Dazu kannst du unter financial-wellness.com/buch die App »Wertentwicklungsmatrix« heranziehen und den anzulegenden oder ratierlich zu sparenden Betrag sowie den Zeithorizont eingeben. Dort kannst du sehen, wie in dreißig der Zeitspannen, die du geplant hast, – also zum Beispiel, wenn du 10 Jahre sparen willst: 30 Zehnjahresspannen – das jeweils beste, schlechteste und mittlere Ergebnis bei Anlagen in den Risikoklassen 1 bis 5 ausgefallen ist.

Abbildung 6 zeigt dir die Matrix für einen Anlagebetrag von 10 000 Euro und einen Zeitraum von fünf Jahren. Du erkennst, wie – aus der Vergangenheit abgeleitet – beste, mittlere und schlechteste Anlageergebnisse mit Anlageprodukten aus den Risikoklassen 1 bis 5 aussehen können, was also in den einzelnen Risikoklassen in fünf Jahren aus 10 000 Euro werden kann – nach oben und nach unten.

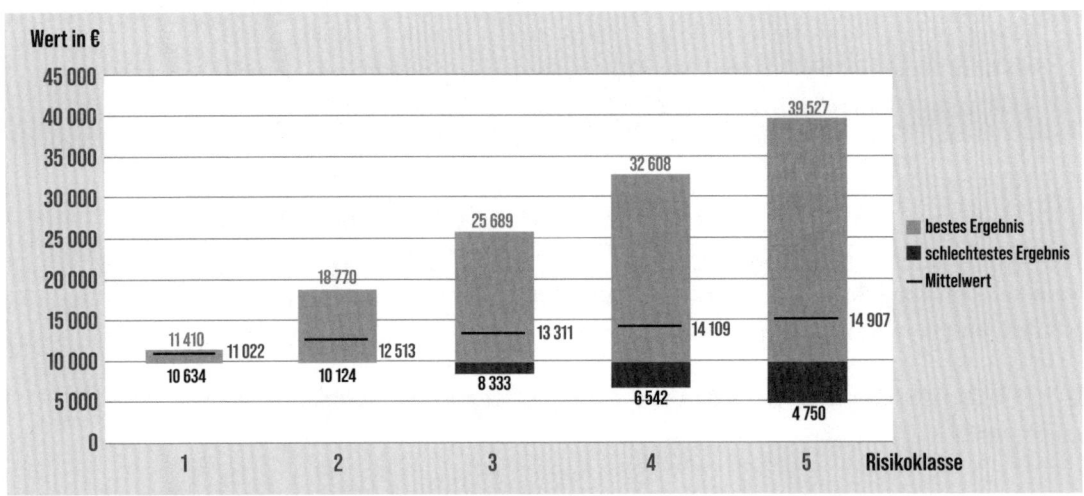

Abbildung 6: Was wurde aus 10 000 Euro in 5 Jahren?
Quelle: Datengrundlage aus DIN 77223, S. 28f.

Mithilfe der Wertentwicklungsmatrix kannst du entscheiden, wie viel möglichen Verlust du gegebenenfalls für die Chance auf einen ordentlichen Gewinn in Kauf zu nehmen bereit bist. Das kann für dich ganz subjektiv von Sparziel zu Sparziel variieren. Dabei spielt zum einen eine Rolle, dass dir nicht für alle Ziele gleichermaßen eine Punktlandung wichtig ist. Ob das Sportcabriolet schließlich einen 200- oder 300-PS-Motor hat, ist vielleicht nicht entscheidend. Insofern betrachtest du die Anlage hierfür eher im Sinne von Spielgeld und bist bereit, ein höheres Risiko einzugehen. Bei der Altersvorsorge willst du es hingegen genauer wissen. Zugleich spielt aber auch der Anlagehorizont eine Rolle. Das Risiko, das du bei einer langfristigen Anlage eingehen kannst, solltest du bei einem Jahr oder auch fünf Jahren Anlagehorizont eher nicht und wenn doch, dann ganz bewusst mit allen möglichen Konsequenzen auf dich nehmen.

Wenn du für alle vorhandenen Anlagen und geplanten Anlageziele deine zweckbezogene Risikobereitschaft festgestellt hast, trage diese bitte an den entsprechenden Stellen in das Tableau »Meine Sparziele« ein.

Solltest du feststellen, dass du an der einen oder anderen Stelle Abweichungen zwischen Risikobereitschaft einerseits und Risikoklasse des Anlageprodukts andererseits hast, dann solltest du das – vor allem dann, wenn die Abweichung größer ist als eine ganze Ziffer – unbedingt korrigieren. So viel mehr oder weniger Risiko, als du gerne eingehen möchtest, tut deiner finanziellen Entspanntheit keinesfalls gut. Das kann erfolgen, indem du ein besser zu deiner Risikobereitschaft passendes Produkt einsetzt oder indem du – wenn du für das Sparziel mehr als bisher zurücklegen willst – ein zusätzliches Produkt erwirbst, welches die Gap ausgleicht.

Je länger dein Anlagehorizont ist, desto entspannter kannst du den sicher eintretenden Schwankungen am Kapitalmarkt, insbesondere am Aktienmarkt, entgegensehen. »Untersuchungen«, so zu lesen auf verbraucherzentrale.de, »haben gezeigt: Auf Sicht von 20 Jahren waren Aktien in 73 Prozent, auf Sicht von 30 Jahren sogar in 93 Prozent aller Zeiträume seit 1900 die ertragreichste Geldanlage – oft mit großem Abstand vor allen anderen Vermögensklassen wie Immobilien, Gold, Staatsanleihen (beziehungsweise kapitalbildenden Versicherungen) oder Sparbuch. Der wichtige Punkt dabei ist: Man muss Crashs und Krisen zwischendurch einfach gelassen aussitzen können. Verluste über Zeiträume von 20 Jahren sind bei weltweit gestreuten Aktien ziemlich unwahrscheinlich (…).«[43]

Das Risiko von Verlusten wird bei langen Anlagezeiten mit monatlichen oder jährlichen Spareinlagen zusätzlich dadurch reduziert, dass du bei zwischenzeitlichen Kurseinbrüchen immer wieder günstig Anteile zukaufst. Damit senkst du den durchschnittlichen Einkaufspreis deiner Anlagen.

Bei kurzen Sparzeiträumen solltest du dich nicht durch Risiken stressen, die eigentlich nicht zu dir passen. Wenn du anfangs das Kapitel »Dein Profil – was du hast und was du bist« aufmerksam gelesen hast, weißt du, was dir guttut und von welchen Risiken du besser die Finger lässt.

Bei der Geldanlage gibt es kein Richtig oder Falsch, das für alle Menschen gilt. Du musst für dich selbst die richtige und vernünftige Balance finden. Wenn du zu den ganz sicherheitsbedürftigen Menschen gehörst, ist es völlig in Ordnung, wirklich alles Geld sicher anzulegen – auch wenn in den Medien und auch in diesem Buch immer wieder die Vorteile von riskanteren Geldanlagen, wie denen in Aktien, herausgestellt werden. Wenn die dich nicht überzeugen und vielleicht sogar Ängste auslösen, musst du davon die Finger lassen. Alles andere würde dich stressen und dich von deinem Ziel der Financial Wellness entfernen. Wenn für dich aber auf der anderen Seite Renditechancen wichtiger sind als die dafür notwendig einzugehenden Verlustrisiken, wäre es total unvernünftig, nur in festverzinsliche Anlagen zu investieren.

Wie kannst du in diesem Sinne dein Geld am besten anlegen? Und: Welche Sparraten musst du einplanen, um deine oben definierten und in das Sparziele-Tableau eingetragenen Projekte in der eingeplanten Zeit erfolgreich umzusetzen? Mit den folgenden Überlegungen und Rechenmodellen wollen wir dir helfen, den richtigen Weg dafür zu finden.

Prognosen sind schwierig, besonders wenn sie die fernere Zukunft betreffen. Deshalb greifen auch Finanzanlageexperten – und mit ihnen auch wir – auf Vergangenheitsbetrachtungen, Trendbeobachtungen und Simulationen zurück, um den Geldmarkt, Zinsanlagen, Immobilien, Aktien, Rohstoffe, Beteiligungen und Derivate et cetera zu bewerten und präferenzorientierte Anlagekombinationen zusammenzustellen. Dies geschieht auf den theoretischen Grundlagen der Portfoliotheorie. Du musst dich nicht vertieft damit beschäftigen, um stressfrei eine passende Vermögensstruktur für dich zu finden. Ein paar Stichworte dazu genügen.

Die von Harry M. Markowitz bereits 1952 begründete und unter anderen von James Tobin 1958 und William F. Sharpe 1964 ergänzte Portfoliotheorie (*capital asset pricing model* – CAPM) hat nicht die Einzelanlage als Untersuchungsgegenstand, sondern die Gesamtheit der vom jeweiligen Anleger gehaltenen und/oder in die Auswahl gezogenen Anlagen. Die Optimierungsansätze der Portfoliotheorie beruhen darauf, dass nicht Anlagen gemischt werden, die hoch korrelieren und sich so im Gleichlauf entwickeln. Gesucht werden vielmehr für die Mischung in einem Portfolio Anlagen, die negativ korrelieren oder zumindest nur eine schwache Korrelation zu den übrigen Anlagen haben. Wenn Anlage A fällt, sollte Anlage B zumindest den Wert halten oder darüber hinaus steigen. Gering und negativ korrelierte Anlagen bieten also die beste Möglichkeit für die Risikoreduktion eines Portfolios und begünstigen die Diversifikation.

Das Paradebeispiel für eine »gesunde« Mischung war in der Vergangenheit in der Regel die von Aktien und Anleihen (Zinsanlagen). Anleihen gelten als tendenziell sichere Anlagen, Aktien als tendenziell riskante Anlagen.

Wir dürfen der beschriebenen Theorie folgend annehmen, dass ein Portfolio umso sicherer und zugleich umso weniger renditeträchtig ist, je mehr »tendenziell sichere Anlagen« und je weniger »tendenziell riskante Anlagen« darin enthalten sind. Nach dieser Logik wurden im Jahr 2013 bei DIN[44] fünf einfache Musterportfolios entwickelt, die den im Abschnitt »Deine Risikobereitschaft« beschriebenen Risikoklassen und damit auch deiner Risikobereitschaft zugeordnet werden können. In den Abbildungen 7 bis 11 sind sie dargestellt.

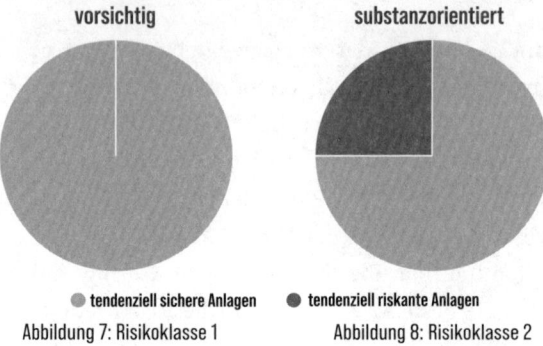

vorsichtig

substanzorientiert

● tendenziell sichere Anlagen   ● tendenziell riskante Anlagen

Abbildung 7: Risikoklasse 1   Abbildung 8: Risikoklasse 2

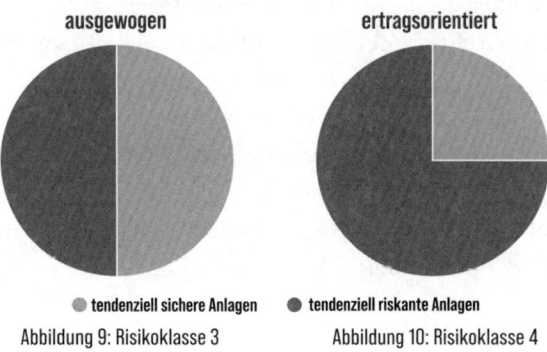

ausgewogen

ertragsorientiert

● tendenziell sichere Anlagen   ● tendenziell riskante Anlagen

Abbildung 9: Risikoklasse 3   Abbildung 10: Risikoklasse 4

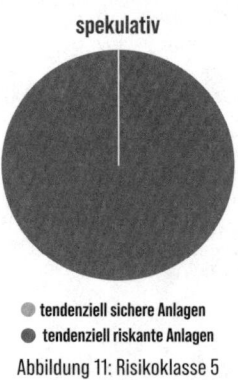

spekulativ

● tendenziell sichere Anlagen
● tendenziell riskante Anlagen

Abbildung 11: Risikoklasse 5

Finanztest hat für diese Portfolios den schönen und passenden Namen »Pantoffel-Portfolios« gefunden. Dieser sprechende Name beschreibt ganz gut das Ziel, welches wir hier verfolgen: Financial Wellness und stressfreie Geldanlage. Also: Rennschuhe aus, Pantoffel an und Füße hochlegen.

Nach den Vorgaben der Norm-Experten sind in diesen Musterportfolios folgende tendenziell sicheren und tendenziell riskanten Anlagen enthalten.

Risikoklassifizierung Anlageprodukt	Referenzwert (Planrendite, vergangenheitsorientiert/Zeitraum; berechnet als zeitgewichtete diskrete geometrische Durchschnittsrendite pro Jahr)
Tendenziell sichere Anlagen:	
Geldmarkt	EURIBOR 1,0 % (5 Jahre, ohne Performance)
Zinsanlagen	REXP 5,6 % (20 Jahre, Performance)
Tendenziell riskante Anlagen:	
Aktien	EURO STOXX 50 6,5 % (20 Jahre, Performance)

Quelle: DIN SPEC 77222:2014-03, S. 45.

Dabei gibt es folgende Verteilung je Portfolio. In der folgenden Übersicht findest du für die zwei tendenziell sicheren Anlagen und für die tendenziell riskante Anlage die Verteilung auf die fünf Portfolios und die sich daraus jeweils ergebende Planrendite. Wie gesagt, sind sichere Aussagen hierzu unmöglich. Allerdings lassen sich Erwartungswerte, sogenannte Planrenditen, ermitteln, die in der letzten Spalte der untenstehenden Tabelle aufgeführt sind und mit denen du rechnen kannst.

Wenn du für die in dein Tableau »Meine Sparziele« eingetragenen Projekte mithilfe der Wertentwicklungsmatrix-App auf financial-wellness.com/buch die jeweilige zweckbezogene Risikobereitschaft festgestellt hast, kannst du hier die korrespondierende Risikoklasse für das geeignete Anlageprodukt und die zugehörige Planrendite identifizieren.

Portfolio	EURIBOR %	REXP %	EURO STOXX 50%	Plan-rendite % (gewichtet)
Rendite pro Jahr (historisch, annualisiert)	1,0 % (5 Jahre)	5,6 % (20 Jahre)	6,5 % (20 Jahre)	
Volatilität (historisch, annualisiert)		3,7 % (20 Jahre)	22,8 % (20 Jahre)	
Rikl 1: vorsichtig	100 %	0 %	0 %	1,0 %
Rikl 2: substanzorientiert	60 %	15 %	25 %	3,1 %
Rikl 3: ausgewogen	20 %	30 %	50 %	5,1 %
Rikl 4: ertragsorientiert	5 %	20 %	75 %	6,0 %
Rikl 5: spekulativ	0 %	0 %	100 %	6,5 %

Hier ein Beispiel, wie du damit umgehen kannst: Was kommt raus, wenn du 200 Euro über 30 Jahre monatlich sparst oder wenn du 100 000 Euro über 30 Jahre in eines der oben beschriebenen Portfolios, das heißt in den fünf unterschiedlichen Risikoklassen, anlegst?

Portfolio	Rendite (% p. a.)	Sparplan Endvermögen (Euro)	Einmalanlage Endvermögen (Euro)
Vorsichtig	1	83 936	134 784
substanzorientiert	3,1	117 997	249 896
ausgewogen	5,1	166 700	444 714
ertragsorientiert	6,0	195 906	574 349
spekulativ	6,5	214 598	661 437

Einen Zinseszinsrechner für Berechnungen mit individuellen Beträgen findest du auf financial-wellness.com/buch.

Und ein Beispiel für die umgekehrte Herausforderung: Du willst – je nach deinem Alter – in 10, 20, 30 und 40 Jahren 100 000 Euro für deine Altersvorsorge angespart haben. Dann gilt folgendes Vorgehen:

1. Starte wieder mit der Feststellung deiner für den Zeithorizont und den Anlagezweck Altersvorsorge zweckbezogenen Risikobereitschaft mithilfe der Applikation »Wertentwicklungsmatrix« auf financial-wellness.com/buch. Nehmen wir für unsere untenstehende Musterberechnung an, sie sei substanzorientiert, also in Risikoklasse 2.
2. Leite daraus die entsprechende Planrendite ab. Nehmen wir für unsere untenstehende Musterberechnung an, sie sei 3,1 Prozent.
3. Um den nächsten Schritt ausführen zu können, musst du noch den sogenannten Sparzielfaktor ermitteln. Dieser ergibt sich, wenn du dein Sparziel durch 10 000 teilst. In unserem Beispiel: 100 000 : 10 000 = 10. Der Sparzielfaktor ist folglich in diesem Falle 10.
4. Du brauchst jetzt nur noch, um die Sparrate für einen der Anlagehorizonte zu ermitteln, die Sparrate, die hinter dem Anlagehorizont in der nachfolgenden Tabelle steht, mit dem Sparzielfaktor zu multiplizieren.

Horizont in Jahren	Sparrate für 10 000* Euro bei 3,1 % Verzinsung		Sparzielfaktor		Sparrate
2	404	×	10	=	4 040
5	154	×	10	=	1 540
10	71	×	10	=	710
20	30	×	10	=	300
30	17	×	10	=	170
40	11	×	10	=	110

* Wir wählen analog zu fondsgebundenen Rentenversicherungen 10 000 Euro als Bezugsgröße.

Für deine konkreten Sparziele haben wir folgende Vorlagen für die fünf Musterportfolios vorbereitet; einen Sparratenrechner mit individuellen Einstellmöglichkeiten findest du auf financial-wellness.com/buch:

Horizont in Jahren	Sparrate für 10 000* Euro bei 1 % Verzinsung		Sparzielfaktor		Sparrate
2	412	×		=	
5	163	×		=	
10	79	×		=	
20	38	×		=	
30	24	×		=	
40	17	×		=	
Horizont in Jahren	Sparrate für 10 000* Euro bei 3,1 % Verzinsung		Sparzielfaktor		Sparrate
2	404	×		=	
5	154	×		=	
10	71	×		=	
20	30	×		=	
30	17	×		=	
40	11	×		=	
Horizont in Jahren	Sparrate für 10 000* Euro bei 5,0 % Verzinsung		Sparzielfaktor		Sparrate
2	396	×		=	
5	147	×		=	
10	64	×		=	
20	24	×		=	
30	12	×		=	
40	7	×		=	
Horizont in Jahren	Sparrate für 10 000* Euro bei 6,0 % Verzinsung		Sparzielfaktor		Sparrate
2	392	×		=	
5	143	×		=	
10	61	×		=	
20	22	×		=	
30	10	×		=	
40	5	×		=	

Horizont in Jahren	Sparrate für 10 000* Euro bei 6,5 % Verzinsung		Sparzielfaktor		Sparrate
2	390	×		=	
5	141	×		=	
10	60	×		=	
20	21	×		=	
30	9	×		=	
40	5	×		=	

* Wir wählen analog zu fondsgebundenen Rentenversicherungen 10 000 Euro als Bezugsgröße.

Schließlich musst du dir bei deinem Berater das geeignete Produkt besorgen, das dem Musterportfolio und dem Mischungsverhältnis aus tendenziell sicheren und tendenziell riskanten Anlagen möglichst nahekommt. Und dann kann es losgehen.

Finanztest empfiehlt dir übrigens als tendenziell riskante Anlagen Aktien-ETFs. Das ist mit Sicherheit die stressfreiste Empfehlung. Denn du investierst mit einem ETF automatisch in verschiedene Wertpapiere, die du nicht selbst oder ein Fondsmanager zusammenstellen muss. ETF steht für Exchange Traded Fund – also börsengehandelte Fonds. Die Zusammensetzung eines solchen Indexfonds folgt dem zugrunde liegenden Index, etwa dem deutschen Aktienindex DAX oder dem MSCI World (Morgan Stanley Capital International). Die Anlagestrategie ist rein passiv und vertraut darauf, dass die Indices der Strategie aktiv gemanagter Fonds in der Regel kosten- und renditemäßig überlegen sind und zudem keine Arbeit machen. Das ist bequem, stressfrei und effizient.

Allerdings beinhaltet die Anlageklasse »tendenziell riskante Anlagen« neben ETFs, Aktienfonds und Aktien auch Rohstoffe, Beteiligungen und Derivate, die du – wenn es zu deinem Profil passt – durchaus auch in Erwägung ziehen kannst. Wir empfehlen dir allerdings bei passiven Fonds und im Einzelfall auch aktiv gemanagten Fonds zu bleiben – außer du kennst dich mit Einzelwerten und Derivaten aus und hast Spaß daran. Die Stiftung Warentest bietet einen kostenpflichtigen umfassenden Fondsfinder, mit dem du ETFs mit anderen Fondstypen vergleichen kannst.[45]

Zu den sichersten Anlagen in der Kategorie »tendenziell sichere Anlagen« gehören Tages- und Festgeld. Ebenso gehören Rentenfonds in diese Kategorie.[46]

Andere Cluster: Aus dem Cluster »Sparen und Vermögensbildung« ergeben sich vielfältige Verbindungen zu den Bedarfsfeldern, denen die einzelnen Sparziele zuzuordnen sind, so etwa das Sparen für die Ausbildung der Kinder im Cluster »Partner und Kinder«, das Sparen für das Alter im Cluster »Vorsorge für das Alter« oder das Sparen für Ersatzbeschaffungen in den Clustern »Haus und Wohnung« sowie »Mobilität und Reisen«. Indikationen für die Bedeutung dieser Sparziele im Gesamtkontext finden sich dort.

Aktivität

Trage nun – soweit noch nicht geschehen – deine Sparziele und die damit verbundenen Informationen in die Tableaus »Mein Aktivitätenplan« und »Meine Sparziele« ein.

Wenn du dir je Entspannung verdient hast, dann nach diesem Riesenschritt. Deshalb machen wir jetzt auch etwas ganz Spezielles.

Entspannungsübung: »Fünf Minuten Gehmeditation«

Sorge für frische Luft, am besten indem du das Fenster öffnest. Das, was du jetzt tust, muss man nicht gleich in aller Öffentlichkeit treiben: Stell dich aufrecht hin und dann laufe, gehe, ganz, ganz langsam und ganz bewusst – Schritt für Schritt. Rolle die Füße ganz langsam ab. Jeder Schritt darf mehrere Sekunden dauern.

Die langsamen und bewussten Schritte zu üben, tut jetzt sicher gut. Was du im weiteren Verlauf des Buches zu entscheiden hast, sollte nicht übers Knie gebrochen werden.

Schritt 4:
Dein Produktcheck – was in den wichtigsten Versicherungen unbedingt drin sein sollte

Stell fest, welche Produkte du schon hast und was sie taugen

Nachdem du dir nun zunächst mehr Klarheit über dich selbst verschaffen und dann identifizieren konntest, welche Finanzthemen für dich wichtig sind, nachdem du dann im Tableau »Meine Finanzthemen« oder in der App »Deine ganz persönliche (subjektive) Prioritätenliste« auf financial-wellness.com/buch deine persönlich-subjektive Rangfolge der Themen hergestellt hast und schließlich von diesen Themen und ihren Kontexten Eindrücke gewinnen konntest, ist es nun höchste Zeit, deine Versicherungs- und Bankordner zur Hand zu nehmen und zu schauen, was sich darin verbirgt.

Welche von den als relevant festgestellten Themen hast du bereits in Angriff genommen, welche hast du vielleicht sogar schon abschließend behandelt? Entscheidend für die Beantwortung dieser Frage ist der Abgleich der Orientierungswerte, die du aus den Clusterbetrachtungen entnehmen oder für dich errechnen konntest beziehungsweise kannst.

Dabei solltest du unbedingt die Listen der Mindestanforderungen an Versicherungsprodukte im Blick behalten, die du auf den folgenden Seiten findest. Versicherungsgesellschaften stehen am Markt im Wettbewerb zueinander und sind deshalb selbstverständlich bemüht, möglichst attraktive Produkte zu möglichst attraktiven Preisen anzubieten. Gut und günstig ist freilich wie die Quadratur des Kreises oder die eierlegende Wollmilchsau – also schlechterdings unmöglich. Deshalb sind Versicherungsprodukte auch in ihrem Markenkern nicht immer so attraktiv, wie sie an der Fassade aussehen.

Manchmal werden ihnen schillernde Marketing-Gimmicks wie Beitragsrückgewähr bei Unfallversicherungen angeflanscht, die sie in bestimmten Zielgruppen besonders gut verkaufen lassen, das Produkt aber oftmals unnötig teuer machen.

Bei der Unfallversicherung mit Beitragsrückgewähr wird beispielsweise eine Unfallversicherung mit einer kapitalbildenden Lebensversicherung gekoppelt. Damit die Produkte trotzdem günstig bleiben können, werden von jedermann als selbstverständlich erwartete sogenannte Tarifmerkmale aus dem Markenkern herausgeschnitten, oder der Markenkern wird zulasten der Versicherten verändert.

Den Markenkern schaut man sich normalerweise nicht so genau an, weil man ja davon ausgeht, dass der als gesetzt gilt. Zu einer Haftpflichtversicherung gehört doch die Abdeckung von Schäden bei grober Fahrlässigkeit zweifelsfrei dazu. Und zu einer Hausratversicherung die Neuwertabdeckung, das heißt die Erstattung der Kosten zur Wiederbeschaffung des beispielsweise gestohlenen Fahrrads. Das ist aber keinesfalls garantiert. Dein Vermittler wird dich sicher nicht darauf aufmerksam machen, dass genau das Produkt, welches er für dich vorgesehen hat – vielleicht weil er kein anderes im Angebot hat –, an einer ganz wichtigen Stelle zu deinen Lasten vom Üblichen abweicht. Vielmehr wird er den Glanz der Fassade preisen.

Im Schadensfall sorgt das, wenn du beim Abschluss nicht ganz genau hingeschaut hast, für Entsetzen. Dann ist die Überraschung riesengroß, dass die Versicherung nicht leistet.

Um dir und allen Versicherten bei der Auswahl der Produkte zu helfen, haben drei dem Verbraucherschutz verpflichtete Organisationen Listen über Mindestanforderungen an Versicherungsprodukte für Privathaushalte erstellt: die Stiftung Warentest, der Bund der Versicherten und der Arbeitskreis Beratungsprozesse.

Die Stiftung Warentest ist eine gemeinnützige deutsche Verbraucherorganisation und nach eigenen Angaben »die mit Abstand bekannteste Stiftung in Deutschland« (www.test.de). Der Bund der Versicherten e. V. ist eine gemeinnützige Verbraucherschutzorganisation, die für die Rechte von Verbrauchern im Versicherungswesen eintritt (www.bundderversicherten.de). Der Verein hat rund 45 000 Mitglieder. Der Arbeitskreis Beratungsprozesse ist eine Non-Profit-Initiative mehrerer Vermittlerverbände aus dem Bereich der Finanzberatung (www.beratungsprozesse.de).

Die Mindestanforderungslisten auf den folgenden Seiten sind jeweils die Konsolidierung der Mindestanforderungen der drei Organisationen. Deren Listen unterscheiden sich in Teilen, sind aber im Kern weitgehend identisch. Fakt ist: Wer ein Versicherungsprodukt kauft, das alle jeweils aufgelisteten Tarifmerkmale enthält, ist – von seltenen Spezialanforderungen abgesehen – auf der sicheren Seite und vor unliebsamen Überraschungen gefeit.

Unser Rat zum Umgang mit diesen Listen: Wenn du schon entsprechende Produkte besitzt, checke die in den Geschäftsbedingungen aufgelisteten Tarifmerkmale daraufhin, ob sie mit den Anforderungen in der einschlägigen Liste vollständig übereinstimmen. Wenn dir das zu aufwendig oder lästig ist, schicke deinem Vermittler beziehungsweise Berater die Liste und bitte ihn, den von ihm vermittelten Vertrag mit der Liste abzugleichen und den Abgleich zu bestätigen. Du findest Formulare dafür zu jeder einzelnen Checkliste in unserem Downloadbereich auf financial-wellness.com/buch. Oder besuche einfach die App »Tarifcheck und Abschluss« und gib den Namen des Tarifs ein, den du besitzt. Die App sagt dir für einen Großteil der Tarife in Sekundenschnelle, wie viel Übereinstimmung es zwischen deinem Tarif und der Liste der Mindestanforderungen gibt, mithin, was dein Tarif taugt.

Wenn du ein Produkt neu abschließen willst, nimm das heruntergeladene Formular der diesbezüglichen Liste mit zu deinem Finanzberater und bitte ihn, dir ein Produkt zu empfehlen, das mindestens alle Kriterien auf der Liste erfüllt. Wenn es zum Vertrag kommt, lass ihn die Übereinstimmung der Liste mit den Merkmalen in dem von dir erworbenen Tarif durch Unterschrift bestätigen. Wenn du willst, kannst du auch hier den Gegencheck in der App machen.

Checke bei der Gelegenheit unbedingt auch den Preis der Produkte, die du hast. Der Preis ist zwar nicht das wichtigste Kriterium bei der Produktauswahl; aber es kann durchaus sein, dass ein Versicherungstarif, der alle Kriterien erfüllt, die die Verbraucherschützer empfehlen, günstiger zu haben ist, als einer, der das nicht tut. Oftmals macht vom Wesentlichen ablenkender Schnickschnack, der im wirklichen Notfall nicht weiterhilft, Produkte teuer. Und wer weiß: Vielleicht bist du am Ende ganz froh, wenn du durch günstigere Produkte ein paar Euro mehr Liquidität zur Verfügung hast, um dich um Themen zu kümmern, die du neu in deinen Trainingsplan aufnehmen willst.

Checklisten für die Mindestanforderungen an Produkte

Krankheit und Pflege – Mindestanforderungen

In diesem Abschnitt findest du Mindestanforderungen für einige Produktkategorien aus dem Cluster »Krankheit und Pflege«. Von den eingangs genannten Verbraucherschutz-Organisationen liegen uns definierte Mindestanforderungen vor für die Themen:

- Grundschutz bei Krankheit (Rangplatz 1) durch Krankheitskosten-Vollversicherungen in der PKV,
- Auslandsreisekrankenversicherung,
- Krankentagegeldversicherung,
- die über den Grundschutz hinausgehende Vorsorge für den Fall der Pflegebedürftigkeit (Rangplatz 31) durch Pflegezusatzversicherungen,
- die Absicherung von Kosten für über den Grundschutz hinausgehende Zusatzleistungen im Krankenhaus (Rangplatz 34),
- Absicherung ungedeckter Folgekosten von Krankheit und Unfall (Rangplatz 35) durch Unfallversicherungen und
- die über den Grundschutz hinausgehende Vorsorge für zahnmedizinische Zusatzleistungen (Rangplatz 39).

Keine vom Verbraucherschutz definierten Mindestanforderungen liegen vor für den Grundschutz bei Pflegebedürftigkeit (Rangplatz 6).

Bezüglich der Absicherung ungedeckter Folgekosten von Krankheit und Unfall ist zu beachten, dass die Versicherungsindustrie bislang nur Produkte anbietet, die diese Folgekosten nach Unfällen decken – die Unfallversicherungen (siehe auch Erläuterungen im Abschnitt »Risiko von nicht gedeckten Folgekosten von Krankheit und Unfall: Unfallversicherung« auf S. 110 ff.). Obwohl diese Kosten viel häufiger durch Krankheiten als durch Unfälle verursacht werden, bleibt uns an dieser Stelle nichts anderes übrig, als dir die Unfallversicherung vorzustellen. Wenn dich das aus gutem Grund nicht zufriedenstellt, bleibt dir nichts anderes übrig, als Geld zurückzulegen, um den Fahrstuhl oder den Umbau des Bades aus Erspartem zu finanzieren.

Achtung: Die im Folgenden aufgelisteten Tarifmerkmale sind Mindest(!)-Anforderungen an einschlägige Produkte. Davon sollte von deiner persönlichen Lebenssituation keines in dem Produkt fehlen, und keine Deckungssumme sollte in dem Produkt, das du besitzt oder zu kaufen planst, niedriger sein als angegeben. Die Listen beschreiben die Markenkerne der jeweiligen Produktklasse. Welche Tarifmerkmale darüber hinaus für dich und womöglich deine Mitversicherten wichtig sind, darüber solltest du unbedingt mit deinem Finanzberater sprechen.

✓ Checkliste: Krankheitskostenvollversicherungen (PKV)

Diese Checkliste orientiert sich an den Mindestanforderungen der Stiftung Warentest[47], des Bundes der Versicherten[48] sowie des AK Beratungsprozesse[49] für die Produktklasse Krankheitskostenvollversicherungen.

☐ Kein Primärarzt-/Hausarztprinzip

☐ Arzt- und Zahnarzthonorare (GOÄ und GOZ) bis 3,5-facher Höchstsatz

☐ Vorsorgeuntersuchungen im Umfang der GKV

☐ Kostenübernahme für Entwöhnungsbehandlungen bei Suchterkrankungen

☐ Verschreibungspflichtige Arznei- beziehungsweise Heilmittel (offener Heilmittelkatalog)

☐ Offener Hilfsmittelkatalog, der medizinische Neuerungen einschließt. Einfache oder angemessene Ausführung.

☐ Schutzimpfungen gemäß STIKO

Ambulanter Bereich

☐ Psychotherapie mit Psychotherapeuten zu mindestens 50 Sitzungen pro Jahr möglichst ohne vorherige Genehmigung

☐ Ambulante Psychotherapie im Delegationsverfahren (von Arzt auf Psychotherapeut) ist erstattungsfähig

☐ Kostenübernahme für physikalische Therapie, Logotherapie und Ergopädie mindestens 75 Prozent

☐ Aufwendungen für spezialisierte ambulante Palliativversorgung; mindestens 100 Prozent bis zum Betrag, der für die Aufwendung eines Versicherten der GKV aufzuwenden wäre

☐ Verzicht auf Kurortklausel (Versicherer verzichtet auf die Leistungseinschränkung für ambulante Heilbehandlung in einem Heilbad oder Kurort)

☐ Fahrtkosten bei ärztlich attestierter Gehunfähigkeit zum nächsterreichbaren geeigneten Arzt

☐ Fahrtkosten für ambulanten Transport zu Bestrahlungen, Chemotherapie und Dialyse

☐ Ambulante Palliativversorgung

Stationärer Bereich

- ☐ mindestens Zwei-Bettzimmer mit wahlärztlichen Leistungen
- ☐ Psychotherapie mindestens 30 Sitzungen pro Jahr; ideal: ohne vorherige Genehmigung und ohne Begrenzung von Behandlungstagen
- ☐ Krankentransportkosten zum nächstgelegenen Krankenhaus bis 100 Kilometer Entfernung
- ☐ Versorgung im Hospiz
- ☐ Anschlussheilbehandlung nach Krankenhausaufenthalt
- ☐ Aufwendungen für stationäre Rehabilitation

Zahnbereich

- ☐ Leistungen für Zahnbehandlung mindestens 90 Prozent
- ☐ Leistungen für Zahnersatz, Inlays, Material- und Laborkosten mindestens 70 Prozent
- ☐ Keine Zahnstaffel nach erstem Versicherungsjahr, spätestens nach 5 Jahren
- ☐ Keine Summenbegrenzung bei Unfall
- ☐ Keine Leistungsbeschränkungen auf Unfälle oder bestimmte Erkrankungen/keine Ausschnittsdeckung
- ☐ Veneers und Keramikverblendungen werden mindestens bis zum Fünferzahn erstattet. (Der achte Zahn ist der Weisheitszahn.)

Krankentagegeld

- ☐ Mindestens 120 Euro pro Tag ab dem 43. Tag
- ☐ Anpassmöglichkeit ohne Gesundheitsprüfung (Dynamik)
- ☐ Wechsel in anderen Berufsgruppentarif ohne Gesundheitsprüfung und ohne neue Wartezeiten
- ☐ Verzicht auf Alkoholklausel

Hinweis für Beamte: Beihilfetarife müssen die Kosten für die aufgezählten Leistungen mindestens mit dem versicherten Prozentsatz ersetzen. Ausnahmen: Für Arzneimittel, Arzt- und Zahnarzthonorare sowie für Material- und Laborkosten bei Zahnersatz und Inlays ersetzen sie mindestens den versicherten Prozentsatz für den beihilfefähigen Teil der Aufwendungen. Für Hilfsmittel ist ein geschlossener Katalog ausreichend.

✓ Checkliste: Auslandskrankenversicherung

Diese Checkliste orientiert sich an den Mindestanforderungen der Stiftung Warentest[50] und des Bundes der Versicherten[51] und des AK Beratungsprozesse[52] für die Produktklasse Auslandskrankenversicherung.

- ☐ Behandlungskosten, Transportkosten zur Erst- und Weiterversorgung ohne Summenbegrenzung
- ☐ Anspruch auf Rücktransport ohne Summengrenzen, sobald stationäre Behandlung im Ausland voraussichtlich länger als 14 Tage dauert
- ☐ 10 000 Euro Mindestleistung bei Tod für Überführung oder Bestattung vor Ort
- ☐ Keine Einschränkung bei akuten, unvorhergesehenen oder nicht absehbaren Erkrankungen
- ☐ Kein genereller Ausschluss psychischer Erkrankungen
- ☐ Verletzungen bei sportlichen Aktivitäten
- ☐ Provisorischer Zahnersatz nicht nur bei Unfall und ohne Bagatellgrenze
- ☐ Erstattung von (leihweisen) Hilfsmitteln
- ☐ Keine Leistungseinschränkung bei akut auftretenden Schwangerschaftskomplikationen, einschließlich Fehl- und Frühgeburt
- ☐ Kein genereller Ausschluss von Pandemien (zumutbar ist ein Ausschluss, wenn vor Antritt der Reise eine Reisewarnung des Auswärtigen Amtes ausgesprochen wurde oder während der Reise ausgesprochen wird und die versicherte Person nicht unverzüglich die Rückreise antritt)
- ☐ Krankheits- und unfallbedingte Such-, Rettungs- und Bergungskosten mindestens bis 5 000 Euro
- ☐ Verschlechterung von bereits vor Reise bestehenden Erkrankung
- ☐ Mindestens folgendes Rating-Ergebnis: Sehr gut/*Finanztest*-Qualitätsurteil (Stiftung Warentest)

✓ Checkliste: Krankentagegeldversicherung

Diese Checkliste orientiert sich an den Mindestanforderungen der Stiftung Warentest[53] und des Bundes der Versicherten[54] und des AK Beratungsprozesse[55] für die Produktklasse Krankentagegeldversicherung.

- ☐ Rückfallerkrankungen: Zeiten wiederholter Arbeitsunfähigkeit wegen derselben Erkrankung werden bei der Berechnung der Karenzzeit zusammengerechnet
- ☐ Versicherungsschutz kann vor Leistungsfall ohne Gesundheitsprüfung und ohne erneute Wartezeit bei Einkommenssteigerungen angepasst werden (Dynamik)
- ☐ Verkürzung der Karenzzeit bei Statuswechsel ist ohne erneute Gesundheitsprüfung und ohne erneute Wartezeit möglich
- ☐ Leistungsanspruch während Kur- und Sanatoriumsaufenthalten oder stationären Reha-Maßnahmen
- ☐ Leistung auch während des Aufenthaltes in einem Heilbad oder Kurort
- ☐ Verzicht auf Alkoholklausel
- ☐ Leistungen bei ausschließlich schwangerschaftsbedingter Arbeitsunfähigkeit (Ausnahme: während der Mutterschutzfristen)

✓ **Checkliste: Pflegezusatzversicherungen (insbesondere Pflegetagegeldversicherungen)**

Diese Checkliste orientiert sich an den Mindestanforderungen der Stiftung Warentest[56], des Bundes der Versicherten[57] sowie des AK Beratungsprozesse[58] für die Produktklasse Pflegezusatzversicherungen (insbesondere Pflegetagegeldversicherungen)

☐ Leistungsanspruch in allen 5 Pflegegraden

☐ Hilfeleistung ohne Aufpreis (Assistance-Leistungen)

☐ Beitragsdynamik (vor Pflegebedürftigkeit)

☐ Einmalzahlung bei Erreichen eines bestimmten Pflegegrades

☐ Beitragsbefreiung mindestens ab Pflegegrad 5

☐ Verzicht auf ordentliches Kündigungsrecht

☐ Leistung nicht nur unfallbedingt oder bei bestimmten Erkrankungen

☐ Leistungsanspruch auch während Krankenhausaufenthalt, Kur, Reha

☐ Verzicht auf Wartezeiten

☐ Leistungsanspruch auch nach Suchterkrankung

☐ Leistung, wenn Pflegepflichtversicherung die Pflegebedürftigkeit anerkennt (Einstufung des medizinischen Dienstes ist bindend)

☐ Leistung bei ambulanter und stationärer Pflege

☐ Leistungsdynamik

☐ Weltweiter Schutz

☐ Leistung bei Laienpflege (Pflege durch Angehörige) gleich wie bei professioneller Pflege

☐ Leistung auch während der Durchführung einer vollstationären Heilbehandlung

☐ Leistung auch während stationärer Rehabilitationsmaßnahmen, Kur- oder Sanatoriumsbehandlungen

☐ Keine Leistungseinschränkung auf Unfälle oder bestimmte Erkrankungen/keine Ausschnittsdeckung

☐ Kein Ausschluss von Suchterkrankungen

✓ Checkliste Krankenzusatzversicherungen STATIONÄR

Diese Checkliste orientiert sich an den Mindestanforderungen der Stiftung Warentest[59], des Bundes der Versicherten[60] sowie des AK Beratungsprozesse[61] für die Produktklasse Krankenzusatzversicherungen STATIONÄR.

- ☐ Unterbringung mindestens im Zwei-Bettzimmer
- ☐ Kosten für privatärztliche Behandlungen – Chefarzt – werden mindestens bis zum 3,5-fachen Satz (Höchstsatz) bezahlt
- ☐ Wahlarzt
- ☐ Wahlleistung im Rahmen einer vor- und nachstationären Behandlung (nach § 115a SGB V) werden übernommen
- ☐ Ersatz-Krankenhaustagegeld
- ☐ Freie Krankenhauswahl
- ☐ Erstattung von ambulanten Operationen im Krankenhaus
- ☐ Leistung nicht nur unfallbedingt oder bei bestimmten Erkrankungen
- ☐ Verzicht auf das ordentliche Kündigungsrecht in den ersten drei Jahren
- ☐ Gemischte Anstalten (im Notfall ohne vorherige schriftliche Zusage)
- ☐ Erstattet werden von der GKV nicht übernommene Restkosten durch die Wahl eines anderen als in der Einweisung genannten Krankenhauses

✓ Checkliste Unfallversicherungen

Diese Checkliste orientiert sich an den Mindestanforderungen der Stiftung Warentest[62], des Bundes der Versicherten[63] sowie des AK Beratungsprozesse[64] für die Produktklasse Unfallversicherungen.

- ☐ Eigenbewegung
- ☐ Erhöhte Kraftanstrengung
- ☐ Rettung von Menschen und Sachen
- ☐ Bewusstseinsstörungen durch Schlaganfall/Herzinfarkt
- ☐ medikamentenbedingte Bewusstseinsstörung
- ☐ Bewusstseinsstörungen durch Trunkenheit (beim Führen von Kraftfahrzeugen bis max. 1,3 ‰)
- ☐ bei Kindern bis zu 14 Jahre ist zusätzlich die Vergiftung in Folge Einnahme fester oder flüssiger Stoffe durch den Schlund
- ☐ Vergiftungen bei Erwachsenen (Nahrungsmittel)
- ☐ Vergiftungen durch Gase und Dämpfe
- ☐ Insektenstiche/Tierbisse
- ☐ Schäden durch Röntgen-, Laser- und künstlich erzeugte ultraviolette Strahlen (außer bei beruflichem Umgang)
- ☐ Tauchtypische Gesundheitsschäden
- ☐ Erweiterungen Kosten
  - ☐ Kosmetische Operationen (mind. 10 000 EUR)
  - ☐ Bergungskosten inkl. Rückholkosten (mind. 10 000 EUR)
- ☐ sonstige Besonderheiten
  - ☐ verbesserte Gliedertaxe (mind. 20 % besser als AUB-Gliedertaxe 2014)
  - ☐ Mitwirkungsanteil (mind. ab 50 %)
  - ☐ Fristen Verlängerung (Eintritt: 21 Monate, Geltendmachung: 24 Monate)
  - ☐ Leistungsgarantie GDV-Musterbedingungen

✓ Checkliste Krankenzusatzversicherungen ZAHN

Diese Checkliste orientiert sich an den Mindestanforderungen der Stiftung Warentest[65] und des AK Beratungsprozesse[66] für die Produktklasse Krankenzusatzversicherungen ZAHN.

- ☐ Kein gesondertes Preis-/Leistungsverzeichnis des Versicherers
- ☐ Keine Limitierung bei Zahnstaffel nach spätestens 5 Jahren
- ☐ Erstattung Zahnersatz inklusive GKV mindestens 75 Prozent
- ☐ GOZ bis 3,5-fachen Höchstsatz
- ☐ Implantate, Knochenaufbau und Inlays ohne Beschränkung
- ☐ Leistungen grundsätzlich über GKV-Regelversorgung
- ☐ Professionelle Zahnreinigung
- ☐ Verzicht auf das ordentliche Kündigungsrecht in den ersten drei Jahren
- ☐ Keine Summenbegrenzung bei Unfall oder bestimmten Erkrankungen/keine Ausschnittsdeckung
- ☐ Veneers und Keramikverblendungen werden mindestens bis zum Fünferzahn erstattet
- ☐ Mindestens folgendes Rating-Ergebnis: Sehr gut/*Finanztest*-Qualitätsurteil (Stiftung Warentest)

Haftung und Rechtsschutz – Mindestanforderungen

Im folgenden Abschnitt findest du Mindestanforderungen für einige Produktkategorien aus dem Cluster »Haftung und Rechtsschutz«. Von den eingangs genannten Verbraucherschutz-Organisationen liegen uns definierte Mindestanforderungen vor für die Themen:

1. die Absicherung von allgemeinen Haftungsrisiken (Rangplatz 2) in der Privathaftpflichtversicherung (PHV),
2. die Absicherung von Haftungsrisiken aus privater Tierhaltung (Rangplatz 9), im Besonderen für Hunde und Pferde und
3. die Absicherung des Kostenrisikos für Rechtsschutz (Rangplatz 36).

Die Mindestanforderungen für das Thema Absicherung von Haftungsrisiken aus dem Halten von Kraftfahrzeugen (8) findest du im Cluster »Mobilität und Reisen«.

Für die Absicherung von Haftungsrisiken aus Haus- und Grundbesitz (10), die Absicherung von Haftungsrisiken bei Bau und Sanierung (11), die Absicherung von Haftungsrisiken durch Gewässerschäden (12), die Absicherung von Haftungsrisiken aus einer Photovoltaikanlage (13), die Absicherung von Haftungsrisiken bei der Jagd (14), die Absicherung von Haftungsrisiken durch Luftfahrzeuge (15), die Absicherung von Haftungsrisiken aus besonderer ausgeübter Tätigkeit oder Ehrenamt (16) und die Absicherung von Haftungsrisiken durch Wasserfahrzeuge (17) liegen keine vom Verbraucherschutz definierten Mindestanforderungen vor.

Achtung: Die im Folgenden aufgelisteten Tarifmerkmale sind Mindest(!)-Anforderungen an einschlägige Produkte. Davon sollte unabhängig von deiner persönlichen Lebenssituation keines in dem Produkt fehlen, und keine Deckungssumme sollte in dem Produkt, das du besitzt oder zu kaufen planst, niedriger sein als angegeben. Die Listen beschreiben die Markenkerne der jeweiligen Produktklasse. Welche Tarifmerkmale darüber hinaus für dich und womöglich deine Mitversicherten wichtig sind, darüber solltest du unbedingt mit deinem Finanzberater sprechen.

Checkliste: Privathaftpflichtversicherungen

Diese Checkliste orientiert sich an den Mindestanforderungen der Stiftung Warentest[67], des Bundes der Versicherten[68] sowie des AK Beratungsprozesse[69] für die Produktklasse Privathaftpflichtversicherungen.

Mindestanforderungen:

☐ DS mind. 10 Mio. EUR

☐ Vermögensschäden mind. 10 Mio. EUR

☐ Forderungsausfall (mind. die Schadenshöhe, max. 1 000 EUR

☐ Vorsorgeversicherung (Personen- und Sachschäden) mind. 3 Mio. EUR

☐ Vorsorgeversicherung (Vermögensschäden) mind. 50 000 EUR

☐ Versicherungssumme für Mietsachschäden an gemieteten Räumen in Gebäuden, mind. 500 000 EUR

☐ Mitversicherte Personen (sofern Singletarif entfallen diese Kriterien)

   ☐ Deliktunfähige Kinder (mind. 20 000 EUR)

   ☐ Fachpraktischer Unterricht

   ☐ Sofern über den Vertrag Kinder mitversichert sind: Betriebspraktika von Schülern und eine Wartezeit bis zu einem Jahr bis zum Beginn einer Ausbildung oder eines Wehrdienstes sowie eine Wartezeit bis zu einem Jahr nach Abschluss der Ausbildung, oder Beginn einer zweiten Ausbildung sind versichert.

   ☐ Regressansprüche von Sozialversicherungsträgern, privaten Krankenversicherungsträgern, öffentlichen und privaten Arbeitgebern

☐ Tiere:

   ☐ Privates Hüten fremder Hunde

   ☐ Hüten fremder Pferde sowie das Benutzen fremder Fuhrwerke (ohne Ansprüche der Halter und Eigentümer von Pferd und Fuhrwerk)

☐ Immobilien:

   ☐ Privater Schlüsselverlust (mind. 20 000 EUR)

   ☐ Allmählichkeitsschäden (mind. 10 Mio. EUR)

   ☐ Schäden durch häusliche Abwässer (mind. 10 Mio. EUR)

   ☐ (Um-)Baumaßnahmen bei Bausummen bis 100 000 Euro

   ☐ Öltank (Anlagerisiko), mind. 5 000 Liter

   ☐ Gewässerschaden-Risiko (Restrisiko) für Kleingebinde bis 50 Liter bzw. Kilogramm, bzw. gesamt 250 Liter bzw. Kilogramm)

   ☐ Vermietung von Eigentumswohnungen (mind. 3 Zimmer)

   ☐ Miete einer Ferienwohnung im Ausland (mind. 10 Mio. EUR)

☐ Ausland
  ☐ Auslandsaufenthalt EU: für mind. 1 Jahr
  ☐ Auslandsaufenthalt: weltweit, für mind. 1 Jahr
☐ Tätigkeiten/Sonstiges
  ☐ Tätigkeit als Tagesmutter (mind. 5 Kinder)
  ☐ elektronischen Datenaustausch/Internetnutzung (mind. 5 Mio. EUR)
  ☐ Ehrenamt (ohne öffentliche/hoheitliche Ehrenämter)
  ☐ Gefälligkeitsschäden (mind. 10 000 EUR)
  ☐ Beruflicher Schlüsselverlust (mind. 10 000 EUR)
  ☐ Generelle Mietsachschadendeckung (mind. 10 000 EUR)
  ☐ Gebrauch fremder Motorboote (mind. 10 Mio. EUR)
  ☐ Selbstfahrende Arbeitsmaschinen bis 20 km/h (z. B. Aufsitzrasenmäher)
  ☐ Ferngelenkte Modellfahrzeuge
  ☐ Innovationsklausel (Bedingungsverbesserungen)
  ☐ Leistungsgarantie gegenüber GDV-Musterbedingungen

Checkliste: Tierhalter-Haftpflichtversicherungen für Hundehalter

Diese Checkliste orientiert sich an den Mindestanforderungen der Stiftung Warentest[70], des Bundes der Versicherten[71] sowie des AK Beratungsprozesse[72] für die Produktklasse Tierhalter-Haftpflichtversicherungen für Hundehalter.

☐ Deckungssumme mind. 10 Mio. EUR

☐ Vermögensschäden mind. 10 Mio. EUR

☐ Tierhüter

☐ ungewollter Deckakt

☐ Welpen in Obhut des Muttertieres (12 Monate)

☐ Einschluss von Mietsachschäden an gemieteten Räumen in Gebäuden (mind. 1 Mio. EUR)

☐ Mietsachschäden an Einrichtungsgegenständen

☐ Auslandsaufenthalt: EU (mind. 1 Jahr)

☐ Auslandsaufenthalt: weltweit (mind. 1 Jahr)

☐ Schutz bei Verstoß gegen Halterpflichten

☐ Leistungsgarantie GDV-Musterbedingungen

✓ Checkliste: Tierhalter-Haftpflichtversicherungen für Pferdehalter

Diese Checkliste orientiert sich an den Mindestanforderungen der Stiftung Warentest[73], des Bundes der Versicherten[74] sowie des AK Beratungsprozesse[75]) für die Produktklasse Tierhalter-Haftpflichtversicherungen für Pferdehalter.

- ☐ Deckungssumme mind. 10 Mio. EUR
- ☐ Vermögensschäden mind. 10 Mio. EUR
- ☐ privates Tierhüterrisiko (vorübergehende Aufsicht durch andere Person)
- ☐ Fremdreiter sind nicht namentlich zu benennen (Ausnahme: Reitbeteiligung)
- ☐ Reitbeteiligung
- ☐ Fremd-/Gastreiterrisko
- ☐ Schutz bei Verstoß gegen Halterpflichten
- ☐ ungewollter Deckakt
- ☐ Fohlen in Obhut des Muttertieres 12 Monate
- ☐ Flurschäden
- ☐ Einschluss von Mietsachschäden an gemieteten Räumen in Gebäuden
- ☐ Mietsachschäden an beweglichen Sachen
- ☐ Auslandsaufenthalt: EU
- ☐ Auslandsaufenthalt: weltweit
- ☐ Leistungsgarantie GDV-Musterbedingungen

✓ Checkliste: Rechtsschutzversicherungen

Die untenstehende Checkliste orientiert sich an den Mindestanforderungen der Stiftung Warentest[76], des Bundes der Versicherten[77] sowie des AK Beratungsprozesse[78] für die Produktklasse Rechtsschutzversicherungen.

- ☐ Deckungssumme je Rechtsschutzfall mind. 5 Mio. EUR
- ☐ Geltungsbereich weltweit mit mind. 350 000 EUR Deckungssumme
- ☐ Deckungssumme Darlehen Strafkaution (mind. 200 000 EUR)
- ☐ Strafkaution wird als zinsloses Darlehen gewährt (mind. 200 000 EUR)
- ☐ Selbstbehaltsklausel
- ☐ Schadenereignis (Folgeereignistheorie)
- ☐ Verzicht auf Schiedsverfahren (=Stichentscheid)
- ☐ Vertrags- und Sachenrecht bei Kapitalanlagen
- ☐ Vertrags- und Sachenrecht im Verkehrs-RS
- ☐ Opferrechtsschutz
- ☐ Mediations-RS
- ☐ Steuer-RS im Widerspruchsverfahren
- ☐ Sozial-RS im Widerspruchsverfahren
- ☐ Verwaltungsrechtsschutz im Widerspruchsverfahren
- ☐ Verwaltungsgerichtsrechtsschutz
- ☐ Beratungsrechtsschutz im Familien-, Lebenspartnerschafts- und Erbrecht
- ☐ Erweiterter Beratungsrechtsschutz im Familien-, Lebenspartnerschafts- und Erbrecht (über die anwaltliche Erstberatung hinaus Kostenschutz, z. B. für ein Schreiben des Anwalts)
- ☐ Versichererwechsel
- ☐ Einjahresregel (Der Versicherer lässt Streitursachen außen vor, die länger als ein Jahr vor Beginn des Versicherungsschutzes zurückliegen.)

Arbeitskraftverlust – Mindestanforderungen

In diesem Abschnitt findest du Mindestanforderungen für Produkte aus dem Cluster »Arbeitskraftabsicherung«. Von den eingangs genannten Verbraucherschutz-Organisationen liegen uns definierte Mindestanforderungen vor für den Grundschutz und den Erhalt des Lebensstandards bei Berufs-/Dienstunfähigkeit (4 und 24) durch Berufsunfähigkeitsversicherungen (BU).

Der Schutz bei Arbeitsunfähigkeit, der kurzfristigen Variante der BU, ist üblicherweise in der Krankenversicherung eingeschlossen. Siehe die Erläuterungen dazu auf S. 136 ff.

Für den Schutz bei Erwerbsunfähigkeit, der krankheitsbedingten Unfähigkeit, irgendeiner Erwerbstätigkeit nachzugehen, liegen von den Verbraucherschutzorganisationen keine Mindestanforderungslisten vor.

Achtung: Die im Folgenden aufgelisteten Tarifmerkmale sind Mindest(!)-Anforderungen an einschlägige Produkte. Davon sollte unabhängig von deiner persönlichen Lebenssituation keines in dem Produkt fehlen, und keine Deckungssumme sollte in dem Produkt, das du besitzt oder zu kaufen planst, niedriger sein als angegeben. Die Listen beschreiben die Markenkerne der jeweiligen Produktklasse. Welche Tarifmerkmale darüber hinaus für dich und womöglich deine Mitversicherten wichtig sind, darüber solltest du unbedingt mit deinem Finanzberater sprechen.

✓ ## Checkliste: Berufsunfähigkeitsversicherungen

Diese Checkliste orientiert sich an den Mindestanforderungen der Stiftung Warentest[79], des Bundes der Versicherten[80] sowie des AK Beratungsprozesse[81] für die Produktklasse Berufsunfähigkeitsversicherungen.

- ☐ Verzicht auf Meldung bei Aufnahme einer beruflichen Tätigkeit nach Eintritt Berufsunfähigkeitsfall
- ☐ Nachversicherung der Vertragslaufzeit bei Erhöhung der Regelrenteneintrittsalters in der GRV
- ☐ Möglichkeit, eine garantierte Rentensteigerung einzuschließen
- ☐ Möglichkeit, eine Beitragsdynamik einzuschließen
- ☐ Gesetzliche Erwerbsunfähigkeit aus gesundheitlichen Gründen löst Leistung aus
- ☐ Keine zeitlich befristeten Anerkenntnisse
- ☐ Verzicht auf Meldung bei gesundheitlichen Verbesserrungen
- ☐ Übernahme der Reise- und Unterbringungskosten bei Untersuchungen in Deutschland
- ☐ Auch bei dauerhaftem Ausscheiden aus dem Beruf wird auf den Beruf vor dem dauerhaften Ausscheiden geprüft
- ☐ Nachversicherung bei Heirat und Geburt/Adoption
- ☐ Überbrückungsmöglichkeiten bei Zahlungsschwierigkeiten (Beitragsfreistellung, Stundung etc.)
- ☐ Nur zumutbare ärztliche Anordnungen sind zu befolgen
- ☐ Auf Wunsch zinsfreie Stundung bis zur endgültigen Entscheidung
- ☐ Versicherungsschutz gilt weltweit
- ☐ Verzicht auf §19 VVG bei unverschuldeter Anzeigepflichtsverletzung
- ☐ Verzicht auf abstrakte Verweisung (Erst- und Nachprüfung)
- ☐ Bei andauernder BU von mind. 6 Monaten gilt diese von Beginn an
- ☐ Verkürzter Prognosezeitraum auf 6 Monate
- ☐ Rückwirkende Leistung bei verspäteter Meldung ohne Einschränkung
- ☐ Mindestens eines der folgenden Rating-Ergebnisse erfüllt:
    - ☐ Sehr gut/*Finanztest*-Qualitätsurteil (Stiftung Warentest)
    - ☐ A-/Standard & Poors
    - ☐ A-/Fitch
    - ☐ A3/Moodys
    - ☐ A/Assekurata
    - ☐ Sehr gut/Morgen & Morgen Belastungstest

Partner und Kinder – Mindestanforderungen

Für die Produkte, die für den Grundschutz oder zum Erhalt des Lebensstandards bei Todesfall eines Haushaltsverantwortlichen (7 und 26) herangezogen werden können – das sind klassischerweise Risikolebensversicherungen –, liegen vom Verbraucherschutz keine spezifischen Mindestanforderungen vor. Für die Produkte zur Vorsorge bei Invalidität beziehungsweise Erwerbs- oder Berufsunfähigkeit von Kindern (28) kann die Checkliste zur BU herangezogen werden[82]. Beim Abschluss einer Kinder-Invaliditätsversicherung sollte darauf geachtet werden, dass mindestens eine Rente in Höhe von 1 000 Euro abgeschlossen wird. Auf was du bei der Absicherung sonst noch achten musst, haben wir oben im Cluster beschrieben.

Das Sparen für die Ausbildung der Kinder (37) ist ein Anlagethema, für das sich deine Anforderungen aus deinem Risikoprofil, also deiner Risikotragfähigkeit, deiner Risikobereitschaft sowie deinen Kenntnissen und Erfahrungen ableitet, die du in »Schritt 1: Dein Profil – was du hast und was du bist« ermittelt hast. Wenn du das Tableau »Mein Profil« (siehe S. 258) mit den Daten aus diesem Kapitel befüllt hast, kannst du damit zu deinem Banker oder Finanzberater gehen und mit ihm das passende Produkt auswählen, das deinen Anforderungen entspricht.

Liquidität und Vermögensbilanz – Mindestanforderungen

Im Cluster »Liquidität und Vermögensbilanz« finden wir drei unterschiedliche Kategorien von Themen:

1. Bei der Einnahmen-Ausgabenrechnung und der Vermögensbilanz handelt es sich um reine »Feststellungsthemen«. Sie helfen dir dabei, die nächste Kategorie,
2. die »Warnlampenthemen« – die frühzeitige Feststellung des Schuldenrisikos aus Dispositions- und Konsumentenkrediten (19) und die Vorsorge für das Zinsänderungsrisiko bei Immobilienfinanzierungen (30) im Blick zu behalten.
3. Die »Aktivitätsthemen«, die Verhinderung der drohenden Zahlungsunfähigkeit (18) durch die Bildung einer minimalen Liquiditätsreserve und der Aufbau einer liquiden Rücklage, die dafür sorgt, dass auch bei kleineren Notfällen wie dem Verlust des Handys oder einer Reparatur am Auto oder auch bei Kurzarbeit oder vorübergehender Erwerbslosigkeit der Lebensstandard nicht allzu sehr in Mitleidenschaft gezogen wird (27), sind Anlagethemen. Für diese leiten sich deine Anforderungen aus deinem Risikoprofil, also deiner Risikotragfähigkeit, deiner Risikobereitschaft sowie deinen Kenntnissen und Erfahrungen ab, die du in »Schritt 1: Dein Profil« ermittelt hast. Wenn du das entsprechende Tableau (siehe S. 258) mit den Daten aus diesem Kapitel befüllt hast, kannst du damit zu deinem Banker oder Finanzberater gehen und mit ihm das passende Produkt auswählen, das deinen Anforderungen entspricht.

Vorsorge für das Alter – Mindestanforderungen

Die zwei Finanzthemen im Cluster »Vorsorge für das Alter« sind letztlich zwei quantitative Ausprägungen ein und derselben Sache: Sparen für ein mehr oder weniger gutes Auskommen im Alter. Mehr meint dabei den Lebensstandard zu halten, den du heute auch hast (29), und weniger ein Auskommen knapp über dem Niveau, das gestern Hartz IV hieß, heute Bürgergeld heißt (20) und morgen vielleicht noch schöner klingt, aber sich ganz bestimmt nicht gut anfühlt, wenn man davon abhängig ist.

Mithin gilt für die Altersvorsorge das, was für alle Anlagethemen gilt: Für diese leiten sich deine Anforderungen aus deinem Risikoprofil, also deiner Risikotragfähigkeit, deiner Risikobereitschaft sowie deinen Kenntnissen und Erfahrungen ab, die du in »Schritt 1: Dein Profil« ermittelt hast. Wenn du das Tableau (siehe S. 258) mit den Daten aus diesem Kapitel befüllt hast, kannst du damit zu deinem Banker oder Finanzberater gehen und mit ihm das passende Produkt auswählen, das deinen Anforderungen entspricht.

Allerdings gibt es, der gesellschaftlichen Relevanz der Altersvorsorge entsprechend, eine ganze Anzahl von Anlageprodukten, die speziell für die Altersvorsorge maßgeschneidert sind. Die Beurteilung von Versicherungsprodukten im Bereich Altersvorsorge ist schwierig; Versicherungsaspekte und Geldanlagefragen kommen hier zusammen. Die gute Nachricht ist: Du brauchst dich damit ganz im Sinne deiner Financial Wellness nicht vertieft beschäftigen. Wir empfehlen dir hier – neben unseren Hinweisen im Cluster oben – eine Orientierung an seriösen Rating-Ergebnissen.

✓ Checkliste: Fondsgebundene Direktversicherungen/Basisrentenversicherungen/ Riesterrentenversicherungen/Rentenversicherungen

- ☐ Shiften und Switchen möglich
- ☐ Rebalancing möglich
- ☐ Fondsauswahl beinhaltet ETFs
- ☐ Kosten einer Kündigung werden in Euro angegeben
- ☐ Kosten sind vollständig angegeben
- ☐ Informationen zu den Rechnungsgrundlagen sind vorhanden
- ☐ Mindestens eines der folgenden Rating-Ergebnisse ist erfüllt:
  - ☐ Gut/*Finanztest*-Qualitätsurteil (Stiftung Warentest)
  - ☐ A-/Standard & Poors
  - ☐ A-/Fitch
  - ☐ A3/Moodys
  - ☐ A/Assekurata
  - ☐ Sehr gut/Morgen & Morgen Belastungstest

Checkliste: Klassische Basisrentenversicherungen/Rentenversicherungen

- ☐ Entnahmen während des Rentenbezugs
- ☐ Zuzahlung zu alten Rechnungsgrundlagen
- ☐ Laufende Verzinsung größer/gleich Vergleichsgruppe (2021 zu 50 %, 2020 zu 30 %, 2019 zu 20 % gewichtet)
- ☐ Kosten einer Kündigung werden in Euro angegeben
- ☐ Kosten sind vollständig angegeben
- ☐ Informationen zu den Rechnungsgrundlagen sind vorhanden
- ☐ Stundung der Beiträge möglich
- ☐ Beitragsreduktion möglich
- ☐ Rentenbeginn aufschieben
- ☐ Rentenbeginn vorziehen
- ☐ Mindestens eines der folgenden Rating-Ergebnisse ist erfüllt:
  - ☐ Gut/*Finanztest*-Qualitätsurteil (Stiftung Warentest)
  - ☐ A-/Standard & Poors
  - ☐ A- /Fitch
  - ☐ A3/Moodys
  - ☐ A/Assekurata
  - ☐ Sehr gut/Morgen & Morgen Belastungstest

Checkliste: Klassische Direktversicherungen

- ☐ Mindestens eines der folgenden Rating-Ergebnisse ist erfüllt:
  - ☐ Gut/*Finanztest*-Qualitätsurteil (Stiftung Warentest)
  - ☐ A-/Standard & Poors
  - ☐ A-/Fitch
  - ☐ A3/Moodys
  - ☐ A/Assekurata
  - ☐ Sehr gut/Morgen & Morgen Belastungstest

✓ Checkliste: Risikolebensversicherung

- ☐ Vorgezogene Leistung bei schwerwiegender Erkrankung
- ☐ Verlängerung der Vertragslaufzeit
- ☐ Nachversicherung bei Heirat, Geburt, Adoption oder Immobilienerwerb
- ☐ Überbrückungsmöglichkeiten bei Zahlungsschwierigkeiten
- ☐ Anspruch trotz nicht gemeldeter Gefahrerhöhung
- ☐ Verzicht auf Anwendung § 24 VVH bei gemeldeter Gefahrerhöhung
- ☐ Verzicht auf Anwendung § 19 VVG bei unverschuldeter Anzeigepflichtsverletzung
- ☐ Verzicht auf unübliche Leistungseinschränkung oder überraschende Ausschlüsse
- ☐ Mindestens eines der folgenden Rating-Ergebnisse ist erfüllt:
  - ☐ Gut/*Finanztest*-Qualitätsurteil (Stiftung Warentest)
  - ☐ A-/Standard & Poors
  - ☐ A-/Fitch
  - ☐ A3/Moodys
  - ☐ A/Assekurata
  - ☐ Sehr gut/Morgen & Morgen Belastungstest

✓ Checkliste: Klassische Riester-Rentenversicherungen

- ☐ Mindestens eines der folgenden Ratingergebnisse erfüllt:
  - ☐ Gut/*Finanztest*-Qualitätsurteil (Stiftung Warentest)
  - ☐ A-/Standard & Poors
  - ☐ A-/Fitch
  - ☐ A3/Moodys
  - ☐ A/Assekurata
  - ☐ Sehr gut/Morgen & Morgen Belastungstest
- ☐ Zuzahlungen zu alten Rechnungsgrundlagen möglich?
- ☐ Rentenbeginn aufschieben
- ☐ Rentenbeginn vorziehen

✓ Checkliste: »Neue Klassik«-Basisrentenversicherungen

- ☐ Mindestens eines der folgenden Ratingergebnisse erfüllt:
  - ☐ Gut/*Finanztest*-Qualitätsurteil (Stiftung Warentest)
  - ☐ A-/Standard & Poors
  - ☐ A-/Fitch
  - ☐ A3/Moodys
  - ☐ A/Assekurata
  - ☐ Sehr gut/Morgen & Morgen Belastungstest
- ☐ Zuzahlungen möglich
- ☐ Wiederinkraftsetzung möglich
- ☐ Beitragsreduktion möglich
- ☐ Stundung möglich
- ☐ Rentenbeginn aufschieben
- ☐ Rentenbeginn vorziehen

✓ Checkliste: »Neue Klassik«-Rentenversicherungen

- ☐ Mindestens eines der folgenden Ratingergebnisse erfüllt:
  - ☐ Gut/*Finanztest*-Qualitätsurteil (Stiftung Warentest)
  - ☐ A-/Standard & Poors
  - ☐ A-/Fitch
  - ☐ A3/Moodys
  - ☐ A/Assekurata
  - ☐ Sehr gut/Morgen & Morgen Belastungstest
- ☐ Zuzahlungen möglich?
- ☐ Wiederinkraftsetzung möglich
- ☐ Beitragsreduktion möglich
- ☐ Stundung möglich
- ☐ Rentenbeginn aufschieben
- ☐ Rentenbeginn vorziehen

✓ Checkliste: »Neue Klassik«-Riester-Rentenversicherungen

☐ Mindestens eines der folgenden Ratingergebnisse erfüllt:

    ☐ Gut/*Finanztest*-Qualitätsurteil (Stiftung Warentest)

    ☐ A-/Standard & Poors

    ☐ A-/Fitch

    ☐ A3/Moodys

    ☐ A/Assekurata

    ☐ Sehr gut/Morgen & Morgen Belastungstest

Haus und Wohnung – Mindestanforderungen

Als Eigentümer einer Immobilie oder auch, wenn du sie »nur« besitzt, also gemietet oder gepachtet hast, haftest du für Schäden, die von ihr ausgehen, etwa die Verletzung eines Besuchers auf dem nicht von Schnee und Eis befreiten Gehweg. Für die allgemeinen Haftungsrisiken aus Haus- und Grundbesitz (10) findest du die wichtigsten Indikationen, worauf du zu achten hast, unter »Privathaftpflichtversicherung (PHV)« im Cluster »Haftung und Rechtsschutz«.

Dasselbe gilt für das Thema Rechtsschutz (36) aus Immobilienbesitz: Wichtige Hinweise wie empfohlene Mindestdeckungssummen finden sich unter »Rechtsschutz« im genannten Cluster.

Für eine Vielzahl spezieller Haftungsrisiken, wie dem bei Bau und Sanierung (11), dem durch Gewässerschäden aus einem leckenden Öltank (12) oder dem aus einer vom Sturm aus der Verankerung gerissenen Photovoltaikanlage (13) liegen uns keine Mindestanforderungslisten der Verbraucherschützer vor.

Auch im Cluster »Haus und Wohnung« finden sich wieder eine ganze Anzahl von Anlagethemen: die Vorsorge für das Zinsänderungsrisiko bei Immobilienfinanzierungen (30), die Rücklagen für die Instandhaltung der/von Immobilie/n (33), das Sparen für wesentliche Ersatzinvestitionen wie Heizung oder Möbel (38), die Schaffung von Eigenkapital für den Erwerb von selbstgenutztem Wohneigentum (41) – falls du noch keines hast – und das Luxussparen für Sauna oder Pool (42).

Für diese Themen leiten sich deine Anforderungen aus deinem Risikoprofil, also deiner Risikotragfähigkeit, deiner Risikobereitschaft sowie deinen Kenntnissen und Erfahrungen ab, die du in »Schritt 1: Dein Profil« ermittelt hast. Wenn du das Tableau (siehe S. 258) mit den Daten aus diesem Kapitel befüllt hast, kannst du damit zu deinem Banker oder Finanzberater gehen und mit ihm das passende Produkt auswählen, das deinen Anforderungen entspricht.

Für Wohngebäudeversicherungen, die gegen den finanziellen Ruin nach dem (Total-)Verlust oder der Beschädigung einer Immobilie (21) schützen und für Hausratversicherungen, die das finanzielle Risiko bei Verlust oder Beschädigung von Hausrat (32) abfedern, findest du die Mindestanforderungslisten der Verbraucherschützer hier.

Achtung: Die im Folgenden aufgelisteten Tarifmerkmale sind Mindest(!)-Anforderungen an einschlägige Produkte. Davon sollte von deiner persönlichen Lebenssituation unabhängig keines in dem Produkt fehlen, und keine Deckungssumme sollte in dem Produkt, das du besitzt oder zu kaufen planst, niedriger sein als angegeben. Die Listen beschreiben die Markenkerne der jeweiligen Produktklasse. Welche Tarifmerkmale darüber hinaus für dich und womöglich deine Mitversicherten wichtig sind, darüber solltest du unbedingt mit deinem Finanzberater sprechen.

✓ Checkliste: Wohngebäudeversicherungen

Diese Checkliste orientiert sich an den Mindestanforderungen der Stiftung Warentest[83], des Bundes der Versicherten[84] sowie des AK Beratungsprozesse[85] für die Produktklasse Wohngebäudeversicherung.

Ausschlusskriterium: Tarife, die bei grob fahrlässig herbeigeführten Schäden die Leistung kürzen, bewertet *Finanztest* mit mangelhaft! Ist grobe Fahrlässigkeit nicht ohne Kürzung mitversichert, ist der Tarif keine Option!

- ☐ Mindestanforderung:
  - ☐ Aufräumungs-, Abbruch-, Bewegungs- und Schutzkosten in Höhe der Versicherungssumme
  - ☐ Mehrkosten in Folge behördlicher Auflagen und Wiederherstellungsbeschränkungen in Höhe der Versicherungssumme
  - ☐ Dekontaminationskosten
- ☐ Feuer:
  - ☐ Überspannungsschäden durch Blitz (mind. 25 000 EUR)
  - ☐ Feuer-Nutzwärmeschäden
  - ☐ Explosionsschäden durch Blindgänger
- ☐ Leitungswasser:
  - ☐ Frost- und sonstige Bruchschäden an Ableitungsrohren sind auch außerhalb der Gebäude auf dem versicherten Grundstück mitversichert (mind. 10 000 EUR)
  - ☐ Wasserzuleitungsrohre und Heizungsrohre außerhalb des Versicherungsgrundstückes, die der Versorgung versicherter Gebäude dienen (mind. 1 500 EUR)
  - ☐ Wasseraustritt aus Aquarien oder Wasserbetten
  - ☐ Schäden durch wärmetragende Flüssigkeiten
- ☐ Sturm/Hagel:
  - ☐ Aufräumung von Bäumen und Pflanzen (mind. 5 000 EUR)
- ☐ sonstige Risiken:
  - ☐ »Grobe Fahrlässigkeit«
  - ☐ Graffiti
  - ☐ Schäden durch Kraft- oder Schienenfahrzeuge (Anprallschäden)
  - ☐ Sonstige Grundstücksbestandteile
  - ☐ GDV-Leistungsgarantie

Checkliste: Hausratversicherungen

Diese Checkliste orientiert sich an den Mindestanforderungen der Stiftung Warentest,[86] des Bundes der Versicherten[87] sowie des AK Beratungsprozesse[88] für die Produktklasse Hausratversicherungen.

Mindestanforderungen:

- ☐ Wertsachen (mind. 40 % der Versicherungssumme)
- ☐ Bargeld etc. (mind. 2 000 EUR)
- ☐ Urkunden, Sparbücher etc. (mind. 5 000 EUR)
- ☐ Schmucksachen, Edelsteine etc. (mind. 30 000 EUR)
- ☐ Außenversicherung (mind. 20 % der Versicherungssumme)
- ☐ Vorsorge (mind. 10 % der Versicherungssumme)
- ☐ Kosten:
    - ☐ Kosten gemäß VHB (ausgenommen Schadenabwehr- und Schadenminderungskosten) mit mind. 10 % der Versicherungssumme
    - ☐ Hotelkosten, mind. 100 EUR pro Tag für max. 1 Jahr
    - ☐ Lager- und Transportkosten für mind. 1 Jahr
- ☐ Leitungswasser:
    - ☐ Aquarien und/oder Wasserbetten
    - ☐ Schäden durch Wasser oder sonstige wärmetragende Flüssigkeiten aus Klima-, Wärmepumpen und Solarheizungsanlagen
- ☐ Feuer:
    - ☐ Überspannungsschäden in Höhe der Versicherungssumme
    - ☐ Implosion
    - ☐ Nutzwärmeschäden durch Feuer
    - ☐ Explosionsschäden durch Blindgänger
- ☐ Sonstiges:
    - ☐ Grobe Fahrlässigkeit in Höhe der Versicherungssumme
    - ☐ Vandalismus nach einem Einbruchdiebstahl
    - ☐ Leistungsgarantie GDV-Musterbedingungen

Mobilität und Reisen – Mindestanforderungen

»Wenn einer eine Reise tut«, dann hat er ein paar Risiken: Am potenziell teuersten sind – wie immer – die Risiken aus Schäden, die man anderen zufügt: die Haftungsrisiken. Mobilität ist in Deutschland immer noch überwiegend Autofahren. Im Jahre 2021 kamen auf rund 82 Millionen Menschen, die in knapp 41 Millionen Haushalten lebten, gut 48 Millionen Kraftfahrzeuge. Und die können ganz schön schnell sein und ganz schön viel Schaden anrichten und auch an sich selbst ganz schön teure Schäden haben, wenn sie mal aus der Spur gehen.

Für Haftungsrisiken aus dem Halten von Kraftfahrzeugen (8) und Kaskorisiken, das meint die Beschädigung oder den Verlust des eigenen Fahrzeugs (40), gibt es diese Mindestanforderungsliste der Verbraucherschützer.

Achtung: Die im Folgenden aufgelisteten Tarifmerkmale sind Mindest(!)-Anforderungen an einschlägige Produkte. Davon sollte unabhängig von deiner persönlichen Lebenssituation keines in dem Produkt fehlen, und keine Deckungssumme sollte in dem Produkt, das du besitzt oder zu kaufen planst, niedriger sein als angegeben. Die Listen beschreiben die Markenkerne der jeweiligen Produktklasse. Welche Tarifmerkmale darüber hinaus für dich und womöglich deine Mitversicherten wichtig sind, darüber solltest du unbedingt mit deinem Finanzberater sprechen.

Bezüglich des Kostenrisikos durch Rechtsschutz (36), der im Zusammenhang mit Autounfällen oder auch im Kontext von Konflikten mit der Straßenverkehrsordnung gerne in Anspruch genommen wird, lohnt ein Blick auf die »Checkliste: Rechtsschutzversicherungen« im Cluster »Haftung und Rechtsschutz«.

Beim Sparen für wesentliche Ersatzinvestitionen (38) wie für das Auto, das auf dem Land für den Weg zur Arbeit unverzichtbar ist, und beim Luxussparen für das schicke Cabriolet als Zweit- oder Drittwagen oder für das neue Wohnmobil gilt einmal mehr wie für alle Sparanlagen: Für diese Themen leiten sich deine Anforderungen aus deinem Risikoprofil, also deiner Risikotragfähigkeit, deiner Risikobereitschaft sowie deinen Kenntnissen und Erfahrungen ab, die du in »Schritt 1: Dein Profil« ermittelt hast. Wenn du das Tableau (siehe S. 258) mit den Daten aus diesem Kapitel befüllt hast, kannst du damit zu deinem Banker oder Finanzberater gehen und mit ihm das passende Produkt auswählen, das deinen Anforderungen entspricht.

Checkliste: Kfz-Versicherungen Haftpflicht und Kasko

Diese Checkliste orientiert sich an den Mindestanforderungen der Stiftung Warentest[89], des Bundes der Versicherten[90] sowie des AK Beratungsprozesse[91] für die Produktklasse Kfz-Versicherungen Haftpflicht und Kasko.

Mindestanforderungen

- [ ] Deckungssumme (100 Mio. EUR)
- [ ] Geltungsbereich Europa und außereuropäisches EU-Gebiet für Haftpflicht und Kasko (gem. AKB, Einschränkungen dürfen nur individuell vereinbart werden)
- [ ] Haftpflicht:
    - [ ] Mallorca-Police (Haftpflicht) mind. 100 Mio. EUR
    - [ ] Mitversicherung von Schäden nach dem Umweltschadengesetz
- [ ] Kasko:
    - [ ] »Grobe Fahrlässigkeit« (Kasko)
    - [ ] GAP-Deckung (absicherbar)
    - [ ] Neuwertersatz bei Neufahrzeugen innerhalb der ersten 12 Monate (Kasko)
    - [ ] Kaufpreisentschädigung für Gebrauchtwagen (3 Monate)
    - [ ] Kein Abzug »Neu für Alt« bei der Lackierung (4 Jahre)
    - [ ] Sonderausstattungen bis 2 500 EUR (beitragsfrei)
    - [ ] Kollision mit Tieren jeder Art
    - [ ] Tierbisse (Teilkasko)
    - [ ] Marderbisse inklusive Folgeschäden mind. 3 000 EUR (Teilkasko)
    - [ ] Verzicht auf SB bei Glasreparatur bei Partnerwerkstatt (Teilkasko)

Für Haftungsrisiken durch Luftfahrzeuge (15) oder durch Wasserfahrzeuge (17) liegen keine Checklisten vor. Dasselbe gilt, wie wir schon im Cluster »Krankheit und Pflege« festgestellt haben, für das Kostenrisiko aus Krankheit im Ausland (22).

Sparen und Vermögensbildung – Mindestanforderungen

Mit dem letzten Absatz des vorherigen Clusters »Mobilität und Reisen« lässt sich eigentlich das ganze Cluster »Sparen und Vermögensbildung« umfassend »erschlagen«. Alle Themen dieses Clusters, die Altersvorsorge (20 und 29), die Instandhaltung der eigenen Immobilie (33), das Sparen für die Ausbildung der Kinder (37), das Geld für die Ersatzinvestitionen (38), die Schaffung von Eigenkapital für das Eigenheim (41) und alle Arten von Luxussparen (42) sind Anlagethemen. Also siehe oben.

Es sei darauf hingewiesen, dass es im Cluster »Vorsorge im Alter« Checklisten für spezielle Versicherungsanlageprodukte gibt.

Das war's mit Informationen, Checks und Vergleichen. Jetzt geht es ans Entscheiden. Da bietet es sich an, vorher nochmal das Stehvermögen zu trainieren.

Entspannungsübung: »Bewusstes Stehen«

Stell dich aufrecht hin. Spüre deine Fußsohlen und die drei Punkte, auf denen du stehst: die Groß- und Kleinzehballen sowie den Fersenmittelpunkt. Nun neige dich ganz leicht, ohne die Ferse anzuheben, nach vorn, dann nach hinten, nach rechts, nach links, dann im Kreis. Probiere diese Übung, solange sie dir Spaß macht und guttut.

Schritt 5:
Dein Programm – was nun zu tun ist

Entscheide, welche Produkte du ersetzen und um welche Themen du dich zusätzlich kümmern willst

Wir gehen nun dem Zieleinlauf bei der Erstellung deines finanziellen Trainingsprogramms entgegen. Um zu rekapitulieren, was du bisher geleistet hast:

1. Du hast in Schritt 1 dein Profil entdeckt, dein Risikoprofil und deine Nachhaltigkeitspräferenzen, dein Mindset, mit dem du an deinen finanziellen Trainingsplan herangehst. Du hast all das erfasst, was du über dich wissen musst, um diesen Plan so aufzusetzen, dass er deiner Financial Wellness dient, dass er dich nicht belastet, sondern dich entstresst und deine Balance unterstützt.

2. Du hast in Schritt 2 deine persönliche, zu deinem Risikoprofil passende Prioritätenliste der für dich relevanten Finanzthemen erstellt – darunter gleichermaßen Risiko- und Chancenthemen – und mit den zugehörigen Orientierungswerten im Tableau »Mein Aktivitätenplan« festgehalten.

3. Du hast dir in Schritt 3 einen vertieften Einblick in die Themencluster und die quantitativen Orientierungswerte, also die notwendigen Absicherungs-, Vorsorge- und Sparsummen verschafft und vielleicht bereits die eine oder andere Information über deine vorhandenen Produkte in das Tableau eingetragen.

4. Du hast in Schritt 4 einen Überblick darüber gewonnen, was in den wichtigsten Versicherungen unbedingt enthalten sein sollte, und damit auch den Grundstein gelegt, um festzustellen, was die Produkte taugen, die du schon hast.

Damit hast du so viel Überblick über deine Absicherungs-, Vorsorge- und Sparnotwendigkeiten und darüber, was du bereits tust, wie kaum jemand in deiner Umgebung. Frag deine Freunde: Sie werden dir gerne bestätigen, dass keiner von ihnen so viel über sich und seine Finanzen weiß. Kompliment an dich!

Jetzt geht's vom Sondieren zum Entscheiden, an die endgültige Festlegung deines finanziellen Trainingsprogramm, das du dann regelmäßig, ausdauernd und vor allem voller Überzeugung umsetzen wirst.

Was willst du aus den gewonnenen Erkenntnissen machen? Wo willst du neue Prioritäten setzen, die dir bisher nicht so wichtig waren? Und welche Versicherungen, die du hast und die gar nicht oder ganz hinten in deiner Liste stehen, willst du abstoßen, um Luft zu haben für wichtigere?

- Prüfe, ob du die Produkte, die du bereits besitzt und für die Lösung der dort erfassten Finanzthemen einsetzt, vollständig in das Tableau »Mein Aktivitätenplan« eingetragen hast.
- Stell die Versicherungssummen aus diesen Produkten den Sollwerten im Tableau gegenüber. Du findest diese »Ist-Werte« in den zu den Produkten gehörenden Verträgen. Wenn die Ist-Werte niedriger sind als die Sollwerte, schau dich nach Produkten um, die die Soll-Werte erfüllen.
- Trage außerdem die Versicherungsbeiträge, auch Prämien genannt, und die monatlichen Sparraten in das Tableau ein, um zu erfassen, wie viel du jeden Monat für die aufgelisteten Finanzthemen ausgibst.
- Stell dann fest, ob es in diesem Buch unter den Checklisten mit definierten Mindestanforderungen welche für deine vorhandenen Produktarten gibt. Schick oder bring Kopien dieser Checklisten zu deinem Berater und lass dir bestätigen, dass deine Produkte den Anforderungen entsprechen.
- Prüfe so oder so, ob deine vorhandenen Produkte gut und günstig sind oder ob es womöglich Produkte gibt, die die Mindestanforderungen und Soll-Werte erfüllen und zugleich günstiger sind als deine. Wenn dein Berater dir nicht helfen kann, suche einen von denen, die in der »Randnotiz: Woran du gute Berater erkennst« beschrieben werden. Oder nutze dazu die App »Beratersuche« auf financial-wellness.com.
- Wenn du Produkte findest, die besser oder genauso gut und günstiger sind als deine vorhandenen, und wenn du planst, die günstigeren zu nehmen, dann trage die zugehörigen Prämien unter »Prämie geplant« in das Tableau »Mein Aktivitätenplan« ein.

- Prüfe, welche von den bisher nicht angegangenen Finanzthemen du in Angriff nehmen willst, und informiere dich bei deinem Berater oder über die App »Tarifcheck und Abschluss«, wie viel du dafür aufwenden musst. Trage die entsprechenden Angaben zusätzlich in das Tableau ein.
- Bilde die Summe aller aktuellen Ausgaben für die Finanzthemen im Feld »Summe Prämien ist« und die Summe der geplanten Ausgaben unter Berücksichtigung möglicher Preisreduktionen und möglicher neuer Themen im Feld »Summe Prämien geplant«. Errechne die Differenz der bisherigen und geplanten Ausgaben.
- Trage aus dem Tableau »Mein Profil« das – hoffentlich positive – Ergebnis deiner Einnahmen-Ausgaben-Rechnung in das Tableau »Mein Aktivitätenplan« ein.

Jetzt hast du alle wichtigen und notwendigen Informationen auf einen Blick beisammen! Chapeau!

Wenn die Summe aller geplanten Ausgaben niedriger ist als deine freien Mittel, ist alles bestens. Dann überspringe die kleine Moralpredigt, die jetzt folgt.

Wenn sie darüber liegt, wenn du also für die Erfüllung deines kompletten finanziellen Trainingsprogramms mehr Einsatz bringen müsstest, als du aktuell in der Lage bist zu erbringen, dann hast du nur zwei Optionen: auf Teile deines Trainingsprogramms und damit auf finanzielle Fitness, das heißt gleichermaßen auf Absicherung für Schadensfälle und auf zukünftige Erfüllung von Wünschen und Zielen, zu verzichten oder den aktuellen Lebensstandard ein wenig herunterzufahren.

Wenn du einen geleasten Porsche fährst, aber dir die Mindestabsicherung für den Fall des Arbeitskraftverlustes im Krankheitsfall nicht leisten kannst, dann stimmt etwas nicht. Dann solltest du nachdenken.

Um das Dilemma bestmöglich aufzulösen, ist folgendes Vorgehen anzuraten: Geh deine Prioritätenliste von unten nach oben so lange durch, bis du an die Position kommst, an der du dir alles leisten kannst oder willst, was darüber steht. Dann prüfe, ob du auf dem Weg von unten nach oben irgendwo Schmerzen hast, ob du also auf dem Sprung bist, Dinge aufzugeben, die du selbst in deine Prioritätenliste gesetzt hast.

Das ist der Moment, in dem du überlegen und selbst entscheiden musst, ob der geleaste Porsche oder andere – für deine Verhältnisse – Luxusgüter notwendig und sinnvoll oder ob sie verzichtbar sind.

Es ist schwer, sich von ganz weit weg in deine Situation hineinzudenken und einzumischen. Aber auch ohne dass wir dich kennen, erlaube uns an dieser Stelle, dir den Anstoß dafür zu geben, dich selbst zu hinterfragen, ob du möglicherweise über deine Verhältnisse lebst, ob du dich bei den Ausgaben, die du tätigst, wirklich wohl fühlst und ob du sie wirklich für dich oder vielleicht dafür tätigst, anderen zu imponieren. Ein solcher Prozess der Selbstreflexion kann sehr hilfreich sein.

Sollte sich gar herausstellen, dass du dir nur sehr wenig von dem leisten kannst, was du selbst für Absicherung und Vorsorge aufbringen willst, dann ist es auf jeden Fall sinnvoll, einen Finanzberater oder gar einen Schuldnerberater aufzusuchen. Denn vielleicht ist deine monatliche Belastung deshalb so hoch, weil du dich mit den monatlichen Raten für die neue Küche oder den Superbildschirm übernommen hast.

So oder so: Jetzt ist die Stunde der Wahrheit da, und an dieser Stelle darfst du keinesfalls schlappmachen. Prüfe alles rauf und runter, und höre nicht auf, bis du dich mit dem Ergebnis richtig wohlfühlst – bis du die richtige Balance zwischen deinen aktuellen Ausgaben und deinen selbst definierten Absicherungs-, Vorsorge- und Vermögensplanungsvorhaben gefunden hast.

Und wenn du dich allein mit den Entscheidungen überfordert fühlst, konsultiere einen guten Berater.

Wir wünschen dir jedenfalls viel Glück und Erfolg mit deinem finanziellen Trainingsprogramm. Vor allem wünschen wir dir für die Zukunft einen klaren, aufgeklärten Blick auf und einen entspannteren Umgang mit deinen Finanzen – eben Financial Wellness!

Dein Arbeitsraum

Die folgenden Tableaus sind deine Arbeitsmittel, in denen du die für dich wichtigsten Daten aus der Arbeit mit diesem Buch sammeln kannst. Sie helfen dir damit, alles Wesentliche auf einen Blick zu sehen und bewerten zu können. Sie sind darüber hinaus so angelegt, dass du sie auch zur Grundlage für Gespräche mit Beratern für Versicherungen und Bankangelegenheiten nutzen kannst.

Die Tableaus »Mein Profil« und »Meine Sparziele« enthalten zusammen alle Informationen, die ein Anlageberater für die Auswahl des geeigneten Produktes oder der geeigneten Produkte für deine Sparziele benötigt. Das Tableau »Mein Aktivitätenplan« ist die beste denkbare Grundlage für ein umfassendes Beratungsgespräch über alle deine Absicherungs- und Vorsorgefragen. Dein Berater wird positiv überrascht sein, wenn du ihm das ausgefüllt vorlegst oder ihn nach selbstständiger Identifikation der für dich relevanten Themen zum gemeinsamen Ausfüllen einlädst.

Du findest die untenstehenden Tableaus alle auch als beschreibbare PDFs und im Downloadbereich auf financial-wellness.com/buch.

Tableau: Mein Profil[92]

Meine Einnahmen-Ausgaben-Rechnung	
Meine Vermögensbilanz	
Meine generelle finanzielle Risikobereitschaft	
Die Risikoklasse meines Gesamtvermögens	

Ich habe Erfahrung mit den folgenden Arten der Entscheidungsfindung bei der Auswahl der Vermögensanlagen

- selbstständige Entscheidungsfindung ohne Beratung ☐ ja ☐ nein
- Entscheidungsfindung mithilfe einer Beratung ☐ ja ☐ nein
- delegierte Entscheidungsfindung (z. B. Vermögensberatung) ☐ ja ☐ nein

Für folgende Vermögensanlagen sind meine Kenntnisse und Erfahrungen ausreichend

Für folgende Vermögensanlagen ist eine Hinterfragung meiner Kenntnisse erforderlich

Für alle anderen Arten der Vermögensanlagen ist eine intensive Aufklärung und eine Bedenkzeit von mindestens 24 Stunden zwischen Aufklärung und Anlageentscheidung erforderlich.

Ort	Datum	Name	Unterschrift

Tableau: Meine Nachhaltigkeitspräferenz

Das Thema Nachhaltigkeit soll bei meinen Anlagen und anderen Finanzthemen berücksichtigt werden:	☐ ja ☐ nein
Entweder: Ich wünsche eine grundlegende und allgemeine Berücksichtigung von Nachhaltigkeit.*	☐ ja ☐ nein
Oder: Ich möchte gezielt Schwerpunkte bei E und S setzen.	☐ ja ☐ nein
Meine Produktlösung soll bei der Verfolgung von Umweltzielen …	☐ einen wesentlichen Beitrag leisten ☐ einen Beitrag leisten ☐ nachteilige Auswirkungen vermeiden
Die Verfolgung von Umweltzielen soll in meinen Anlagen mindestens wie folgt berücksichtigt werden:	☐ 0 % ☐ 20 % ☐ 40 % ☐ 60 % ☐ 80 %
Die Verfolgung von sozialen Zielen soll in meinen Anlagen mindestens wie folgt berücksichtigt werden:	☐ 0 % ☐ 20 % ☐ 40 % ☐ 60 % ☐ 80 %
Es sollen nicht nur Investments in Unternehmen vorgenommen werden, die bereits nachhaltig arbeiten oder bereits Nachhaltigkeitsziele verfolgen, sondern auch in solche, die sich verbindlich und bei Wahrung der gebotenen Transparenz auf dem Weg der Transformation befinden:	☐ ja ☐ nein
Folgende Themen aus Umwelt- und/oder sozialen Themen sollen besondere Berücksichtigung finden:	
Folgende Themen sollen im Rahmen meiner Anlagen unbedingt ausgeschlossen werden:	

* »Eine nachhaltige Anlage in diesem Sinne verbessert die Nachhaltigkeit bei mindestens einem der sechs Umweltziele im Sinne von Art. 9 Taxonomie-Verordnung, ohne eines dieser Ziele zu verschlechtern, und erfüllt in den Bereichen Soziales und Gute Unternehmensführung die internationalen Mindeststandards im Sinne von Art. 18 Taxonomie-Verordnung.«

Tableau: Meine Finanzthemen

Rang laut DIN	Bedarfsstufe	Finanzthemen nach Ranking, in Bedarfsstufe 2: Risikothemen	in Bedarfsstufe 2: Chancenthema

Tableau: Mein Aktivitätenplan

Rang DIN	Themen aus Tableau »Meine Finanz-themen«	Soll-Wert	Ist-Wert (aktuell)	Prämie/ Sparrate 1 (aktuell)	Ist-Wert (geplant)	Prämie/ Sparrate 2 (geplant)	Diff. Prämie 2 zu Prämie 1
				Summe Prämien 1:		Summe Prämien 2:	Summe Differenz:
	Verfügbare Liquidität laut E-A-R:*						
	Positive oder negative Differenz:						

*   E-A-R = Einnahmen-Ausgaben-Rechnung

Tableau: Meine Sparziele

Zweck	Zeit-horizont Monat/ Jahr	Anspar-summe aktuell	Sparrate	Zielsumme	Risiko-klasse*	Zweck-bezogene Risiko-bereit-schaft**	Entspricht meinen Nachhal-tigkeits-zielen
Vorhandene Anlagen							
Geplante Anlagen							

*   Risikoklasse der Anlage Stufe 1 bis 5

** Zweckbezogene persönliche Risikobereitschaft von 1 bis 5 (sollte von der Risikoklasse der Anlage nicht um mehr als einen Punkt abweichen)

Anmerkungen

1 *Finanztest*, 12/2020

2 https://sdgs.un.org/goals

3 https://www.pkv.de/verband/presse/pressemitteilungen/private-krankenversicherung-im-plus/

4 test.de/checkliste-krankenversicherung

5 hier findest du die Liste der Länder: https://www.deutsche-rentenversicherung.de/DRV/DE/
Rente/Ausland/Sozialversicherungsabkommen/sozialversicherungsabkommen_detailseite.
html

6 *Finanztest*, 06/2018.

7 Vgl. dazu https://www.test.de/Pflegetagegeldversicherungen-im-Vergleich-4837475-0/

8 https://www.test.de/Krankenhauszusatzversicherung-Vergleich-5397950-0/

9 https://www.destatis.de/DE/Themen/Gesellschaft-Umwelt/Verkehrsunfaelle/_inhalt.html9

10 https://www.gdv.de/resource/blob/6208/05e033544b64055b390904fc901e1aff/02-allgemeine-
bedingungen-fuer-die-unfallversicherung-mit-garantierter-beitragsrueckzahlung-ab-ubr--data.
pdf

11 https://helden.de/blog/allgemein/kuehe-auf-daechern-interview-joerg-fischer/

12 https://www.test.de/Vergleich-Haftpflichtversicherung-4775777-0/

13 Eigene Recherche sowie das Portal https://jagdhaftpflicht-vergleichen.de/jagdhaftpflichtver
sicherung-vergleichen.html

14 *Finanztest*, 01/2022

15 Durchschnitt der Prämien einer älteren Untersuchung von *Finanztest*, 4/2016

16 *Finanztest*, 09/2019

17 test.de, Stand 1.8.2022: https://www.test.de/Bauherrenhaftpflicht-Vergleich-5166566-tabelle/

18 *Finanztest*, 09/2019

19 https://www.test.de/Vermoegenshaftpflichtversicherung-im-Vergleich-5673471-0/

20 https://www.mieterbund.de/presse/pressemeldung-detailansicht/article/74002-deutscher-
mieterbund-legt-beratungs-und-prozessstatistik-2022-vor.html

21 https://www.gdv.de/gdv/themen/leben/7-fakten-zur-berufsunfaehigkeitsversicherung-34338

22 *Finanztest*, 08/2020

23 *Finanztest*, 08/2020

24 https://www.gdv.de/resource/blob/122786/0351b45e797040f5ba58c710f1e79c9f/download-ablehnungsgruende-in-der-leistungspruefung-data.png

25 *Finanztest*, 06/2017, 84-89

26 Verweisungsbefugnis bedeutet das Recht des Versicherers, den berufsunfähig gewordenen Versicherten auf eine andere als den vor Eintritt der Berufsunfähigkeit ausgeübten Beruf (abstrakte Verweisung) oder eine analoge Tätigkeit (konkrete Verweisung) zu verweisen und damit leistungsfrei zu bleiben.

27 Quelle: *Finanztest*, 05/2021. Berücksichtigt für die Orientierungswerte wurden die mit »sehr gut« und »gut« bewerteten Tarife.

28 Quelle zur Ermittlung der Preisspannen: *Finanztest*, 02/2023

29 *Finanztest*, 04/2020

30 https://www.deutsche-rentenversicherung.de/Bund/DE/Home/home_node.html. Was die Beratung der Rentenversicherung taugt, hat die Stiftung Warentest untersucht: https://www.test.de/Rentenberatung-im-Test-4802848-0/.

31 Vgl. https://www.dasinvestment.com/internationaler-vergleich-diese-laender-haben-das-beste-rentensystem/.

32 https://digitale-rentenuebersicht.drv-bund.de/DE/01_startseite/home_node.htmlhttps://digitale-rentenuebersicht.drv-bund.de/DE/01_startseite/home_node.html.

33 Quelle: deutsche-rentenversicherung.de. Du kannst mit dem Rechner der Deutschen Rentenversicherung ausrechnen, was dein individuell geplanter freiwilliger Beitrag bringen würde: https://www.ihre-vorsorge.de/rechner/freiwillige-rentenversicherung.html.

34 https://www.destatis.de/DE/Themen/Gesellschaft-Umwelt/Bevoelkerung/Sterbefaelle-Lebenserwartung/Tabellen/_tabellen-innen-lebenserwartung-sterbetafel.html

35 Vgl. *Finanztest*, 12/2022, S. 28.

36 Vgl. *Finanztest*, 12/2022, S. 33.

37 Wir legen den Durchschnitt der von Franke und Bornberg 2023 erhobenen garantierten Rentenfaktoren für 2023 zugrunde. Vgl. dazu: https://www.franke-bornberg.de/blog/wie-hoch-rentenfaktor-check-2023

38 https://www.destatis.de/DE/Themen/Wirtschaft/Preise/Baupreise-Immobilienpreisindex/_inhalt.html#238980

39 Vgl. https://www.test.de/Wohngebaeudeversicherung-Vergleich-4255878-0/

40 Quelle für die Preisindikation: *Finanztest*, 03/2021

41 Quelle für die Preisspannen: *Finanztest*, 07/2022

42 *Finanztest*, 12/2022.

43 verbraucherzentrale.de: https://www.verbraucherzentrale.de/wissen/geld-versicherungen/sparen-und-anlegen/geldanlage-und-altersvorsorge-so-legen-sie-ihr-erspartes-am-besten-an-43767

44 Vgl. dazu und zum ganzen Kapitel DIN SPEC 77222:2014-03, S. 45 ff.

45 https://www.test.de/Fonds-im-Test-Fuenf-Punkte-fuer-die-Besten-4331006-0/

46 Vgl. zum Thema Tagesgeld: https://www.test.de/Tagesgeldvergleich-Die-besten-Zinsen-4196794-0/; zum Thema Festgeld: https://www.test.de/Festgeldvergleich-Die-besten-Zin

sen-4196084-0/; zum Thema Rentenfonds: https://www.test.de/Rentenfonds-Zins wende-5238798-0/

47 https://www.test.de/Private-Krankenversicherung-Vergleich-4692658-4692670/

48 https://www.bundderversicherten.de/files/merkblatt/1114_pkv.pdf

49 https://www.beratungsprozesse.de/downloads/

50 https://www.test.de/Auslandskrankenversicherung-der-grosse-Vergleich-4848150-0/

51 https://versicherungscheck.bundderversicherten.de/_Resources/ Persistent/8/c/e/0/8ce0f87f7dbb23295f1f2b7db634acf0d45e7e18/59_Reise_MG.pdf

52 https://www.beratungsprozesse.de/downloads/

53 https://www.test.de/Krankentagegeldversicherung-Vergleich-4555827-0/

54 https://versicherungscheck.bundderversicherten.de/_Resources/ Persistent/4/a/e/c/4aecd5ace6fd67ffbaf40f8c8b1648f60f3ce050/1-15-04-26044-411_KT.pdf

55 https://www.beratungsprozesse.de/downloads/

56 https://www.test.de/Private-Pflegeversicherung-im-Test-So-fuellen-Sie-die-Pflegeluecke-4837475-4837518/

57 https://versicherungscheck.bundderversicherten.de/_Resources/Persistent/e/d/f/d/edfd64689 6f32a8e8f0881757c31d690c3cbbdfc/53_PPV_MG.pdf

58 https://www.beratungsprozesse.de/downloads/

59 https://www.test.de/Krankenhauszusatzversicherung-Vergleich-5397950-5397954/

60 https://versicherungscheck.bundderversicherten.de/_Resources/Persistent/2/9/9/3/ 299363fb57f5ed87437aec644759688d9eed7c83/51_PKV_Zusatz_MG.pdf

61 https://www.beratungsprozesse.de/downloads/

62 https://www.test.de/Private-Unfallversicherung-im-Test-4910731-4910767/

63 https://versicherungscheck.bundderversicherten.de/_Resources/Persistent/2/8/0/0/ 280012566479e85b46c6d52b75005f2d4243c7e5/67_U_MG.pdf

64 https://www.beratungsprozesse.de/downloads/

65 https://www.test.de/Zahnzusatzversicherung-im-Test-4730314-5309563/

66 https://www.beratungsprozesse.de/downloads/

67 https://www.test.de/Vergleich-Haftpflichtversicherung-4775777-0/

68 https://versicherungscheck.bundderversicherten.de/_Resources/Persistent/b/a/c/2/bac24544 d5724b9eb0ad9fc7efe8lee51c4b63b3/43_PH_MG.pdf

69 https://www.beratungsprozesse.de/downloads/

70 https://www.test.de/Hundehaftpflichtversicherung-Vergleich-4988920-5823665/

71 https://versicherungscheck.bundderversicherten.de/_Resources/ Persistent/8/6/c/a/86cad22924ea6cfde928e866f1892407d807f061/1118_THV_MG.pdf

72 https://www.beratungsprozesse.de/downloads/

73 https://www.test.de/Tierhalterhaftpflicht-Alles-was-Tierhalter-wissen-muessen-5767254-0/

74 https://versicherungscheck.bundderversicherten.de/_Resources/ Persistent/8/6/c/a/86cad22924ea6cfde928e866f1892407d807f061/1118_THV_MG.pdf

75 https://www.beratungsprozesse.de/downloads/

76 https://www.test.de/Rechtsschutzversicherung-im-Vergleich-4776988-4777030/

77 https://versicherungscheck.bundderversicherten.de/_Resources/
   Persistent/5/d/3/c/5d3ced377fbc6028107d40547cd2ed3f4758e7ad/57_R_MG.pdf
78 https://www.beratungsprozesse.de/downloads/
79 https://www.test.de/Berufsunfaehigkeitsversicherung-im-Test-4881349-4880778/
80 https://versicherungscheck.bundderversicherten.de/_Resources/
   Persistent/4/6/3/e/463ef18df2b0655865c6b5961f4ba0b0e60252a0/96_BU_MG.pdf
81 https://www.beratungsprozesse.de/downloads/
82 Vgl. https://www.test.de/Berufsunfaehigkeitsversicherung-im-Test-4881349-5739257/
83 https://www.test.de/Wohngebaeudeversicherung-Vergleich-4255878-4255891/
84 https://versicherungscheck.bundderversicherten.de/_Resources/
   Persistent/6/e/8/0/6e80d4cbd57a1dbe687968d867742e0aa474dd9e/71_W_MG.pdf
85 https://www.beratungsprozesse.de/downloads/
86 https://www.test.de/Hausratversicherung-Vergleich-5069958-5069985/
87 https://versicherungscheck.bundderversicherten.de/_Resources/Persistent/e/2/2/4/e2243b087
   1870e1979fa842f021576b114fbff83/45_H_MG.pdf
88 https://www.beratungsprozesse.de/downloads/
89 https://www.test.de/kfz-versicherungsvergleich-1575560-5930335/
90 https://versicherungscheck.bundderversicherten.de/_Resources/Persistent/6/6/8/5/668591cd3
   d5b9cffcd8257127a6941619d6c1ac4/49_Kfz_MG.pdf
91 https://www.beratungsprozesse.de/downloads/
92 nach DIN 77223

Über die Autoren

Dr. Klaus Möller war als Finanzberater, als Vorstand der Corporate University und Personalchef bei MLP sowie für Ergo International in Polen und der Türkei tätig. Er ist Vorstand der DEFINO Institut für Finanznorm AG. Als Obmann des zuständigen DIN-Ausschusses war er maßgeblich an der Entwicklung der Normen für die Finanzanalyse für Privathaushalte und die Risikoprofilierung für Privatanleger beteiligt.

Holger R. Rohde ist Wissenschaftlicher Leiter der Abteilung Versicherungen und Recht bei der Stiftung Warentest. Als Ausschussmitglied wirkt er an der Erarbeitung der in diesem Buch zur Anwendung kommenden DIN-Normen mit. Von 2012 bis 2022 war er Mitglied des Versicherungsbeirats der Bundesanstalt für Finanzdienstleistungsaufsicht (BaFin). Er absolvierte nach seinem Studium ein Trainee-Programm bei der Allianz, arbeitete für Allianz Leben und Allianz Global Investors und war Prokurist bei Allianz Pension Partners.